KLAUS FARIN
EBERHARD SEIDEL-PIELEN

Skinheads

VERLAG C.H.BECK MÜNCHEN

Mit 32 Abbildungen

Die Deutsche Bibliothek – CIP-Einheitsaufnahme

Farin, Klaus:
Skinheads / Klaus Farin ; Eberhard Seidel-Pielen. –
Orig.-Ausg. – München : Beck, 1993
  (Beck'sche Reihe ; 1003)
  ISBN 3 406 37393 3
NE: Seidel-Pielen, Eberhard; GT

Originalausgabe
ISBN 3 406 37393 3

Einbandentwurf: Uwe Göbel, München
Umschlagbild: Lars Landmann
© C. H. Beck'sche Verlagsbuchhandlung (Oscar Beck), München 1993
Gesamtherstellung: C. H. Beck'sche Buchdruckerei, Nördlingen
Gedruckt auf säurefreiem,
aus chlorfrei gebleichtem Zellstoff hergestelltem Papier
Printed in Germany

„Skinhead sein" bedeutet für mich:*

„Protest, gegen die Gesellschaft zu demonstrieren, a way of life." R., 26 Jahre.

„Ehre & Treue, Zusammenhalt, Freundschaften für die Ewigkeit." C., 17 Jahre.

„Eine stolzere Form von Punkrock; mein Leben zu führen, ohne auf Zeitgeist oder Trends Rücksicht zu nehmen." M., 27 Jahre.

„Einer Minderheit anzugehören, dauernd auf Vorurteile zu stoßen, viele Leute zu kennen." M., 23 Jahre.

„Spaß haben, mit Freunden Parties haben, selbst (auch gegen die Gesellschaft) denken und eigene Werte über Gesellschaftsnormen stellen." T., 24 Jahre.

„Mein Leben!" A., 20 Jahre.

„Trinken + Spaß haben, kein Faschist oder Kommunist sein, sich von niemandem etwas bieten lassen." E., 21 Jahre.

„Gute Musik, stilvolle Kleidung (hart, aber smart), Fußballrandale, keiner politischen Richtung angehören, aber zu allem seine eigene Meinung haben." W., 19 Jahre.

„Saufen, Konzerte, a way of life. Eine Randgruppe mit Stolz." H., 21 Jahre.

„Zusammenhalt, Spaß, gute Kleidung, gute Musik, gesellige Alkoholvernichtung." C., 22 Jahre.

„Patriotische, gepflegte, standhafte, kritische und dem Zeitgeist widersprechende Elemente zu vereinen und sich zu einer Jugendkultur mit militärischem Äußeren kameradschaftlich zu bekennen." A., 21 Jahre.

„Spaß haben, Tanzen, Nazi-Bashing, Saufen, Sex, Fußball, eine Gemeinschaft." E., 25 Jahre.

„Zusammenhalt, Spaß haben, nationales Bewußtsein haben, Politik zum Kotzen finden, gute Konzerte besuchen, saufen, den Alltag vergessen." M., 23 Jahre.

* Antworten auf unseren Fragebogen (s. S. 183 ff.)

„Zur Arbeiterklasse stehen, Spaß und gute Musik von Bands, die für *mich* spielen, wirkliche Freunde, 100 % gute Wochenenden." K., 22 Jahre.

„Zu sich selbst, seiner Klasse und Herkunft zu stehen. Spaß haben, also Oi!, Ska, Sex und Bier. Sich nicht hängen zu lassen wie viel zu viele Kids heutzutage." S., 26 Jahre.

„Einzige Jugendsubkultur mit Bezug zur Arbeiterklasse. Überhaupt: das Gegenteil zu elitären oder ‚individualistischen' Jugendlichen!" F., 25 Jahre.

„Gepflegter Haarschnitt, Freundeskreis, Ska, Bier trinken, ein klein wenig Männlichkeitskult." S., 25 Jahre.

„Abgrenzung vom gesellschaftlichen Spießerleben, gute Freunde, gute Musik, Zusammenhalt, Gegensatz zum langhaarigen Kifferdreck." U., 19 Jahre.

„Etwas gegen, aber auch für die Gesellschaft zu tun. Den Stolz auf sein Land öffentlich zu zeigen und nicht immer zu ducken vor dem, was die unfähige Regierung einem vorschreibt." H., 24 Jahre.

„Eine Mode, mit der ich zeige, daß ich stolz darauf bin, Arbeiter und Nationalist zu sein. Außerdem Zusammengehörigkeit." G., 34 Jahre.

„Mein Lebensweg." M., 24 Jahre.

„Spaß haben, anderen ihren Spaß zu lassen, tanzen gehen, schöne Mädels kennen lernen (aber ich bin *kein* Sexist!)" D., 16 Jahre.

„Singen, tanzen, trinken, Spaß, Zusammenhalt, schöne Renées, Kanackern und Linken auf die Schnauze hauen, MEIN LEBEN!" A., 16 Jahre.

„In einer Randgruppe meine Freiheiten ausleben zu können, ohne meine Individualität verlieren zu müssen." P., 22 Jahre.

„Deutsch sein." A., 23 Jahre.

„Viel Spaß, ein Lebensgefühl der Gemeinschaft, Gewalt gegen Feinde, Provokationen, die nicht immer ernst gemeint sind." A., 22 Jahre.

„Ein nicht zu begreifendes Lebensgefühl. Mein Verstand sagt oft: Hör doch auf, aber es geht nicht." A., 26 Jahre.

„Spaß mit Freunden haben, die die gleiche Musik mögen

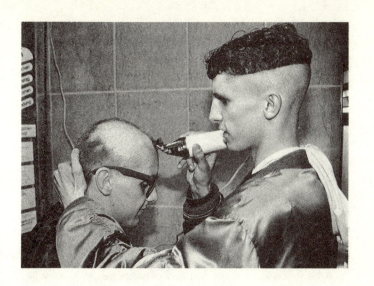

und ein ähnliches Aussehen haben, gemeinsame Unternehmungen machen, dabei aber nicht vergessen, daß Skinhead eine Art zu leben ist und nichts mit Politik zu tun hat, aber trotzdem antirassistisch ist." A., 22 Jahre.

„Party bis zum Einsargen!" F., 27 Jahre.

„Alles! Jeder Mensch hat seine eigene Art zu leben. Meine Art hat zufällig einen Namen: Skinhead." C., 23 Jahre.

„Klassenkampf, Konzerte, Feten, Scooterruns, Sex..." A., 22 Jahre.

„Ich fühle mich freier, will mich von Spießern abheben. Zugehörigkeit zur einfachen Schicht." T., 18 Jahre.

„Mein Leben so zu leben, wie ich es für richtig halte, weitgehend frei von gesellschaftlichen Zwängen und Auflagen, Teil einer großen und wichtigen Jugendsubkultur zu sein und darin eine Menge Freunde auf der ganzen Welt zu haben." F., 22 Jahre.

„Arbeiterklasse, sauber, fair & ordentlich, gegen Kriminelle, Asoziale & Militaristen jeglicher Art, Ich selbst zu sein und für meine Meinung und Ziele ohne zu ducken einzustehen." S., 27 Jahre.

„Arbeiter zu sein und auf die Bonzenschweine zu scheißen, gute Musik und Spaß, gegen Hippies und alles Linksfaschistische..." A., 25 Jahre.

„Durch mein Aussehen und Auftreten zu zeigen, daß es in Deutschland noch Leute gibt, denen nicht egal ist, ob hierher immer mehr Ausländer kommen; zu zeigen, daß ich mit der Vergangenheitsbewältigung fertig geworden bin und daß ich mein Vaterland, wenn nötig mit Gewalt, immer und überall verteidigen werde." G., 20 Jahre.

„Unbedingte Freundschaft und Zusammenhalt." A., 19 Jahre.

„Sich von nichts und niemanden einsperren zu lassen." T., 21 Jahre.

„Prellbock sein gegen Ausländer und Rotfrontterror." A., 22 Jahre.

„Eine Rebellion gegen Macht und angeblich Mächtige, so unpolitisch wie möglich zu sein." M., 26 Jahre.

„Fun und sonst nichts!" A., 25 Jahre.

„Ein Leben außerhalb dieser vollgefressenen, verlogenen und geistig toten Gesellschaft." A., 28 Jahre.

„Zu zeigen, daß Mann stolz ist auf sein Land." F., 25 Jahre.

„Spaß haben, Saufen, Zusammenhalt (von dem mehr wünschenswert wäre), Ablehnung von intellektuellen Spinnern und Reichen, Provokation." S., 18 Jahre.

„Eine Lebenseinstellung, worüber Soziologen gerne schreiben, aber nicht verstehen. Wer weiß, wenn sie es verstehen würden, wären wir keine Skinheads!" J., 25 Jahre.

„Ein Weg zum Leben. Den Stolz auf meine Heimat und Rasse zu zeigen. Skinheadtum & Nationaler Sozialismus ist für mich nicht mehr zu trennen." F., 20 Jahre.

„Das machen, was mir Spaß macht, immer gut drauf sein. Gegen linken, rechten, türkischen und Bullenfaschismus + gegen Drogen. Just for fun & joy – Ska, Punk & Oi!" A., 21 Jahre.

„Spaß, Musik, Gewalt, Zusammenhalt gegen Rassismus." M., 22 Jahre.

„Sich von den anderen abheben, ultrakurze Haare, smarte Klamotten, Liebe zu schwarzer Musik, Spaß haben, 'rumsaufen, Working Class, Hippies an den Haaren ziehen, Roller fahren." A., 19 Jahre.

„Scheißen auf rote & braune Ideologien, mit anderen Subkulturen auskommen (außer Hippies), frei sein." A., 20 Jahre.

„Ich finde einfach die ganze Atmosphäre der SHARPs und unpolitischen Skins faszinierend. Man kommt sich vor wie in einer großen Familie." A., 19 Jahre.

„Antikommerziell, antifaschistisch (einschließlich linksfaschistisch), Auflehnung gegen jede Art von Unterdrückung, Fremdbestimmung und Massenkultur. MUSIK!" A., 18 Jahre.

„Für die Reinheit unserer deutschen Nation zu kämpfen und notfalls auch zu sterben!" G., 20 Jahre.

„Spaß am Leben haben, arbeiten gehen, antirassistisch/antifaschistisch oder unpolitisch denken." V., 18 Jahre.

„Arbeiten gehen und niemanden auf der Tasche zu liegen, Musik hören, Zines lesen, andere Skins aus anderen Städten und Ländern treffen." J., 20 Jahre.

„Aus der Arbeiterklasse zu kommen und gegen Bonzentum. Musik, Fußball, meine Freunde, stolz auf meine Heimat, von den Medien verachtet, von Autonomen und Ausländern gejagt, aber niemals aufgeben!" A., 25 Jahre.

„Auffallen, anders als die anderen, Mut zum Randalieren! Als Renée alles mitmachen, was die Kerle anstellen." A., 25 Jahre.

„Mein Weg des Lebens, Arbeiterkind zu sein. Musik hören und machen. Für seine Freunde durch die Hölle gehen, zu Deutschland stehen, gegen Bonzenschweine und Spießer, Fußball..." J., 25 Jahre.

„Arbeiten gehen, Spaß haben, Saufen, gute Musik hören, gut aussehen, zur working class stehen (Fuck off, Hippies!), Fun, Fun, Fun!" A., 22 Jahre.

„Spaß haben und mein Leben genießen, ohne bürgerlich zu sein; Kämpfen (nicht unbedingt nur körperlich!) gegen Unrecht und vor allem auch, um sich als Frau und Nicht-Deutsche nicht unterkriegen zu lassen!" M., 21 Jahre.

„Das Gefühl genießen, gehaßt zu werden." K., 23 Jahre.

„So zu sein wie ich bin, ein wenig protzen und prollen." M., 21 Jahre.

„Sich äußerlich von der großen Masse von Normal-Poppern und Müslis abzuheben, ‚anders' zu sein, zusammen mit Kollegen zu lauschigen Klängen abtanzen." U., 19 Jahre.

„Meinen eigenen Standpunkt vertreten und dafür einstehen; für die Skinheads die feminine Ergänzung zu sein; mit & für den Kult zu leben." K., 20 Jahre.

„Gegen Rassismus zu kämpfen und gute Musik zu hören." A., 19 Jahre.

„Widerstand gegen die sozialistischen Regierungen und Ausländerfreundlichkeit weltweit. Ein normales Familienleben zu führen und in der Gesellschaft akzeptiert zu werden." A., 23 Jahre.

„Seinen eigenen Stil haben und sich dabei von niemandem dreinreden zu lassen. Eine politische Meinung haben, aber nicht aus Politik sein Lebensziel machen. Spaß am Leben haben." A., 21 Jahre.

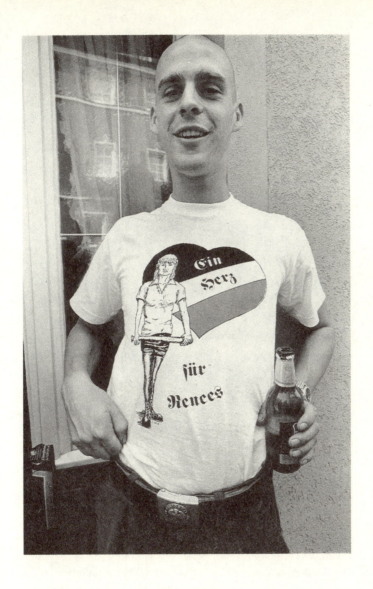

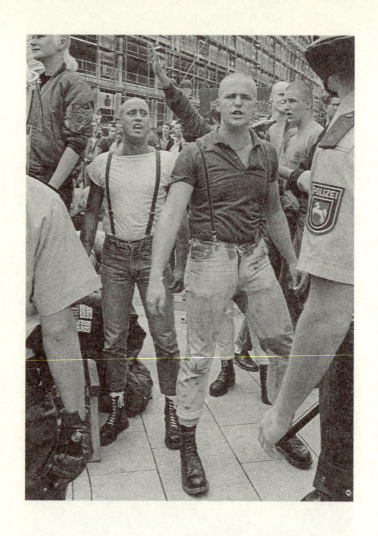

Inhalt

Vorwort 19

1. Die Anfänge: Skinheads in Großbritannien 23
   Die Ahnentafel der Skinheads 26 – Skinhead-Reggae 29 – Die Geburt des Kults 32 – Gewalt 37 – Punk 43 – 2 Tone 47 – Im Würgegriff der Politik 50 – Krieg in den Konzerthallen 52 – Southall 55

2. Haß entsichert, Deutschland brennt – Hacki (23), Skinhead und Nationalsozialist 59
   „Sieg Heil, Genosse!" 64 – Zurück in die Zukunft 68 – Berlin, Weitlingstraße 71

3. Böhse Onkelz haben geile Lieder 80
   „Der nette Mann" 83 – Häßlich ... 90 – ... brutal ... 92 – ... und langhaarig 96

4. Skinheads in Doitschland 99
   Die Nazi-Offensive 102 – Die Neo-Skins 107 – Die Vereinigung 110

5. S.H.A.R.P. – Skinheads gegen Rassismus 118
   Skintonic 121 – Die SHARP-Antifa-Connection 130 – Lange Haare – kurzer Verstand 133

6. Gespräche mit Skins 138
   „Bei uns spielt die Musik" – Richy (23), seit vier Jahren SHARP-Skin 138 „Dann hab' ich ihr gut eins auf die Nase gegeben" – Ulla, Heike und Sandra 140 „Ich wollte nie 'ne Barbiepuppe werden" – Xenia 151 „Ich bin unpolitisch rechts" – Olaf, Claudia und Friedy 163

7. Eine „Randgruppe mit Stolz" – Skinheads heute 183
   Skinhead – a way of life 187 – Sex 189 – Die Charts 192 – Zines 198 – Politische Selbsteinschätzung 200

8. Skinheads im Spiegel von Wissenschaft und Medien 204
Punk – spätpubertäre Frischzellenkur für Alt-Hippies 206 –
Angst 210 – Medien-Skinheads 213 – Welt der Fiktionen 215

Anhang
Anmerkungen 220
Literatur....................................... 221
Service 223
An unsere glatzköpfigen Kunden 225
Die Autoren.................................... 227

Vorwort

Wir armen Kahlköpfe sind gar nicht so dumm,
Wir haben kein Haar mehr und wissen warum.
   Wilhelm Busch, „Chor der Kahlköpfe"

Selten haben wir bisher zu einem Thema gearbeitet, das so medienpräsent war. Blutige Schlagzeilen über angebliche und reale Skinheadgewalttaten gehören seit zwei Jahren zur täglichen Frühstückslektüre. „Skinheads" sind zu einem Synonym für Rechtsradikalismus geworden. Zu Bildern, die langhaarige Steineschmeißer zeigen, lautet die Unterzeile „Skinheads randalierten"; wenn sich *CDU*-Rechte zu einem „Deutschland-Forum" vereinen, trumpfen in der *tageszeitung* „Die Skinheads der *CDU*" auf; wollen psychisch belastete Jugendliche auf sich aufmerksam machen, erfinden sie einen „Skinhead-Überfall". Skinheads mit ihrem „andersartigen", teils rechts martialischen Aussehen eignen sich offenbar hervorragend als Sündenböcke und Blitzableiter für Horrorvisionen jeglicher Art. Was ist schon die kalte Eliminierung des Grundrechts auf Asyl im langweiligen Bonn gegen eine Live-Übertragung von Straßenschlachten aus Rostock? Was ist schon ein Innenminister, der den Tod von Flüchtlingen klammheimlich in Kauf nimmt, gegen einen Glatzkopf im Military-Look, der ganz offen in einer Talkshow verkündet, was Politiker nur hinter den Kulissen umsetzen: „Dreck muß weg!" – „Ausländer raus!"

Wir haben in den letzten zwölf Monaten mehrfach versucht zu intervenieren, uns in die aktuelle Diskussion einzuschalten, der Stigmatisierung und Kriminalisierung einer ganzen Jugendsubkultur entgegenzuwirken. Zumeist mit wenig Erfolg. So etwa im Oktober 1992, nachdem Berlins Jugendsenator Thomas Krüger (als Reaktion auf Reportagen in *Stern* und *Spiegel*) durch seinen Indizierungsantrag von *Störkraft* u. a. eine neue Welle der Berichterstattung auslöste. Zwar waren fast alle Platten, um die es ging, seit Jahren auf dem Markt, ohne daß sich irgendein Jugendschützer oder Journalist dafür interessierte, doch nun fieberte die Nation immer neuen Erkenntnissen über die Brutalisierung der Jugend durch glatzköpfige NS-Bands und ihre in dürftige Rhythmen verpackten Mordaufrufe entgegen. Auch bei uns klingelten die Telefone heiß: Redaktionen, die noch im Frühjahr 1991 Berichte über die Skinheadmusikszene als „uninteressant" abgetan hatten, baten nun um Kontaktadressen von Bands und Bezugsmöglichkeiten für deren Platten. Selbst die seit sechs Jahren langhaarige Heavy Metal-Band *Böhse Onkelz* wurde aus den Archiven ausgegraben, schließlich bilden Skinheads immer noch den Stamm ihres Publikums. „Wenn es den *Böhsen Onkelz* wirklich ernst mit ihrer Abkehr wäre, hätten sie schlicht ihre Band aufgelöst", fordert ein Jörg Heiser im *Freitag*, offenbar bei der Spurensuche nach rechtsradikalem Gedankengut in der Gegenwart nicht so recht fündig geworden, und berichtet schmollend: „Weder rechts noch links will Talkshow-Dauergast Stephan Weidner von den *Onkelz* sein". Und *Prinz*-Autor Marc Fischer muß zwar zu seinem Bedauern feststellen, daß die neue *Onkelz*-CD „nicht mehr eindeutig faschistoid" ist, doch man weiß ja, wie geschickt die Faschos sind, wenn es darum geht, sich zu tarnen: „Aber ist es Zufall, daß im Design der letzten CD die Farbkombination Schwarz-Rot-Gold vorherrscht?" Auch *Prinz* hat einen Lösungsvorschlag für die *Onkelz:* Sie sollen „mit einem antirassistischen Song ihre Vergangenheit klar beenden". Das Problem dabei dürfte nur sein: Die *Böhsen Onkelz* sind genauso wenig Antirassisten wie Eric Clapton oder Elvis Costello. Nur daß die niemand als „prominente Nazi-Musiker" bezeichnen würde.

Unsere eigene Position war und ist da eindeutiger: Aufrufe zum Mord und rassistische Parolen gehören grundsätzlich kriminalisiert, unabhängig davon, ob sie aus dem Munde eines Innenministers oder in einem Sound daherkommen, der uns vielleicht sympathischer ist als Bundestagsreden. Dazu braucht man allerdings weder neue Strafgesetze und Polizeisondereinheiten noch eine Bundesprüfstelle für jugendgefährdende Schriften. Pornos mit Kinderdarstellern oder „Kanackensongs" gehören verboten, nicht werbewirksam unter die Ladentheke. Die bestehenden gesetzlichen Regelungen reichen vollkommen aus, doch sie müssen auch angewandt werden. Nicht nur, wenn es gerade ins politische Kalkül paßt als Imagekampagne für das im Ausland kritisch beobachtete „Neue Doitschland". (Rock-O-Rama verbreitete fast zehn Jahre lang NS-Platten, und die Mehrheit der beschlagnahmten Produktionen entstammte den 80er Jahren.) Außerdem: Mit welchem Recht fordern Politiker, die auf „legalem" Wege Flüchtlinge in den Tod schicken und seit der Wiedervereinigung keine Chance ungenutzt lassen, diese als Schmarotzer in den Medien darzustellen, Strafmaßnahmen gegen rechtsradikale Jugendliche, die das ernst nahmen?

Das Problem Rassismus und Gewalt gegen Minderheiten ist zu brisant und zu komplex, um es auf die Kurzformel „Skinheads" zu reduzieren. Wer alle öffentliche Aufmerksamkeit auf Skinheads ablenkt, verhindert die dringend notwendige Beschäftigung mit den Ursachen und stigmatisiert zudem eine Jugendsubkultur, die weder zu den ideologischen Wegbereitern der Pogrome zählte noch in ihrer Mehrheit rassistisch/neonazistisch ist. Wir haben in den letzten Monaten versucht, dies durch Beiträge deutlich zu machen, in denen wir die unpolitischen, nicht- oder antirassistischen Elemente der Bewegung präsentierten, die Oi!-, Ska- und Soulbands, die mit den jungen deutschen Politrockbands vom Schlage *Wotan* oder *Radikahl* nur gemeinsam haben, daß bei beiden ein Teil des Publikums wenig Haare auf dem Kopf hat. So verweigerten wir stets die Herausgabe von rechten Bandadressen oder die Vermittlung von Interviews mit NS-Skins und boten stattdessen zum Beispiel Berichte über die frühen Oi!-Heroen oder die aktuelle nicht-rassistische Skaszene an. „Daran sind wir nicht so interessiert", antwortete eine Redakteurin von *Spex* (immerhin eine Musikzeitschrift), „uns interessieren jetzt eigentlich nur die Rechten". Leider keine Ausnahme.

Sehr heftig und widersprüchlich war auch das Interesse der Skinszene selbst, nachdem sich über unsere Fragebogenverteilung herumgesprochen hatte, daß wir an einem Buch über Skinheads arbeiteten.

„Hoffentlich wird das Buch eine realistische Darstellung ohne persönliche Wertungen!" (A. aus Berlin)

„Keine Überbewertung von SHARP und Nazis! Bezug zur Arbeiterklasse muß stimmen!" (K. aus Potsdam)

„Versucht mal, objektiv zu sein! Denn gerade gegen uns NS-Skins wird viel Hetze verbreitet. Eine offene Plattform für uns wäre hier sehr wünschenswert!" (D. aus Oer-Erkenschwick)

„Macht mit gegen die Asylanten und Linken!" (A. aus Rothenburg)

„Wenn Ihr diese Ost-Seitenscheitel in dem Buch zu Wort kommen laßt, gnade Euch Gott!" (A. aus Nürnberg)

„Verschwendet bei Eurem Buch nicht soviel Zeit mit Radikalen, denn die wissen nichts von den Wurzeln der Skins!" (M. aus Wilhelmshaven)

„Gute Idee. Macht es aber ja objektiv und nicht links!" (A. aus Heidelberg)

„Paßt auf, laßt Euch nix vom VS klauen!" (D. aus Aachen) forderten Briefeschreiber. „Warum machst Du so ein Buch, Farin, Du bist doch Skinhead-Gegner! Alle wissen das, also warum?!" wollte A. aus Bremen auf seinem brav ausgefüllten Fragebogen wissen. F. aus Wien bat bescheiden: „Widmet mir das Buch!" und ein R. aus Berlin fragte: „Was macht Ihr eigentlich mit den Fascho-Adressen? Her damit!"

Sorry für F. und R. und alle anderen, die ein Spiegelbild ihres eigenen kleinen Glatzenkosmos erwarten. Die Realität der Skinheadkultur ist um einiges komplexer. Und damit auch spannender. Wir haben uns bemüht, sie einmal in ihre wesentlichen Bestandteile zu zerlegen, um den Blick auf die Details – Musik, Outfit, Politik, Szeneleben – zu ermöglichen. Wenn sich die Einzelteile dann nicht mehr in den Köpfen zu einem einheitlichen Modell zusammenfügen lassen, ist es uns geglückt, ein Stück der Realität abzubilden. Mehr kann dieser erste Versuch einer Bestandsaufnahme der deutschsprachigen Skinszene nicht leisten. Aber vielleicht ebnet er ja den Weg für weitere – seriöse – Beschäftigungen auch in den tagesaktuellen Medien mit einer der letzten rebellischen Jugendkulturen der Gegenwart.

Klaus Farin & Eberhard Seidel-Pielen, Berlin im März 1993

1. Die Anfänge:

Skinheads in Großbritannien

„Ho, Ho, Ho Chi Minh!" Überall in der westlichen Welt riefen die Studenten in den Jahren 1967/68 die Arbeiter auf, sich mit ihnen zusammenzuschließen: „Kommt, laßt uns die Welt verändern, das kapitalistische Schweinesystem zerschlagen!" Die neu entflammte Liebe war jedoch recht einseitig. In Deutschland riefen die Umworbenen nach Arbeitslagern und Schlimmerem. In London lief der jugendliche *Chelsea*-Anhang hinter den skandierenden Katheder-Revoluzzern her und brüllte: „Studenten, Studenten, ha, ha, ha!"

Bei einem smoke- oder love-in in einem Park herumsitzen und sich mit Haschisch zudröhnen war nicht das, was sich männliche Jugendliche aus den schäbigeren Vierteln Londons unter dem neuen Zeitalter vorstellten. Das roch zu sehr nach Palastrevolte, nach einem modischen Kostümfest. Um auf ihre proletarischen Wurzeln stolz zu sein, brauchten sie keine studentischen Zuflüsterungen. Als sich ganze Semester auf der Suche nach der richtigen Linie zur Befreiung des Proletariats noch durch diverse Marx-, Lenin-, Stalin- und Mao Tse-Tung-Ausgaben quälten, krempelten sie einfach ihre Hosen hoch, damit die Welt ihre Arbeiterschuhe bewundern konnte, trugen ihre Hosenträger offen über dem grobgenähten Hemd und ließen die Haare so kurz scheren, daß man nicht mehr hineingreifen konnte. Das wirkte nicht nur „häßlich, brutal und gewalttätig", es war auch praktisch bei der Lieblingsbeschäftigung der Skinheads – beim Straßenkampf.

Der Stoppelhaarschnitt war nicht nur praktisch, nicht nur Opposition zum langhaarigen Mainstream, stand nicht nur für die „Sauberkeit" der britischen Arbeiterklasse – er war auch die Aneignung eines Symbols der Repression, der geraubten Individualität und Würde. Immer dann, wenn Arbeiter sich nicht wortlos der „gottgegebenen" Ordnung unterwarfen, wurden ihnen die Haare geschoren – in den gestrengen viktorianischen Arbeitshäusern des 19. Jahrhunderts ebenso wie in den Erziehungsheimen und Besserungsanstalten der ersten Hälfte des 20. Jahrhunderts oder den Straflagern und Gefängnissen.

Nun, auch im wertkonservativen und puritanischen Großbritannien hatte sich in den 50er und 60er Jahren vieles geändert. Wie überall im kapitalistischen Westen gab es in den Nachkriegsjahrzehnten einen rasanten Wandel des gesellschaftlichen Lebens. Erhöhte Produktivität und in der Folge höhere Einkommen ermöglichten auch den Arbeiterfamilien im Mutterland der industriellen Revolution vermehrten Konsum und bescheidenen Wohlstand. Es schien, als wären die ärgsten Probleme und größten sozialen Ungerechtigkeiten in der Ersten Welt beseitigt. Das hübsche Wort von der „Wohlfahrtsgesellschaft" machte die Runde. Mit verbesserter sozialer Absicherung sollte die Arbeiterschaft vor den härtesten Auswirkungen des wirtschaftlichen Wandels geschützt werden. Streiks und Klassenauseinandersetzungen waren das letzte, was die Besitzenden in den Jahren der boomenden Wirtschaft brauchten.

Tatsächlich schafften Kinder der Underdogs vereinzelt den Aufstieg in die Mittelklasse. Einige besuchten weiterführende Schulen und Universitäten. Andere tauschten den Blaumann gegen Schlips und Kragen ein. Anstatt im Schlachthof Rinder im Fünf-Minuten-Takt umzubringen, schoben sie jetzt Aktenberge durch Verwaltungslabyrinthe. Finanziell war das zwar nicht unbedingt der große Durchbruch, aber immerhin war man nun Teil des Kleinbürgertums, der Vorstufe zur Mittelschicht. Die konservative Regierung begrüßte die Entwicklung aufs Schärfste. Um die Ideologie der klassenlosen Gesellschaft materiell zu untermauern, propagierte sie, wie Konrad Adenauer in der Bundesrepublik Deutschland, die „Demokratie der Eigentümer". Eigentum verpflichtet, schafft Ruhe im Land. Kein noch so gestrenges Fabrikregiment diszipliniert so nachhaltig wie die monatlichen Ratenzahlungen.

Gleichzeitig wurde die Sanierung der alten Arbeiterviertel

vorangetrieben. Heruntergekommene, überbelegte und sanitär schlecht ausgerüstete Wohnungen wurden modernisiert. Der Einbau von fließend warmen Wasser, einer Zentralheizung und die Entkernung dicht bebauter Kieze hatte auch im London der 50er und 60er Jahre nicht nur angenehme ökologische und soziale Folgen. Seit Generationen bestehende Nachbarschaftsbeziehungen wurden zerstört. Ein Teil der Bewohner zog in die Neubausiedlungen um. Und die, die in den sanierten Vierteln blieben, fühlten sich gegenüber den neuen Nachbarn als Bürger zweiter Klasse. Denn nun drängten plötzlich finanzkräftige Mittelschichten mit aller Macht in die durch Modernisierung aufgewerteten innerstädtischen Wohnbezirke. Sie suchten das Lokalkolorit, das Feeling, das ein traditionelles Arbeiterquartier im nostalgisch verklärten Rückblick eben so hat. Doch Städteplaner, Architekten, Intellektuelle und Künstler waren nicht gerade die Kumpels, mit denen man geschlossen ins Fußballstadion zog oder nach Feierabend ein paar Bierchen im Pub an der Ecke trank.

Der Kampf um den verbliebenen billigen Wohnraum wurde in den ärmeren Bevölkerungsschichten härter. In den Vierteln, die in Erwartung künftiger Sanierung und den damit zu erzielenden Gewinnen Bodenspekulanten anzogen, überließen Immobilienhaie die Häuser dem Verfall, um den Sanierungsdruck zu vergrößern. In den heruntergekommenen, billigen Wohnungen lebten in den 50er und 60er Jahren neben der weißen Unterschicht Einwanderer aus der Karibik, Pakistan, Indien und Westafrika. Als Küchenhilfen, Putzfrauen und Bandarbeiter waren sie gerne gesehen, nicht aber als Nachbarn in den „besseren" Vierteln, wo man ihnen die Türe vor der Nase zuschlug. Bunt war dieses babylonische Leben in Brixton, Birmingham, Bradford und dem Londoner East End mit seinen vielen Sprachen und vielen Hautfarben schon. Aber auch anstrengend. Jahrelang tat die britische Regierung nichts, um den Neuankömmlingen bei ihrem Start in Großbritannien unter die Arme zu greifen. Keine Sprachkurse, keine Integrationseinrichtungen, nichts von all dem. Die Folge: Die Einwanderer gründeten ihre eigenen Communities, bauten sich ein soziales Umfeld mit eigenen Läden, Kneipen und Treffpunkten auf, das ihren weißen Nachbarn weitgehend verschlossen blieb. Kurz, es herrschten Bedingungen, in denen nicht nur Menschenliebe und Verständnis gediehen. In den bürgerlichen Wohnvierteln merkte man wenig von dieser brisanten Entwicklung. Sollten die Proleten schauen, wie sie miteinander klarkommen.

Die alte (weiße) Homogenität der Viertel löste sich auf. Die Einwanderung und die tägliche Konfrontation mit den Aufsteigern hinterließ bei den eingesessenen Familien, dem Kern der traditionellen britischen Arbeiterklasse, das Gefühl, fremd im eigenen Land zu sein, zu einem aussterbenden Stamm zu gehören. Die Antwort der Skinheads auf den gesellschaftlichen Wandel und die Veränderung der unmittelbaren Nachbarschaft war „die magische Rückgewinnung der Gemeinschaft", wie es der Soziologe John Clarke bezeichnet. „Das Gefühl, im Zentrum dieser Vielzahl unterdrückender und ausbeutender Kräfte zu stehen, bringt ein Bedürfnis nach Gruppensolidarität hervor, das, obwohl es grundsätzlich defensiv ist, bei den Skinheads mit einem aggressiven Inhalt gekoppelt war. Die Skinheads benutzten eine *Vorstellung* von der Gemeinschaft als Grundlage ihres Stils. Sie waren die ‚enterbten Erben', sie übernahmen eine Tradition, der die soziale Basis abhanden gekommen war." Demonstrativ unterstrichen die Skinheads ihren Stolz, Söhne und Töchter der britischen Arbeiterklasse zu sein, setzten der Angestelltengesellschaft ihren stilisierten Proletenkult entgegen und kramten aus der Mottenkiste ihrer subproletarischen Ahnen hervor, was den eigenen Eltern längst peinlich geworden war.

Die Ahnentafel der Skinheads

Die Legende, Skinheads seien die harte, männliche Antwort auf den weichen, femininen Hippie-Kult, stellt die Wirklichkeit auf den Kopf. 1968 gab es in jeder Straße der innerstädtischen Viertel von Liverpool, Glasgow, Birmingham oder London eine Skinheadgang. Es war *die* dominierende Jugendkultur – jeder, der etwas auf sich hielt und *rude* genug war, wurde Skinhead, vergleichbar der Hooligan-Inflation der 80er Jahre. Und diese Urskins hatten ihre eigenen Wurzeln, ihre eigene Ahnentafel.

Seit den frühen 50er Jahren gaben Arbeiterjugendliche den Ton an. Ihr Kampf gegen die Monotonie des Alltags, ihr Wille, dem Leben Farbe, Abenteuer und Spaß abzugewinnen, ihre Weigerung, sich wortlos in die vorgefundenen Rollen einzufügen, schickte den Rock'n' Roll auf seinen Triumphzug um die Welt. Ohne den Blues und das Feeling der Teddyboys der 50er Jahre, die Leidenschaft der Mods und Rocker der frühen 60er Jahre für ihre Musik, wäre Paul McCartney eine leidlich bekannte Lokalgröße in Liverpool, Rod Stewart heute noch Totengräber in Highgate und Mick Jagger ein alternder Erotomane, der am Picadilly Circus jungen Touristinnen hinterhersteigt.

Die 50er und 60er waren wilde Jahre, in denen die Zugehörigkeit zu einer Jugendszene tatsächlich eine *Haltung* verkörperte. Noch wurde sie nicht von der Beliebigkeit eines Warenhausangebotes und den Weichenstellungen der Musikindustrie diktiert. Die Teddyboys, überwiegend Jugendliche ohne Ausbildung, rebellierten nicht zuletzt deshalb, „weil sie das Gefühl hatten, vom Schicksal benachteiligt zu sein. Ihre Altersgenossen hatten inzwischen den Aufstieg geschafft, irgendwelche Berufe erlernt oder gingen auf höhere Schulen." (Mike Brake).

Der Habitus der Mods, die die Teddyboys Ende der 50er Jahre als Trendsetter beerbten, stellte nicht mehr den Macho und ölverschmierten Prolo in den Vordergrund. Mod sein hieß: Teure Klamotten, Ska und Northern Soul, chromverspiegelte Vespas, Coolness, Aufputschtabletten, Prahlerei und – Laufbursche in einer Bankfiliale zu sein. Wichtiger als das reale Sein war der Warenschein. Zwar wurden bereits 1964 in Modernistenkreisen Kids gesichtet, die auf Jeans und hochgeschnürte Arbeiterstiefel standen, aber es sollte noch einige Jahre dauern, bis diese Fraktion eine eigene Identität, einen eigenständigen Kult entwickelte. Noch war das Verstecken der kleinbürgerlichen Herkunft hinter einer extravaganten Fassade vorherrschendes Muster.

Mitte der 60er Jahre stagnierte der Siegeszug der Mods, der in den Clubs von Soho startete und das ganze Land erfaßte.

Schuld daran war auch die Aufmerksamkeit, die die Tumulte in den Jahren 1963/64 in den Küstenkurorten erregten. Ein paar Keilereien zwischen Mods und Rockern wurden von der Presse zu einem Bürgerkrieg aufgebauscht. Nachdem die Medien die Fronten gezogen hatten, es kein Zurück und keine Verständigung mehr über die festgeschriebenen Grenzen hinweg gab, ging nun tatsächlich die Post ab. Rocker- und Modrandale bestimmten die Wochenenden. Die Gewalt eskalierte. Doch was drei-, viermal aufregend sein mag, wird auf die Dauer lästig und ungemütlich. Vor allem die Fraktion der Mods, die den Sprung in die Universitäten und Kunsthochschulen schaffte, verabschiedete sich und schloß sich den Studenten und Hippies an. Andere Mods wiederum hatten sich ausgetobt, fanden eine Freundin, verlobten sich, heirateten und wurden – „normal".

Aber da waren noch die Hard-Mods. Die, die immer schon zuwenig Geld hatten, um sich die angesagten, schweineteuren Klamotten zu kaufen. Die, die ohnehin gutes, billiges Bier den Aufputschtabletten und Cocktails in irgendwelchen In-Clubs vorzogen. Irgendwann verzichteten sie ganz darauf, sich an dem dandyhaften Kleidungsstil der übrigen Mods zu orientieren. Jeans, Stiefel und T-Shirts wurden nun auch am Wochenende getragen. Sie waren ohnehin praktischer bei den zunehmenden Gruppenfights. Das Londoner East End war die Heimat zahlloser Gangs solcher Hard-Mods. Auch in den Industriestädten im Norden gab es viele. Während im Rest der Welt Jugendliche mit ihren Eltern im Clinch um jeden Haarzentimeter länger lagen, wurden bei den Hard-Mods die Haare kürzer und kürzer.

Musik spielte in den Jahren zwischen 1966 und 1969 nicht mehr die zentrale Rolle im Leben der Gang-Mods. Das heißt: wichtig war sie natürlich weiterhin, aber es gab einfach nichts Neues. Die alten Heroen *The WHO* und *Small Faces* setzten zu weltweiten Karrieren an und verließen die engen Grenzen der Subkultur, der sie ohnehin nie wirklich angehört hatten. Pete Townshend und Co. wurden spätestens mit ihrem Auftritt in Woodstock (1969) zu einer Kultband der Hippies. Und im gleichen Jahr eroberten sie mit ihrem Meisterwerk „Tommy" die

Opernhäuser der Metropolen. Nicht gerade eine Welt, in der sich Straßenkinder heimisch fühlten. Doch auf der Suche nach einem neuen klaren Sound, zu dem man besser tanzen konnte als zu der wuchernden psychedelischen Musik, mußten sich die Hard-Mods nicht lange umschauen.

Schwarze Jugendliche aus der unmittelbaren Nachbarschaft ignorierten die Megatrends der Musikindustrie. Sie tanzten zu Rhythmen, die direkt aus den Slums von Kingston kamen. Ska, Reggae und Mods – das war Liebe auf den ersten Blick. Und die Musik war „frei", außer von den schwarzen Rude Boys von keiner Subkultur belegt.

Skinhead-Reggae

Ska war noch eine sehr junge Musik, als die Skinheads den pulsierenden Rhythmus für sich entdeckten. Die Geburtsstunde des Ska liegt erst um 1960, und gleich der erste Ska-Hit stammte von einem Einwanderer: dem Kubaner Laurel Aitken. Sein „Little Sheila" gilt als die erste Ska-Single überhaupt.

Noch bis Mitte der 50er Jahre hörte man auf Jamaika vor allem Bebop-Jazz und Mento, eine Art Ableger des Calypso. Doch mit der massenhaften Verbreitung von Transistorradios schallte ein neuer Sound auf die Insel herüber. Absender waren die US-Radiostationen in Miami und New Orleans, und deren Botschafter hießen Fats Domino und Chuck Berry, Sam Cooke und Solomon Burke. Daß der Rhythm & Blues überhaupt Jamaika erreichte, grenzte an ein Wunder. Denn der staatliche jamaikanische Sender boykottierte diese Musik (wie später den Reggae), einen Plattenhandel gab es so gut wie nirgendwo. Aus der Not wurde eine einmalige Idee geboren: Besitzer von Elektroläden kauften einen LKW, installierten einen riesigen Lautsprecher, Plattenspieler, Verstärker und Mikro auf der Laderampe und ließen ihre Mitarbeiter mit der heißen Ware durch die Lande touren. Wenn die Kunden nicht zum Geschäft kommen konnten, mußten die Waren eben zu ihnen gebracht werden. Das *Soundsystem* war entstanden.

Schon bald entwickelte sich aus der Vertretertour eine wahre Kunst. Die Konkurrenz war groß, die Soundsystem-Men mußten sich immer originellere Werbemethoden ausdenken. „Die Dee-Jays übertrumpften sich gegenseitig mit immer neuen Gags, Gestöhne, Gekrächze, Schnalzlauten, witzigen und ironischen Kommentaren zu den Platten, gespickt mit Anzüglichkeiten, die an Eindeutigkeit kaum zu übertreffen waren. Auch die Kostümierung spielte eine große Rolle. Duke Reid zum Beispiel liebte es, im Kostüm eines Piraten aufzutreten und mit Pistolen in der Hand über die Bühne zu torkeln. Ein Soundsystem, ein ‚Blues-Dance', war immer auch ein Straßenfest, bei dem man sich traf, redete, tanzte, Marihuana rauchte und sich betrank. Hier entstand die Tradition des spezifisch jamaikanischen Dee-jay-Stils, angeführt von Sir Coxone Dodd, mit dem Überspielen und Kommentieren einer Platte. Um der Konkurrenz das Leben so schwer wie möglich zu machen, entfernte man von den schwer beschafften Singles die Etiketten oder ersetzte sie durch andere, gefälschte. Mit Vorliebe gaben sich die Soundsystem-Men englische Adelstitel wie Duke, King, Sir oder Prince. Mitunter führte das ‚Saturday-Night-Fever' der Soundsystems zu einer regelrechten Sound-Schlacht, wenn in einer Straße zwei der gewaltigen Anlagen einen lautstarken Phonkrieg austrugen. Wenn sich die Pioniere des neuen Stils, wie Prince Buster oder Duke Reid, in Hörweite trafen, bedurfte es schon eines massiven Polizeiaufgebotes, um die erhitzten Gemüter der jeweiligen Fan-Gemeinde auseinanderzuhalten."[1]

Doch um 1960 versiegte plötzlich der Nachschub aus den USA. Die Soundsystem-Men reagierten schnell, richteten in irgendeinem Keller oder Hinterhofloch ein „Studio" ein und nahmen mit jungen, unbekannten Straßenmusikern eigene Singles auf. So entstanden die ersten Aufnahmen der *Maytals* und der *Skatalites*, die damals nicht mehr als ein paar Dollar für ihre späteren Welthits bekamen.

Die eigenproduzierten Platten waren zwar von miserabler Qualität, doch extrem tanzbar. Außerdem hatten die DJs eine weitere bahnbrechende Idee. Schließlich waren sie längst die heimlichen Stars, die Musik nur Medium für die eigenen Shows.

Also ließen sie nun auf den B-Seiten der Singles gleich den Text weg, motzten den Rhythmus mit Hall und Echogeräten auf und schufen sich so einen idealen Background für ihre eigenen Ansagen. Das Toasting oder Talk-over war geboren, und damit der erste Grundstein für Rap, Hip Hop und Raggamuffin gelegt. Damit hatte der Ska alle Zutaten für seinen Siegeszug um die Welt. Doch die endete vorerst noch an den Stränden der Karibik.

Bis zu jenem Tag, an dem ein weißer Produzent names Chris Blackwell, Sohn eines jamaikanischen Plantagenbesitzers, mit der unbekannten Sängerin Millie Small die Single „My Boy Lollipop" aufnahm. Der Song landete auf Platz 1 der britischen Charts, und sofort zogen andere jamaikanische Musiker nach: Jimmy Cliff mit „Miss Jamaica", Derrick Morgan mit „Housewifes Choice", die *Skatalites* mit „Guns Of Navarone"... Doch „My Boy Lollipop" blieb eine Ausnahme. Das breite Publikum ignorierte den Sound aus Jamaika, er galt als „dreckig", „primitiv" und „unprofessionell". Selbst die westindischen Einwanderer zeigten kein größeres Interesse. Nur ein paar Jugendliche horchten auf, besorgten sich die Scheiben, reichten sie weiter. So wurde Ska die Musik der Underdogs, der Rude Boy-Gangs. Die musikalisch entwurzelten Mods – der Begriff Skinheads setzte sich erst ein paar Monate später durch – griffen ebenfalls zu. „Viele Skinheads wurden ernsthafte Sammler jamaikanischer Musik und investierten jede frei Minute und jeden Penny, um die neuesten Veröffentlichungen auszuchecken", berichtet George Marshall. „Jeder wußte, an welchem Tag in der Woche eine neue Lieferung eintraf. Judge Dread und andere Sound Operators gingen sogar runter zu den Docks, um die Platten direkt vom Schiff zu kaufen und damit die Konkurrenz vom Hals zu halten."

> Meine Schwester sagt, sie will keinen Mann,
> sie will keinen Mann, wenn es kein Skinhead ist.
> Skinhead!
> Ich gehe zurück in die Slums,
> wenn die Bewegung zusammenbricht.
> Hip to the Hop!
> *Laurel Aitken*

Als sich bereits alle Welt von den Skinheads wegen ihrer Gewalttätigkeit distanzierte, feierten Reggae-Künstler ihren treuesten Anhang mit eigenen Songs. „Skinhead Moonstomp" von den *Symarips*, „Skinhead Shuffle" von *The Mohawks*, „Skinheads, A Message To You" von Desmond Riley, „Skinhead Moondust" und „Skinheads Don't Fear" von den *Hot Rod Allstars* und „Skinhead Train" von Laurel Aitken – alles Liebeserklärungen schwarzer Musiker an den Kult.[2]

Die Geburt des Kults

1968/69 war nicht abzusehen, daß Skinheads einmal als *das* Symbol für rassistische Gewalt gehandelt werden sollten. Wie denn auch. Der Skinheadkult ist eine im besten Sinne des Wortes multikulturelle Synthese. Er orientierte sich an den jamaikanischen Rude Boy-Gangs, die nicht nur die richtige Musik hörten, sondern auch den Ruf hatten, besonders cool und hart zu sein. Die Rude Boys trugen einen extremen Kurzhaarschnitt und häufig Levis Jeans, die hochgekrempelt wurden. Das alles war ganz nach dem Geschmack der weißen Jugendlichen. Sie verbanden diese Elemente mit denen der Hard-Mods, und fertig war der Skinhead. Aber erst 1969 war dieses Wort in aller Munde. Was zunächst ein vager Kult war, hatte in den verschiedenen Regionen noch unterschiedliche Namen: *Noheads, Cropheads, Boiled Eggs, Spy Kids*.

Skinhead-Biograph George Marshall zur Entwicklung des Skinhead-Kultes: „1969 hatte sich eine definitive Uniform entwickelt. In den Anfangszeiten genügte alles, was okay aussah. Sobald du die Stiefel anhattest, konntest du dich selbst Skinhead nennen. Überraschenderweise war die Länge der Haare nicht so wichtig wie heute. Das Wort Skinhead kam von der Tatsache, daß du die Kopfhaut durch die kurzen Haare sehen konntest. Kurze Haare waren nichts Neues, es war die Kombination Haarschnitt und Stiefel, die es ausmachte. Je schwerer die Stiefel, um so besser. Viele Skins trugen sogar Stiefel, die ein, zwei Nummern zu groß waren, um stärker zu erscheinen. Stahlkappenschuhe waren am populärsten, mit dem zur Schau gestellten Stück Metall oder weiß beziehungsweise mit den Farben des Fußballklubs bemalt. Das alles sollte bedrohlich wirken. Schuhe mit acht oder zehn Löchern waren Standard, und es gab nicht diese Stiefel, die dir bis zur Achselhöhle reichen, diesen Unsinn, der nach dem Punk um sich griff. ... Angesagt waren Levis 501, wie bereits Anfang der 60er Jahre bei den Mods. Um den Eindruck zu erwecken, man hätte die neuen Jeans bereits Urzeiten getragen und nicht erst seit letztem Samstag, wurden sie mit Bleichmittel behandelt. Die Hemden machten den letzten Touch der aufkommenden Skinheaduniform aus. Blumenmuster waren definitiv verpönt. Am populärsten waren Ben Sherman-Hemden. Angezogen auf der Höhe der Mode der Arbeiterklasse warst du bereit, die Welt zu erobern."

Oder zumindest den gegnerischen Fanblock. Denn fast alle Skins der ersten Generation rekrutierten sich aus der Fußballrüpelszene. Sie mußten sich nicht erst die Haare schneiden, um zu lernen, wie man sich prügelt. Fußball war und blieb der Dreh- und Angelpunkt im Leben der Skinheads. Es war die Gelegenheit, zu der alle Skinheads einer Stadt wie eine Eins zusammenstanden. Samstags wurden alle lokalen Differenzen zur Seite geschoben, wurde die Heimmannschaft unterstützt und den gegnerischen Fans gezeigt, wer die Besten sind. Der Skinheadanhang der großen Mannschaften zählte in die Tausende. Bereits während des Spieles glich das Stadion häufig einem Schlachtfeld. Flaschen, Dartpfeile, Rasierklingen, Steine – fast nichts, was nicht in Richtung des gegnerischen Mobs flog. Nach dem Spiel ging es dann in den Straßen mit geschliffenen Metallkämmen und Stahlkappenschuhen in die offene Feldschlacht über. Merkwürdigerweise kamen nur selten Leute wirklich schwer zu Schaden.

Dennoch schoben Polizeihundertschaften aus dem ganzen Land Ende der 60er Jahre Woche für Woche unzählige Überstunden. Leibesvisitationen gehörten zum Alltag eines Fußballspiels. Vor allem die Stiefel zogen die ganze Aufmerksamkeit auf sich. Zunächst beschlagnahmte die Polizei die Schnürsenkel. Das machte es wirklich etwas schwerer, zu rennen und zu kämpfen. Als das nichts mehr half, weil jeder schon Bescheid wußte und ein Ersatzpaar mit hineinschmuggelte, mußten die Skinheads die Schuhe vor dem Stadion ausziehen und in Socken ihre Elf unterstützen. Sie bekamen die Stiefel erst wieder, wenn der gegnerische Mob abgezogen war. Schon bald wurden Stahlkappenschuhe zu Offensivwaffen erklärt und ganz verbannt.

Skinheadkrawalle während der Fußballspiele wurden zu einem Standardthema in den Zeitungen. Angestrengt wurde nach den Ursachen dieser besorgniserregenden Entwicklung gesucht. Für den Alt-Skinhead George Marshall waren die Erklärungen allesamt Müll: „All die billigen Theorien über zerbrochene Familien, schlechte Schulbildung und schlechtes Wohnumfeld wurden verbreitet; vielleicht war sogar etwas Richtiges an diesen Erklärungen, aber der Hauptgrund, weshalb Kids am Fußballhooliganismus teilnahmen und dies immer noch tun, war, weil sie Spaß daran hatten. So einfach ist das."

Natürlich war Fußball nicht das einzige von Bedeutung im Leben eines Skinheads. Denn schließlich bestand die Woche aus sechs weiteren Tagen und Nächten, die auch bewältigt werden wollten. Zu jeder Skinheadgang gehörte also auch eine Stammkneipe, in der man sein Bier trank, Billard oder Dart spielte und sich sammelte, wenn man ins Kino zog oder in einen der lokalen Tanzschuppen. Dort tanzten schwarze und weiße Jugendliche gemeinsam nach dem neuesten Sound. Weiße Jugendliche kopierten den Slang der schwarzen. Und es gab eine Reihe britisch-jamaikanischer Skinheadgangs. Skinhead-Sein, das war in diesen Tagen eine Frage des Klassenstandpunktes und nicht der Hautfarbe.

Allerdings verliefen die Gründerjahre der Skinheads nicht so reibungslos, wie es sich Ideologen der multikulturellen Gesellschaft gerne wünschen. Die Sympathie gegenüber der schwarzen Bevölkerung war beileibe nicht bei allen Kurzhaarigen so groß wie gegenüber ihrer Musik. Trotzdem akzeptierten die Skinheads die afro-karibischen Jugendlichen. Nicht nur, weil sie als gute und tapfere Kämpfer galten, sondern weil ihnen deren expressiver Lebensstil und ihre Zugehörigkeit zur Arbeiterklasse gefielen. Viele der schwarzen Rude Boys standen in ihrem Mackerverhalten den Skinheads in nichts nach, und sie machten gemeinsam mit den Skinheads ihrer Nachbarschaft Jagd auf Schwule, Hippies oder Pakistani.

Bereits 1970 wurde der Friede erschüttert. Und wieder war die Musik ein treibender Faktor. Dieses Mal allerdings in die verkehrte Richtung. Denn der Ska hatte sich verändert. Erste Anzeichen waren schon 1966 zu erkennen, zumindest auf Jamaika. Es war ein ungewöhnlich heißer Sommer, und vielleicht war das der Grund, daß der Ska plötzlich gemächlicher, *steadier,* wurde. Baß- und Rhythmusgitarre verdrängten die schrillen Bläser, der simple Tanzbeat wurde komplexer. Aus Ska wurde Reggae.

Auch die Texte veränderten sich. Junge Musiker wie Bob Marley und Jimmy Cliff verstanden sich nun als Sprachrohr ihrer Landsleute, die nicht nur als Arbeiter, sondern zusätzlich wegen ihrer Hautfarbe diskriminiert wurden. „Die historischen Erfahrungen der weißen Arbeiterklasse sind nicht die gleichen wie die der Schwarzen und der Asiaten", erklärte beispielsweise Linton Kwesi Johnson in einem Interview zu seinem zweiten Album „Forces of Victory". „Die Geschichte unserer antikolonialen Kämpfe endete nicht, als wir auf Schiffen und mit Flugzeugen hierherkamen, denn wir fanden in England dieselbe koloniale Situation vor. Wir brauchen unsere eigenen Organisationen. Wir sind mit den Faschisten auf der Straße konfrontiert, mit der Polizei." Linton Kwesi Johnson beschrieb in seinen Songs wie wohl kein anderer Reggae-Poet die Realität der Farbigen im London der 70er und 80er Jahre. Er wußte, wovon er redete, wurde auch selbst mehrfach verhaftet. So etwa im November 1972, als er einem Jungen und einem schwarzen Mädchen helfen wollte, die gerade willkürlich verhaftet wurden: „Ich fing an, die Nummern von einigen Polizisten aufzuschreiben. Dann ging ich zur grünen Minna, die am Straßenrand parkte, und schrieb mir auch die Nummer des Wagens auf. Da stieg der Fahrer aus und sagte: ‚Hey, was glaubst du eigentlich, wer du bist? Komm her!' Ich sagte: ‚Wieso? Wollen Sie mich verhaften? Und wenn, dann sagen Sie mir den Grund.' Darauf war er erst einmal still. Inzwischen hatten sie das Mädchen und den Jungen im Wagen verstaut, und der eine Polizist kam zu mir und sagte: ‚Ja, wir verhaften dich wegen tätlichen Angriffs auf einen Polizeibeamten. Du hast mir gerade ins Gesicht geschlagen.' Nun, ich versuchte, so schnell wie möglich zu verduften, aber sie waren schneller, packten mich an Armen und Beinen und schmissen mich in den Wagen. Dann schlossen sie die Tür, leuchteten uns mit der Taschenlampe an und traten mir zwischen die Beine, auf den Kopf, in die Rippen." Eine alltägliche Erfahrung für viele Einwanderer. Linton Kwesi Johnson hatte noch Glück: Der Arzt, den die Polizei schließlich verständigte, war sein eigener Hausarzt. „Sie versuchten ihn zu überreden, daß er auch bei den Polizisten Verletzungen feststellen sollte, aber da war nichts zu machen. Schließlich gewannen wir den Prozeß."[3]

Nicht nur Linton Kwesi Johnson verarbeitete diese Erlebnisse in seinen Songs. Der Protest gegen die weiße Unterdrückung, das gleichzeitig erstarkende schwarze Selbstbewußtsein und die Suche nach einer eigenen Identität schlugen sich zunehmend in der Musik nieder. War Max Romeo noch 1968 mit seinem Hit „Wet Dreams" zum Skin-Held geworden (vor allem, nachdem die BBC ihn wegen „Erregung öffentlichen Ärgernisses" auf die Schwarze Liste setzte), so überraschte er jetzt sein Publikum mit „Uptown Babies Don't Cry" und vielen anderen Texten, die sich der sozialen Mißstände in Kingston annahmen. Und auch Songs wie „Israelites" und „You Can Get It If You Really Want" von Desmond Dekker, „Rivers Of Babylon" von den *Melodians* oder „Young, Gifted And Black" von *Bob & Marcia* ließen sich nicht mehr mit den Lebenswelten der weißen Bootboys in Einklang bringen.

> Jung, begabt und schwarz,
> oh, welch ein wunderschöner Traum,
> jung, begabt und schwarz zu sein.
> Häng dein Herz nicht an das, was ich meine,
> auf der ganzen Welt gibt's Millionen Jungs und Mädels,
> die jung, begabt und schwarz sind,
> das ist eine Tatsache!

Jung, begabt und schwarz,
wir müssen beginnen, unsere Geschichte zu erzählen,
eine Welt wartet auf euch,
euer ist die Suche, die gerade erst begonnen hat,
wenn du merkst,
es gibt eine große Wahrheit, die du wissen solltest.
Jung, begabt und schwarz zu sein,
eure Seele ist unversehrt.

Jung, begabt und schwarz,
oh, wie gerne wüßte ich die Wahrheit.
Es gab Zeiten, da sah ich zurück,
und meine Jugend verfolgte mich,
aber heute ist meine große Freude
die Waffe, daß man stolz sein kann zu sagen, man sei
jung, begabt und schwarz.

In einem Jugendclub im Süden Londons antworteten Skinheads auf *Bob & Marcias* Ruf mit „Young, Gifted And White" und schnitten das Mikrokabel durch. Die darauf folgenden Massenschlägereien gingen als „Der große Reggae-Krieg" in die Mediengeschichte ein. Die Liaison zwischen schwarzen und weißen Arbeiterkids war zerbrochen. Als Jahre später in Brixton und Liverpool die ersten großen „Rassenunruhen" ausbrachen, verpaßten die Skinheads ihre einmalige historische Chance, das Ruder noch einmal herumzureißen, und sahen tatenlos zu, als Rude Boys von weißen Polizisten verprügelt wurden. Vielleicht gäbe es heute eine Menge Probleme weniger, hätten die Skinheads sich damals ihrer Roots erinnert und ihren Freunden von einst beigestanden.

Gewalt

Die Verteidigung des Reviers ist keine Erfindung der Skinheads. Es ist ein Grundmuster, das alle jugendlichen Gangs und Cliquen eint. Seit Jahrhunderten hat sich wenig an diesem Verhalten geändert. Ob es einem nun gefällt oder nicht: Verteidigt wird die einmal gewonnene Dominanz, zurückgedrängt werden die als feindlich oder bedrohlich empfundenen Einflüsse. Und auch die Anwendung von Gewalt war nichts, was die kurzhaarigen Platzhirsche aus dem Londoner East End erst hätten erfinden müssen. Einem Wandel im Verlaufe der Generationen unterliegt lediglich die Art der Bewaffnung, die Intensität, in der Gewalt ausgeübt wird, und wer als die „Anderen", die „Eindringlinge" und damit die „Feinde" ausgemacht wird. Es ließe sich eine wechselvolle Geschichte der Opferwahl schreiben: Repräsentanten der Erwachsenengeneration, Vertreter des Bürgertums oder des Establishments, rivalisierende Jugendkulturen, der gegnerische Fußballanhang, sexuelle und soziale Minderheiten.

Lust auf Gewalt war von Anfang an ein fester Bestandteil des Skinheadkults. Viele Glatzen haben geradezu ein libidinöses Verhältnis zu ihrem Gewaltimage in der Öffentlichkeit entwickelt. Gleichzeitig bringt es aber wohl jeden, der nicht Gordon heißt, auf die Palme, wenn er auf einen dumpfen Schlägertypen reduziert wird. Der Kampf war stets nur die andere Seite der „Parole Spaß". Kaum einer, für den die körperliche Auseinandersetzung nicht ein lustvolles Ritual war. Die Gesetze der Straße machten jeden zum Helden, der den Kampf als erster begann und als letzter beendete. „Skinheadgangs hatten überall, wo sie hingingen, Ärger. Unten im Park nach der Schule, in den Spielhallen, am Imbiß. Und wenn du keinen Ärger gefunden hast, war die einzige Antwort, den Ärger zu suchen, indem man in das Gebiet einer anderen Gang eindrang", erinnert sich George Marshall. „Jeder, der nicht in dein Weltbild paßte, konnte als legitimes Ziel eines Skinheadübergriffs dienen. Das meinte wirklich jeder. Von rivalisierenden Gangs bis zu einer verlorenen Seele, die am richtigen Platz zum falschen Zeitpunkt war. In Kasernenstädten wurde das Verprügeln von Rekruten bevorzugt, obgleich viele Skinheads selbst in die Armee eintraten. In Universitätsstädten bekamen die Studenten ihr Fett ab. Und so ging das weiter. Schwule und jedermann, der etwas exotisch aussah, waren in den meisten Gebieten Opfer. Hippies wurden als schmutzige, unfrisierte Schmarotzer angesehen, die im Streit mit allen bodenständigen, traditionellen Werten lagen, aus denen die Skinheads stammten. Nicht viele Hippies liefen freiwillig durch ein Skinheadgebiet, aber auch die, die es nicht machten, waren oft das Ziel einer ‚Skinhead-Such- und Zerstörmission'. Natürlich versuchten lokale Skinheadgruppen, ihre Straßen sauber und ordentlich zu halten. Es war nicht schwer, sie niederzuschlagen, aber es war eine undankbare Aufgabe... Die Besetzung eines Wohnblocks durch Hippies war im September 1969 die große Nachricht. Tatsächlich stoppte nur die Anwesenheit von Hells Angels die Skinheads, das Haus zu stürmen. Es gab auch keine Liebe zwischen den Skinheads und den Hells Angels. Überall gab es Auseinandersetzungen."

Aber die Gewalt, die am meisten Aufmerksamkeit auf sich zog, war die gegen die asiatischen Einwanderer. Das „Paki-Bashing", ein Ausdruck für Menschenjagd und das Zusammenprügeln von Pakistani, wurde zu einem nationalen, ja sogar internationalen Problem. Während eines Spitzengesprächs beklagte sich die pakistanische Regierung offiziell darüber. 1969 gaben 25 Prozent der Mitglieder der pakistanischen Studentenvereinigung an, in London schon einmal attackiert worden zu sein.

Für die Skinheadgewalt gegenüber ethnischen Minderheiten wird regelmäßig der überzogene Männlichkeitskult als Erklärung angeführt. Mit Sicherheit ist daran viel Wahres. Aber stilisierte Härte und Betonung der Körperkraft muß nicht automatisch rassistische Gewalt heißen. Teddyboys, Rocker und Mods unterschieden sich in ihrem Dominanzgebaren nicht allzu sehr von den Skins, ohne daß es zu einer vergleichbaren Eskalation rassistischer Gewalt gekommen wäre. Obwohl viele Skinheads sich selbst und ihren Kult als unpolitisch einstufen, hatten die Altersjahrgänge, denen sie entstammten, niemals die „politische Unschuld" ihrer Vorgänger. Die Urskins waren die erste Generation von Kindern und Jugendlichen, die mit einer neuartigen, rassistischen Grundstimmung in der britischen Gesellschaft aufwuchsen.

Natürlich war Rassismus in Großbritannien, das sich noch 1945 als Herrscher über 600 Millionen Menschen aufführen konnte, gesellschaftliches Basiswissen. Die Epoche des Kolonialismus hätte ohne die Ideologie der „rassischen Ungleichheit" keine Legitimationsbasis gehabt. Seit dem Ende des Zweiten Weltkrieges wurde das Mutterland des Commonwealth erstmals Ziel einer größeren Einwanderung von Nicht-Weißen. Ende der 50er Jahre kamen jährlich etwa 30000 Immigranten ins Land. Völlig überrascht registrierte die Gesellschaft, daß die ehemalig Kolonialisierten die alte britische Tradition, sich einfach in fremden Ländern niederzulassen, nachahmten. Diese „Unverschämtheit" der Schwarzen ging über den Verstand so manch eines der vielen Herrenmenschen, die es über Jahrhunderte als die natürlichste Sache der Welt ansahen, in ein überseeisches Land einzumarschieren, die Menschen zu töten oder zumindest zu unterwerfen und ihren Reichtum zu plündern.

Als die Zahl der nicht-weißen Einwanderer 1961 auf 140000 anstieg, spielten die Briten verrückt. Natürlich bestand keine Veranlassung dazu, wenn man nicht gerade von der Arier-Kultusgemeinde war. Weder plünderten die Einwanderer die Kronjuwelen, noch zwangen sie die britischen Bauern, ihre Landwirtschaft auf Reisanbau umzustellen. Ziviler, als es die Sires und Dukes des Empire in den Kolonien jemals vermochten, paßten sie sich den landesüblichen Umgangsformen an. Dankbar nahmen sie die Jobs an, die ihnen die britische Arbeiterklasse bei ihrem Aufstieg allzu gerne überließ.

Die politischen Eliten des Landes pflegten aus purem Eigennutz den rassistischen Diskurs. Ethnizität war in den 50er und 60er Jahren, als der Sozialismus noch eine Gefahr zu sein schien, ein simples, aber erfolgversprechendes Mittel zur Entwaffnung der Working Class. Der Staat förderte das Zugehörigkeitsgefühl zu ethnischen Gruppen und versuchte, durch die Betonung ethnischer Unterschiede jegliche Solidarität unter den Arbeitern und Nachbarn zu zerstören. „In den Innenstädten wird uns beigebracht, die Nachbarn mit Mißtrauen zu beobachten (ihre kulturellen Gewohnheiten sind anders als unsere eigenen). Trotz unserer gemeinsamen Erfahrungen und der Zugehörigkeit zur Arbeiterklasse wollen sie uns weismachen, daß uns absolut nichts miteinander verbindet. Und da die weißen

Menschen in den Innenstädten unter Armut, Arbeitslosigkeit, mangelnden Ressourcen leiden, glauben sie an eine materielle Grundlage für Rassismus."[4]

Tatsächlich war die britische Industrie ähnlich wie die der Bundesrepublik Deutschland oder Frankreichs auf Einwanderung angewiesen. Es gab zu „viele" Arbeitsplätze für zu „wenige" Arbeiter, was deren Verhandlungsposition bei den Lohnverhandlungen natürlich stärkte. Nur hätte man die Menschen aus Pakistan, Malaysia, Indien, Tansania, Uganda und aus der Karibik gerne ein bißchen weißer gehabt. Folglich wurde 1962 ein Einwanderungsgesetz (Commonwealth Immigrants Act) verabschiedet, das den Zuzug von Nicht-Weißen erschweren sollte. Großbritannien folgte damit dem Vorbild Australiens, Kanadas und Neuseelands, die ebenfalls versuchten, Asiaten und Schwarze möglichst von der Immigration auszuschließen. Alle gesellschaftlichen Gruppen waren von dieser Paranoia des weißen Mannes vor Überfremdung befallen – die *Labour Party,* die Konservativen, die Massenmedien. Und einige Arbeiterjugendliche mit kurzen Haaren.

Das Einwanderungs„problem" wurde in den 60er Jahren zu einem Dauerthema, vor allem in Wahlkampfzeiten. 1964 gewann der *Tory*-Kandidat eines Einwandererviertels in Birmingham, Peter Griffith, seinen Wahlkampf mit dem Slogan: „Wenn Sie einen Nigger zum Nachbarn haben wollen, müssen Sie *Labour* wählen." Doch auch die *Labour*-Regierung schlug die Begrenzung der Einwanderung von „Farbigen" vor, damit die „Rassenbeziehungen" sich besserten.

Natürlich konnte der Zuzug nach Verabschiedung des „Commonwealth Immigrants Act" nicht gestoppt werden. Und im Grunde genommen wurde das auch weder von der Industrie noch der Politik gewünscht. Rund 50 000 Nicht-Weiße wanderten weiterhin jährlich ein. Wie immer, wenn das vermeintliche Unheil in Gestalt „ethnisch andersartiger" Flüchtlinge und Einwanderer an die Wand gemalt wird und die Politik scheinbar versagt, weil sie das nicht völlig eindämmen kann, was sie selbst als Problem heraufbeschwor, schlug auch jetzt die Stunde der Scharfmacher. Als die *Labour Party* sich nicht ganz den Wirklichkeiten verschließen konnte und 1968 ein Gesetz verabschiedete, das die Neuankömmlinge zumindest ein wenig vor Diskriminierung schützen sollte, kochte die Stimmung im Land über. Enoch Powell, Minister im konservativen Schattenkabinett, hielt am 20. April 1968 eine flammende Rede gegen dieses Gesetz. Sie heizte das politische Klima in Großbritannien nachhaltig auf. Er prophezeite bei anhaltender Einwanderung Verhältnisse wie im alten Rom, als der Tiber vor Blut schäumte. Es gelang ihm, den Alltagsrassismus der Briten zu einer Massenbewegung zu bündeln. „Die fremde Natur der nicht-weißen Einwanderer paßt nicht zur britischen Gesellschaft, Konflikte kündigen sich an, die schon bald zu Rassenkrawallen führen", lautete seine Botschaft, in einer Auflage von 350000 Exemplaren unter die Leute gebracht. Sie klang für viele realistisch, da zu dieser Zeit die USA von Aufständen der Schwarzen erschüttert wurden. Zwar verlor Powell nach dieser Rede seinen Posten im Schattenkabinett, aber das versprühte Gift tat seine Wirkung. Tausende von Arbeitern marschierten vom East End Londons Richtung Houses of Parliament, um Powell zu unterstützen.

Enoch Powell war auch für viele junge Skinheads ein Held. In ihren Familien, in ihrer Nachbarschaft fielen Powells Gedanken auf fruchtbaren Boden. Sie glaubten zu wissen, wovor er warnte. Einige Skinheads brüllten bei ihren Angriffen auf Pakistanis: „Enoch! Enoch!" Tote und Schwerverletzte blieben zurück. Und 1970 stolzierte der Rassistenführer mit 40 Kurzhaarigen als Leibwache durch die Gegend. 40 von mehreren tausend, das war nicht viel – aber ein Zeichen. Durch den weitverbreiteten und aufgeheizten Rassismus bekam die relative Beliebigkeit der Skinheadgewalt und ihr Revierverhalten eine Orientierung. Mehr noch, sie hatten das Gefühl, daß diese Angriffe sozial erwünscht sind. Ihr Rassismus vermischte sich mit einem verqueren Klassenstandpunkt. Weshalb ausgerechnet die „Pakis" – unter diesem Begriff wurden Inder, Bengali und Pakistani gefaßt –, nicht aber auch die westindischen Einwanderer zum Angriffsziel wurden, beschreiben John Clarke und Tony Jefferson: „Das ‚Paki-Bashing' war von einer ausgeprägten kulturellen Problematik überlagert – dem Unterschied zwischen Asiaten und den westindischen Einwanderern. Die westindischen Einwanderer bedrohten die kulturelle Homogenität des Viertels weniger, weil ihre kulturellen Verhaltensweisen denen der Arbeiterjugend näher standen als die der Asiaten, deren in sich gekehrter, auf die Familie zentrierter und erfolgsorientierter Lebensstil mehr zur Mittelklasse tendierte."[5] Das ist aber nur die eine Hälfte der Wahrheit. Mit den afro-karibischen Jugendlichen waren die Skinheads einerseits durch den Reggae verbunden, andererseits waren sie zu diesem Zeitpunkt bereits besser in Gangs organisiert und zeigten rassistischen Skinheads schnell die Grenzen auf. Doch schon bald gründeten auch asiatische Jugendliche ihre Gangs und schützten so ihre Territorien. Skinheads sollten dies wenige Jahre später in Southall zu spüren bekommen.

Punk

Anfang der 70er Jahre ebbte die erste Skinheadwelle wieder ab. Vielen war der Streß einfach zu groß geworden, der Nachwuchs zu peinlich. Natürlich gab es immer noch Skinheads, aber sie dominierten nicht mehr das Straßenbild; das Spektakuläre fehlte, auch in der Musik. Da tauchte 1976 wie aus dem Nichts eine neue außergewöhnliche Jugendkultur auf: wilde Irokesenschnitte, grün, pink, rot gefärbte Haare und eine Musik, die mit ihrem Drei-Akkorde-Minimalismus und den hingerotzten Texten alle Anstandsregeln des in bombastischen Klangteppichen erstarrten Rockzirkus sprengte. Punk – das roch nach Aufruhr, nach Revolte. „Don't know what I want, but I know how to get it." – „Anarchy In The U.K." der *Sex Pistols,* „No More Heroes" von den *Stranglers,* „White Riot" von *The Clash.* Medienwirksame Publikumsbeschimpfungen, Rüpeleien vor laufender Kamera. Die Liveauftritte der Bands glichen Nahkampforgien, wo niemand mehr sagen konnte, wer eigentlich auf die Bühne gehörte und wer davor, und dauerten selten länger als eine Stunde. Spätestens dann lagen die Musiker fix und fertig hinter der Bühne oder die Polizei hatte den Saal, den Park oder was immer die Bands sich als Auftrittsort erwählten, gestürmt. Ein typischer Konzertbericht jener Tage von einem der ersten Auftritte einer jungen neuen Band:

„Zu einem polizeilichen Großeinsatz kam es anläßlich der Einweihung des Londoner 24-Stunden-Lokals ‚Vortex'. Der musikalische Teil wurde der Gruppe *Sham 69* übertragen, die sich kurzerhand das Dach des Nachbarhauses als Bühne auswählte und da mit reichlich Phon drauflosdonnerte. Daß das einigen Nachbarn nicht unbedingt gefiel, ist verständlich. Es dauerte denn auch nicht lange, bis die Polizei auf dem Dach erschien – von *Sham*-Sänger Jimmy Pursey mit einem herzhaften ‚Fuck off' empfangen. Die Polizisten stellten daraufhin zuerst einmal den Strom ab. Worauf ihnen Pursey ein paar weitere Freundlichkeiten an den Helm warf. Da brannten bei den Londoner Bobbies – sonst die freundlichste Polizei der Welt – die Sicherungen durch. Sie setzten bei Pursey den Polizeigriff an und führten ihn ab. Gegen Pursey wurde Klage wegen Beleidigung einer Amtsperson erhoben. Wenige Stunden später wurde er gegen eine Kaution von 500 Pfund wieder auf freien Fuß gesetzt."[6]

Das Konzert ging weiter – im Keller des Hauses. Und: „Ein gutes Ende nahm dann das Ereignis doch noch. *Sham 69* kriegten wenige Tage nach der Vortex-Show einen lukrativen Plattenvertrag offeriert. Das erste Album soll übrigens eine Live-Platte sein!"

Letztlich war Punk ein Windei, von cleveren Geschäftsleuten in Szene gesetzt, um ein paar Bands zu vermarkten. Binnen zweier Jahre erreichten sie ihr Ziel. Punk wurde Teil der etablierten Ordnung, der man angeblich ins Gesicht rotzte. Er wurde zu einer Pose, zu einem Zweig der Modeindustrie. „Punk war die Revolution", schloß Allen Jones im *Melody Maker* das Punk-Album, „aber sie wurde verraten".

Doch viele Kids auf der Straße glaubten an den Punk und machten aus ihm etwas, was eigentlich nie geplant war: Sie begannen, ihn zu leben. Es war einfach die Zeit für eine neue rüde Aussteigerbewegung, die weder mit den soften Althippies noch mit dem Establishment identifiziert werden konnte. Und

Punk war die bisher vollkommenste Ausdrucksform für eine Teenagerrebellion. Bands wie *Sham 69*, *Cock Sparrer* oder *Cockney Rejects* machten also weiter, rüder als je zuvor, beschleunigten ihre Rhythmen noch ein Stück und prügelten die Middle-Class-Modepunks aus ihren Konzerten.

> Hey, kleiner reicher Junge, schau mich mal gut an.
> Ich brauch keinen Bodyguard, um rumzulaufen,
> ich kann auch mit dem Bus ans andere Ende der Stadt
> fahren.
> Ich hab kein Abgangszeugnis gekriegt,
> deshalb hältst du dich jetzt für was Besseres.
> Warum sollte mich das stören?
> Ich hab nie geglaubt, daß du was Besseres bist als ich!
> *Sham 69*

Sie nannten es von nun an „Streetpunk", „Realpunk" oder auch „Working Class-Punk". Auch die Punks selbst veränderten sich, entdeckten in der alten Skinheadmode eine Chance, sich von den schicken New Wavern und Edelpunks aus gutem Hause abzugrenzen. Reihenweise verwandelten sich Britanniens Schmuddelkinder in Skinheads und ermöglichten so der darniederliegenden Skinkultur ein gigantisches Comeback. Und plötzlich interessierten sich auch viele Alt-Skins für diese Musik. Bands wie die *Angelic Upstarts* entstanden, die von Anfang an ein gemischtes Publikum erreichten, oder andere wie *Blitz*, *Infa-Riot*, die sich aus Skins und Punks zusammensetzten. Und Jimmy Pursey war es, der der neuen Szene ihren ultimativen Kultsong verpaßte:

> Einmal in meinem Leben hab ich mal was zu sagen,
> und das will ich jetzt sagen, denn jetzt ist heute,
> Liebe ist da, um genommen und genossen zu werden,
> also laßt uns alles nehmen und alles genießen!
>
> Wenn die Kids zusammenhalten, dann kann keiner sie spalten!

In dem Dreck um dich rum, was siehst du da?
Kids mit Gefühlen wie du und ich,
verstehe ihn und er wird dich verstehen,
denn du bist er und er ist du!

Wenn ...

Ich will nicht abgelehnt werden,
ich will nicht abgewiesen werden,
Freiheit ist da, um deine Meinung zu sagen,
ich bin die Freiheit, wie fühlst du dich?
Sie können mir ins Gesicht lügen, doch mein Herz belügen
             sie nicht,
wenn wir zusammenstehn, dann ist das erst der Anfang!

If the kids are united ...

Seinen endgültigen Namen erhielt der neue Punk aber schließlich von einer anderen Band, den *Cockney Rejects.*

Höre den Schrei, der durch die Straßen hallt,
wir wissen, was er bedeutet,
gerade für die Ignoranten ist er nicht, was er scheint.
Durch jede verschissene Seitenstraße kommen die Kids von
             überall her,
sie kommen alle und schließen sich dem Mob an,
denn sie kennen diesen Ton.

Und ich renne eine Seitenstraße hinunter, Oi! Oi! Oi!
Und ich renne, und ich bin frei, Oi! Oi! Oi!
Denn wir wissen alle, das ist der Sound der Straße!
Und wir rennen eine Seitenstraße hinunter, Oi! Oi! Oi!
Mit Doc Martens an unseren Füßen, Oi! Oi! Oi!
Und du rennst die Seitenstraße mit mir hinunter.

Die Kids kommen von überall her,
überall ist das East End,
und sie alle wissen, was es bedeutet, wenn sie diesen Ton
             hören.

Also weißt du, was du zu tun hast, wenn du den Ruf hörst, zieh deine Boots an und tret' diese Scheiß-Mauer ein.

Und ich renne die Seitenstraße hinunter, Oi! Oi! Oi!
Und wir geben niemals auf, Oi! Oi! Oi!
Weil wir alle wissen, daß wir verdammt noch mal gewinnen werden!
Und wir rennen eine Seitenstraße hinunter, Oi! Oi! Oi!
Und wir alle wissen, der Mob ist auf seinem Weg!

Wer eigentlich auf die Idee kam, ist nicht überliefert, jedenfalls begannen die *Rejects* irgendwann damit, ihre Songs nicht mehr mit dem üblichen „1, 2, 3" anzustimmen, sondern grunzten stattdessen ein „Oi! Oi! Oi!" ins Mikro. Das Publikum warf den Ruf aus tausend heiseren Kehlen begeistert zurück, und so entstand einer der schönsten Mitgröhlsongs der Skingeschichte. Als der Musikkritiker Gary Bushell für *Sounds* einen Streetpunksampler zusammenstellte, durfte „Oi! Oi! Oi!" darauf natürlich nicht fehlen, und da ihm auch kein besserer Titel einfiel, nannte er gleich das ganze Machwerk „Oi! The Album". Damit war der Skinheadkultur noch zehn Jahre nach ihrer Geburt eine zweite Wurzel gewachsen.

2 Tone

Und noch etwas Bedeutendes geschah in jenen Tagen. Der alte Skinhead-Reggae erlebte ein großartiges, unerwartetes Revival. Okay, in einer aktuelleren Version, schneller und härter, der Punkrock hatte seine Spuren hinterlassen, aber ohne Zweifel: es war gut. „Die Skinheads sogen den neuen Sound auf wie Enten das Wasser", erinnert sich George Marshall. „Es war eher wie die Wiederkehr alter Freunde als die Entdeckung neuer Bands."

Den Anfang machten *The Specials,* ein im Sommer 1977 gegründetes schwarzweißes Septett aus Coventry, indem sie 1978 auf ihrem bandeigenen Label *2 Tone* eine zeitgemäß gelüftete Coverversion des '64er *Prince Buster*-Hits „Al Capone" veröffentlichten. „Gangsters" erreichte innerhalb von wenigen Tagen mehrere Auflagen und absoluten Kultstatus. Ein Jahr später gehörten die britischen Charts 2 Tone-Bands wie *Bad Manners, Selecter* oder *Madness*. Deren erste Single „The Prince", ebenfalls eine Hymne auf *Prince Buster*, verkaufte sich gleich 150 000mal. Das erste *The Specials*-Album, produziert übrigens von einem gewissen Elvis Costello, landete auf Platz 4 der britischen LP-Charts.

Merkwürdigerweise interessierten sich auch die Kids aus der Punkszene für den neuen 2 *Tone*-Sound. Vielleicht lag es daran, daß der fröhliche Tanzbeat Texte über Arbeitslosigkeit und Rassismus, Sex und Bullenterror untermalte und zudem den Reggae der späten 70er von seinem Rastafari-Haile-Selassie-Ballast befreite. Jedenfalls gingen schon bald Punk- und Reggae/2 *Tone*-Bands gemeinsam auf Tournee, und die Musiker von *Steel Pulse*, einer Reggae-Band aus Birmingham, durften als erste Nicht-Punker die Bühne des Londoner Kultclubs Vortex betreten. „Kids United", Jimmy Purseys Botschaft, war angekommen. Zumindest für eine kurze Zeit.

Doch „Kids United" meinte nicht nur Punks und Skinheads, sondern vor allem schwarz und weiß. Niemand demonstrierte das deutlicher als die Kultbands jener Jahre. Spielten in den Anfangsjahren des Skinhead-Reggae noch fast ausschließlich jamaikanische Musiker für ein buntgemischtes Publikum, so standen nun schwarze und weiße Musiker gemeinsam auf der Bühne. Nur *Madness* mußte dauernd erklären, warum sie *zufällig* keine Schwarzen in der Band hatten. Schwarzweiß dominierte bald alles: die Musik, die Mode, die Haltung.

Klar, daß nicht alle so glücklich waren über diesen antirassistischen Multikulti-Boom. Bald wurden die *2 Tone*-Bands zum Angriffsziel der rechten Szene, die sich der Faszination des neuen Offbeats natürlich auch nicht gänzlich entziehen konnte und immer wieder bei Ska-Konzerten auftauchte. Nicht alle Bands gingen damit so offensiv um wie *The Specials*, die sich dadurch einen Namen machten, daß sie, sobald sie „Sieg Heil"ende Glatzen im Publikum entdeckten, ihre Instrumente zur Seite legten, von der Bühne sprangen und die unerwünschten Gäste eigenhändig hinausprügelten. Friedliche Rechte wurden in der

Bad Manners

Regel durchaus geduldet. Wenn ein „Nazi" sich eine schwarze oder schwarz-weiße Band anhörte, die schwarze Musik mit antirassistischen Texten spielte und das auch noch sichtlich genoß, dann konnte es doch sein, daß er gar kein wirklich überzeugter Nazi war, oder? Jedenfalls versuchten Gruppen wie *Madness*, zunächst mit den Kids zu reden, sie auf die nichtrassistische Seite hinüberzuziehen. Und nicht alle Konzerte endeten im Krawall, wie die Medien zeitweise den Eindruck erweckten. Aber die hatten ohnehin mal wieder keinen Durchblick. So veröffentlichte die Londoner *Evening News* doch glatt zu einem Foto der *Selecter* mit der schwarzen Sängerin Pauline die Unterzeile: „Don't rock with the Sieg Heiles." George Marshalls Fazit: „Es gibt keinen besseren Hinweis für die Harmonie unter den Rassen, als schwarze und weiße Gesichter gemeinsam auf der Bühne zu sehen, vor allem, wenn die Bühne das Fernsehen war und Millionen erreichte. Vielleicht waren viele Skinheads zu dieser Zeit *NF*, aber mit Sicherheit wären es ohne *2 Tone* Tausende mehr gewesen."

Im Würgegriff der Politik

Das Skinheadrevival Ende der 70er Jahre stand von Beginn an unter einem politischen Vorzeichen. Die Zeiten hatten sich seit Enoch Powell geändert. Der britische Rassismus hatte in der 1967 gegründeten *National Front* eine politische Plattform gefunden. Allerdings nahm von dieser Minipartei vor 1976 kaum jemand richtig Notiz. Das änderte sich mit der Ankunft asiatischer Flüchtlinge. Auch diesmal war die Zahl eigentlich nicht der Rede wert. Aber die Boulevardblätter beschworen tagtäglich eine „Asylantenflut" und berichteten über angeblichen Asylmißbrauch, Mißbrauch von Sozialhilfe und den „luxuriösen Unterkünften" der Flüchtlinge. Während der Kommunalwahlen 1977 schickte die *NF* einige hundert Kandidaten ins Rennen und gewann mit der Losung „IF THEY 'RE BLACK, SEND THEM BACK" mehr als 200 000 Wählerstimmen.

Durch die lokalen Wahlerfolge ermutigt, veranstaltete die *NF* mehrere Aufmärsche in schwarzen Wohngebieten, die regelmäßig in Straßenschlachten mündeten. Die politischen Eliten taten wieder nichts, um der rassistischen Eskalation energisch zu begegnen. Margret Thatcher setzte schließlich selbst aufs rassistische Ticket. Im Wahlkampf 1977/78, aus dem sie als Premierministerin hervorging, empfahl sie sich mit einem einfachen Konzept des politischen Krisenmanagements: „Wir werden der Immigration ein Ende bereiten, da unser Land ansonsten bald mit Menschen einer anderen Kultur überschwemmt sein wird."

Am meisten Einfluß gewann die militante *NF* natürlich unter der Jugend des Landes. Nicht nur Skinheads, auch Punks, Teds, Mods, Langhaarige und keiner Subkultur Zugehörige verbündeten sich mit der *NF*. George Marshall: „Unter den weißen Arbeiterjugendlichen war die *Young National Front* das Größte. In gewisser Weise konntest du den harten Mann markieren, wenn du sagtest, du bist *NF*, oder hinter den Großen herranntest und *National Front* brülltest." Die proletarischen Jugendlichen waren nicht zuletzt von der *NF* so begeistert, weil man damit die liberale Mittelschicht, die sich angeblich so energisch gegen Rassismus wandte, schnell und nachhaltig erschrecken konnte. Provokationen, die sich bei einem Teil zu einer festen Überzeugung stabilisierten. Die Jugendorganisation der *NF*, die *Young National Front*, widmete sich zunehmend der Skinheadszene und dem Fußballanhang. Und das zu einer Zeit, als die eiserne Lady nach der Macht griff und keinen Zweifel daran ließ, daß das Fußvolk der Nation künftig nichts mehr zum Lachen haben wird. In den folgenden Jahren machte sie bekanntlich auch Ernst. Überall Betriebsschließungen, Privatisierung staatlicher Betriebe, Reduzierung des Ausbildungs- und Bildungsbudgets.

Eine Umverteilung des gesellschaftlichen Reichtums von unten nach oben stand auf der Tagesordnung. In einem Jahrzehnt gelang es ihr, das Rad der Geschichte um hundert Jahre zurückzudrehen. Ende der 70er Jahre machte sich Margret Thatcher daran, die Infrastruktur der Arbeiter zu zerschlagen. Beratungsinstitutionen, Gewerkschaftsräte, kommunale Selbstverwaltungsstrukturen, Einrichtungen der Erwachsenenbildung, kurz alle Organisationen, die sich der Politik auf Kosten der Unterschicht widersetzen hätten können, wurden systematisch kaputtgemacht. Den Herrschenden konnte es nur recht sein, wenn „die da unten" sich gegenseitig die Köpfe einschlugen und nicht geschlossen Richtung Houses Of Parliament marschierten. Noch heute kann man die Folgen dieser Politik für die britische Jugend überall sehen. Nirgendwo in Westeuropa gibt es so viele arbeitslose, obdachlose und verwahrloste Jugendliche wie auf ‚Maggies Farm'.

Die Skinheadbewegung wurde schon bald das begehrteste Objekt für die Agitation der *NF,* eine damals offen faschistische Partei, die sich an der Politik Adolf Hitlers orientierte. Zu einem Zeitpunkt, als nahezu jedermann den Fußball-Hooliganismus und den Skinheadkult verachtete und verurteilte, pries die *National Front* die Skinheads als „Vorkämpfer der weißen Rasse". George Marshall: „Hier war eine Partei, die nicht über dich sprach, sondern mit dir, und die nicht auf dich herunterschaute, sondern dich als Crème der britischen Jugend behandelte."

Doch es gab immer noch viele, die nicht an organisierter Politik oder rassistischen Krawallen interessiert waren, oder die sich sogar links fühlten, Straßensozialisten des alten Schlages waren. Eine *League of Labour Skins* gründete sich, Bands wie *Blitz, Angelic Upstarts* oder *Infa-Riot* traten antirassistischen Initiativen bei. Das hinderte den glatzköpfigen *NF*-Anhang allerdings nicht daran, zu den Konzerten dieser Bands zu erscheinen – und sei es nur, um dort zu randalieren. Nazi-Parolen wurden in der Regel zwar sofort unterbunden, doch ansonsten versuchte man den Dialog. Eine der ersten Bands, die daran scheiterten, war *Sham 69.*

Krieg in den Konzerthallen

Mit Schlägereien und ein paar Vandalen hätte *Sham* fertig werden können. Aber gegen organisierte politische Gewalt konnte eine Band wenig ausrichten. Viele Anhänger von *Sham* waren gleichzeitig Unterstützer der *NF* und des *British Movement.*

Die Musikpresse und linke Gruppen übten auf Jimmy Pursey Druck aus, sich von seiner „Sham Army" loszusagen. „Jedermann wußte, daß *Sham 69* nicht an der Politik der *NF* und des *BM* interessiert war und sie in ihren Konzerten auch nicht unterstützten. Gleichzeitig wollte Jimmy keinem seiner Fans den Rücken zukehren, indem er sie von den Gigs ausschloß. Er bevorzugte es, seinen Standpunkt auf der Bühne zu vertreten, in der Hoffnung, sie würden sich anschließen", erinnert sich George Marshall. Doch es kam umgekehrt: Nachdem *Sham* im Februar 1978 demonstrativ bei *Rock Against Racism* und im April gemeinsam mit *Clash* auf einem Konzert der *Anti-Nazi-Liga* aufgetreten waren, nahmen auf ihren Konzerten die rechtsgerichteten Gewalttätigkeiten zu. Schließlich wollte kein Veranstalter mehr ein Konzert mit der Kultband riskieren – aus Angst vor ihren Fans. Das Ende einer Legende wurde zwischen den politischen Frontlinien besiegelt.

Unter ähnlichem Druck wie *Sham 69* standen zwei weitere Kultbands – *The Angelic Upstarts* und *Cockney Rejects*. Mensi, Sänger und Kopf der *Upstarts*, ließ keinen Zweifel an seiner Einstellung aufkommen: „Ich hasse Faschisten. Die werden von unserer Regierung geduldet, weil sie dieses Regime unterstützen."

> Die, die besitzen, und die, die nicht besitzen, sind getrennt,
> aber erkläre das nicht, du wüßtest nicht, wo du anfangen
> solltest,
> sieh der Wahrheit ins Gesicht, mein Bruder, nur wir selbst
> können uns helfen,
> schließ dich uns an und wir werden dir Mut geben.
>
> Viele von denen, die froh wären, frei zu sein,
> werden nichts sagen, nichts hören, nichts sehen;
> sie würden helfen, wo sie können, doch sie haben Angst
> vor Repressalien,
> also werden wir alleine kämpfen, so lange, wie es sein muß!
> „Solidarity", *Angelic Upstarts* (1980)

Bereits auf ihrer Debütsingle „Murder Of Liddle Towers" legte sich die Gruppe mit der Staatsmacht an. Towers war ein lokaler Boxtrainer, der in Polizeihaft starb. Die *Upstarts* versuchten, auf den Skandal aufmerksam zu machen. Wenn der Song gespielt wurde, warfen sie einen Schweinekopf auf die Bühne. Etwas, was der Polizei überhaupt nicht gefiel.

Im Juni 1979 griffen fünfzig Faschisten der *NF* die Band in Wolverhampton an. Es war der Auftakt einer organisierten Kampagne, ihre Auftritte zu zerstören, weil die extreme Rechte sie als Kommunisten beschimpfte (während einige linke Gruppen sie als „Nazis" denunzierten) – nach dem Motto: „Wenn du kein Nazi bist, mußt du Kommunist sein, wenn du kein Kommunist bist, mußt du Nazi sein."

Die Situation spitzte sich zu, als die *Young National Front* in ihrem Magazin *Bulldog* die Oi!-Musik und diverse Bands der Szene unter dem – als Reaktion auf die gewaltigen Erfolge von *Rock Against Racism* gegründeten – Label *Rock Against Communism* als „nazi-orientiert" zu vereinnahmen versuchte. Natürlich distanzierten sich die Bands sofort, so die ebenfalls erwähnten *Infa-Riot* in *Sounds*: „Niemand in der Oi!-Bewegung hat irgendwas mit der *NF* oder rassistischer Gewalt zu tun." Doch der Druck wurde stärker, zumal der eigene Anhang die Beliebtheit der Szene außerhalb des Glatzenkosmos nicht gerade steigerte, wie George Marshall zu berichten weiß: „Alle Finger zeigten auf die Skinheads, und das aus gutem Grund. Wenn es während Punkkonzerten zu Gewalt kam, starteten die Skinheads den Ärger oder nahmen erfreut daran teil. Nicht alle, nicht einmal die Mehrheit der Skinheads war daran interessiert, das zu zerstören, was nicht zuletzt Musik bedeutete. Aber es gab genug Möchtegern-Skinheadchefs, die darauf warteten, zuzuschlagen, wenn ihnen die Nase, das Gesicht oder der Haarschnitt nicht gefielen." Insbesondere bei *Cockney Rejects* konnte man bald davon ausgehen, daß es garantiert im Laufe des Konzertes zu einer Massenschlägerei kam. Das hatte allerdings weniger mit Politik zu tun als mit der Tatsache, daß die *Rejects* aktive Kämpfer der „Inter City Firm" waren, der berüchtigten Hooligans von West Ham United, und bei ihren Auftritten kein

Blatt vor den Mund nahmen, was sie von den Fans und Hools anderer Vereine hielten. „Oi! steht heute für Gewalt, und wem nützt das?" beklagte sich Oberhool Vince Riordan, Bassist der *Cockney Rejects*, in *Sounds*.

Nun ja. Aber auch andere Bands machten sich ernsthaft Sorgen; die ersten sprangen bereits ab, distanzierten sich von der Oi!-Szene, fingen damit an, Skinheads nicht mehr in die Konzerte zu lassen, oder lösten sich einfach auf. Im Juli 1981 starteten mehrere Bands deshalb eine Oi!-Festivaltournee. „Diese Konzertreihe wird endgültig klarstellen, daß Oi! nichts mit hirnloser Gewalt zu tun hat", erklärte Manager Dave Long zum Auftakt der Presse. Als zweiter Termin stand am 3. Juli die Southall Hambrough Tavern auf dem Spielplan. Ein Ereignis, von dem sich die Skinszene bis heute nicht mehr erholt hat.

Southall

Southall, die meiste Zeit ein ruhiger Vorort in Westlondon, war das Territorium der asiatischen Community. Seitdem im Juli 1976 gegenüber dem Dominion Kino der Indischen Arbeitervereinigung der 18jährige Gurdip Sing Chahher von weißen Jugendlichen in eine Falle gelockt und erstochen worden war und Polizei und Politiker wieder einmal verkündet hatten, „hierbei habe es sich nicht eindeutig um einen rassistischen Mord gehandelt", hatten die Jugendlichen die Verteidigung selbst in die Hand genommen. Southall wurde zu einem gefährlichen Ort für weiße Rechtsradikale und Rassisten. Das mußte auch die *National Front* erfahren, als sie, ermutigt von ihrem Wahlerfolg 1977, im April des darauffolgenden Jahres versuchte, im Rathaus von Southall eine Versammlung abzuhalten. Die Polizei verteidigte den Naziaufmarsch mit einem riesigen Aufgebot gegen die Bevölkerung des Viertels, fuhr mit Transportern direkt in die protestierende Menschenmenge hinein, trieb die Leute auseinander, um sie dann willkürlich zusammenzuschlagen. Hunderte von Demonstranten wurden schwer verletzt, und Blair Peach, ein Lehrer, wurde von der Polizei zu Tode geprügelt.

Die Community reagierte seit diesen Tagen auf jede noch so kleine faschistische Aktivität sehr sensibel. Als nun ein Skinheadkonzert mitten in ihrem Viertel stattfinden sollte, konnte dies nur als Provokation begriffen werden. Zum einen war es die Zeit des Falkland-Krieges, die weißen Briten gebärdeten sich patriotischer als je zuvor, und nicht wenige brannten darauf, ihr Vaterland auch im Innern zu verteidigen. Und dann hatte erst wenige Wochen zuvor Gary Bushell sein zweites Oi!-Album veröffentlicht, diesmal unter dem Titel „Strength Thru Oi!", eine dumme Anspielung auf den Nazi-Slogan „Kraft durch Freude" („Strength Thru Joy"). Das Cover des Samplers zierte ein gewisser Nicky Crane – prominenter Nazi-Skin und führender Kopf des *British Movement*. Ein Versehen, erklärt Gary Bushell später. *Nach* dem 3. Juli 1981. Da war es zu spät.

Natürlich dachten die an jenem Abend auftretenden Bands nicht im Traum an eine nazistische Provokation der asiatischen Bevölkerung von Southall. Initiatoren waren die *4-Skins;* sie sahen das Konzert als „Dankeschön" für ihre Westlondoner Fans, die bisher immer ans andere Ende der Stadt pilgern mußten, um sie live zu erleben. Und der Hambrough Tavern Club schien ihnen optimal geeignet für ein Oi!-Festival, hatte er sich doch in den letzten Monaten einen gewissen Ruf als Förderer von Independentbands geschaffen. Auch *Cock Sparrer* standen dort bereits auf der Bühne – ohne Probleme. Neben den *4-Skins* sollten an diesem Abend *Last Resort* und *The Business* auftreten, beide nicht gerade rechtslastig.

Auch rechte Glatzen wollten sich das Ereignis nicht entgehen lassen. Anders als in den späten 80er Jahren hatte die Parole „Skins United" durchaus noch einen Stellenwert, „rechte" und „linke", rassistische und nichtrassistische Skins huldigten denselben Bands. Politik war noch nicht zum identitätsstiftenden Merkmal der Szene aufgestiegen, zumindest für die älteren Glatzen war der feuchtfröhliche Zusammenhalt, die Vorliebe für dieselbe Mode und dieselbe Musik (Oi!, aber auch Ska) wichtiger als die politische Gesinnung. Doch auch die *National Front* mobilisierte ihre Anhängerschaft nach Southall. So kam es schon vor Konzertbeginn zu ersten Prügeleien und Anma-

Plattencover von *No Remorse*

chereien, Schaufenster mehrerer asiatischer Läden wurden mit *NF*-Parolen beschmiert.

Als das Konzert gegen halb neun begann, befanden sich 500 Fans im Saal, nur etwa die Hälfte waren Skins, und wieder nur ein Teil von denen rechte. Dennoch wollten und konnten die asiatischen Jugendlichen die Anwesenheit von 250 Skinheads in ihrem Viertel nicht ignorieren, und während die *4-Skins* im Innern des Saals ihren Set spielten, sammelten sich draußen immer mehr Einwandererjugendliche und Polizisten. Um halb zehn brach der Sturm los. „Ihr wißt, alle Bullen sind Schweine, ihr wißt, alle Teenager fangen Ärger an, Skinheads, wir rufen nicht zur Gewalt auf, wir singen über das, was passiert." – Die *4-Skins* hatten gerade die Ansage für den Song „Chaos" gemacht, als die Fensterscheiben des Clubs in einem Stein- und Flaschenhagel zerbarsten. Gleichzeitig drangen durch den Hintereingang asiatische Jugendliche ein und stürmten auf die Konzertbesucher los, die sich mit Stuhlbeinen und allem, was sie erwischen konnten, bewaffneten und versuchten, den mit Molotowcocktails in Brand gesetzten Saal zu verlassen. Während der Club bis auf die Grundmauern abbrannte, lieferten sich draußen Skins, Polizisten und asiatische Jugendliche eine stundenlange Straßenschlacht. Resultat: 110 Schwerverletzte. Und: Das vorläufige Aus für Oi!.

Für die Medien war „Der Rassenkrieg von Southall" ein gefundenes Fressen. Waren die gewalttätigen Auseinandersetzungen bei Skinkonzerten vor Southall in der Regel nur eine Randnotiz wert, so stürzte sich nun die gesamte Medienlandschaft – wie zwölf Jahre später in Deutschland – auf die Skinheadszene. Journalisten, die noch ein halbes Jahr zuvor *ACDC* für eine Oi!-Band hielten, entlarvten nun die rechtsradikalen Wurzeln der Streetpunker. *4-Skins*-Sänger Gary Hodges und Manager Gary Hitchcock wurden als Ex-Mitglieder des *British Movement* enttarnt, das bis zu den Krawallen ignorierte „Strength Thru Oi!"-Album drängte sich natürlich geradezu als Kronzeuge auf die Titelseiten der Printmedien. Da nützte es nur noch wenig, daß *Blitz, Infa-Riot, The Business* und einige andere Bands kurzfristig eine sehr erfolgreiche Englandtournee unter dem Motto „Oi! Against Racism" organisierten, sich in Interviews immer wieder von der rechten Szene absetzten und auf ihre *Rock Against Racism*-Gigs schon in den 70er Jahren hinwiesen: Das rechtsradikale Image der Oi!-Skins ließ sich nicht mehr abwenden. Die *4-Skins* und *The Business* verloren ihre Plattenverträge, „Strength Thru Oi!" wurde aus dem Verkehr gezogen, obwohl es gerade die Top 50 erklomm. Die *4-Skins* gaben ihre Trennung bekannt. Und viele Altglatzen ließen sich die Haare wachsen, verließen die Szene. Doch die wird überraschenderweise nicht kleiner, sondern sie wächst: Das Nazi-Image lockt massenhaft neue Jugendliche an, die nun endlich zu wissen glauben, wie man sich als rechtsradikaler Rüpel stylen muß, um auf Gleichgesinnte zu treffen.

2. Haß entsichert, Deutschland brennt – Hacki (23), Skinhead und Nationalsozialist

15. September 1969: Das Bundesinnenministerium verkündet in Bonn aktuelle Zahlen zum Rechtsextremismus in Deutschland. Die neunzig existierenden Organisationen zählen 37.000 Mitglieder. 349 Ausschreitungen mit nazistischen oder antisemitischen Hintergründen seien im Vorjahr verfolgt worden. 71 Prozent der Täter seien jünger als 30 Jahre und bis auf drei Ausnahmen nur „unpolitische Unfugtäter". Die *SPD* diskutiert über ein Verbot der *NPD,* der Verfassungsschutz warnt vor einer Zunahme des Linksextremismus. In München durchsucht die Polizei linke Wohngemeinschaften und die Räume des *SDS-* Verlages Trikont auf der Suche nach ausgerissenen Fürsorgezöglingen. In den Klöckner-Werken in Bremen findet eine Welle wilder Streiks ihr Ende, nachdem die Arbeitgeber einer elfprozentigen Lohnerhöhung zustimmten. Und in einem kleinen Dorf wenige Kilometer weiter erblickt ein Skinhead zum ersten Mal das Licht der Welt. Wer konnte ahnen, daß der neue Erdenbewohner gut zwei Jahrzehnte später immer noch glatzköpfig seine Wut über den Rausschmiß aus dem Mutterleib in die kalte Welt hinausschreien würde?

Doch dazu später. Zwischendurch hatte Hacki durchaus auch mal Haare auf dem Kopf, und der erste Musiker, der den Jungen vom Lande so richtig begeisterte, der aussprach, was auch Hacki fühlte, war einer, der, wie wir heute wissen, mit Skinheads gar nichts am Hut hat.

> Die Spießer regen sich tierisch auf
> und reden von Beklopptomanie
> doch wir kichern uns eins und wissen:
> Die wahren Bekloppten, das sind die!
> Gegen die Strömung, gegen den Wind
> laß sie doch labern, blöd wie sie sind

> diese schlaffen gebügelten Affen
> guck sie dir an, sie sollten sich was schämen
> Gegen die Strömung, gegen den Wind ...
>
> *Udo Lindenberg*

Das war's! Gegen alle Spießer dieser Welt! Nur wie?

Hacki ist jetzt 14. Hacki sieht sich um. Spätsommer 1983. Wendezeiten, nicht nur in Bonn. Die 70er Jahre mit ihrem sozialliberalen Reformeifer sind unwiderruflich passé. Massenarbeitslosigkeit, Modernisierungsschübe in der Produktion, Lehrstellenknappheit verunsichern die Bevölkerung. Der frisch gekürte Bundeskanzler Helmut Kohl und sein Innenminister Friedrich Zimmermann haben eine wahrlich zündende Idee: Die Fremden sind schuld. Wir schicken einfach ein Drittel der türkischen Einwanderer nach Hause, und den Deutschen geht es wieder gut – versprechen sie. Das ist zwar Unsinn, doch nicht ohne Wirkung: „Türkenwitze" und „Ausländer raus"-Graffiti kommen in Mode.

Auch in den Jugendszenen verlieren Ökopaxe und Hausbesetzer an Attraktivität. Die 68er Rebellen von einst stehen längst als Lehrer auf der anderen Seite. Acht Jahre Helmut Schmidt haben auch dem letzten die Lust auf „linke" Utopien ausgetrieben. Berufsverbote und Lehrstellenmangel senden eindeutige Signale: Wer was werden will, der sollte sich besser anpassen. Der Zeitgeist schwebt nach rechts. An den Schulen machen sich Kaschmir-Popper breit, die „Wende-Jugend" gibt den Ton an. Nena läßt „99 Luftballons" steigen und ein Peter Alexander-Enkel namens Markus kreiert mit „Ich will Spaß" das traurige Motto des Jahres. „Festliche Essen bei den Erwachsenen finde ich ausgesprochen interessant", erlärt ein zwanzigjähriger Hotellehrling in der *Bunten*. „Erst redet man über Hotels, Reisen, Weine, danach mit den Vätern über Geschäfte, Länder, Präsidenten, über die ökonomische Lage. Die Damen absentieren sich, zwitschern lustig über Kleider. Ein Erlebnis."[1] Und in M. startet ein neues Kabelfernsehprogramm mit dem Titel „Schön ist die Welt". Nichts für Hacki. Er sucht was Rebellischeres.

Hacki sieht sich um. Und entdeckt zwei Varianten, die für ihn in Frage kämen: Punks und Skinheads. Er entscheidet sich schließlich gegen die Schmuddelkinder mit den bunten Haaren, weil „Anarchie schon damals nicht so mein Ding war". Hacki wird Skinhead.

Glatze, Stiefel, Bomberjacke – und schon gehörst du dazu. Hast plötzlich Freunde, auf die du dich verlassen kannst. Und Spaß, eine Menge Spaß. Parties, Saufen, Spießer ärgern. Am Wochenende: Fußball. Nicht unbedingt wegen des Spiels. Klar, Fan ist man im allgemeinen schon, aber den Kick bringt erst die 3. Halbzeit. Nie wieder Langeweile! – Eine wichtige Sache in einem Dorf mit „1050 Einwohnern und doppelt soviel Kühen".

Und natürlich: die Musik. Oi!-Musik. Die jüngste Tochter des Punk. Hart und schnell. Garantiert ungenießbar für Leute über 30. Einfach. Direkt. Rüde in Text und Ton. Die Bands kommen direkt aus der Szene, leben dasselbe Leben wie ihr Publikum. Und die besten in Deutschland – nach den *Böhsen Onkelz*, versteht sich – kommen aus Hackis Nachbarschaft: *Endstufe*.

> Skinheads erwacht und scheißt auf die Hippie-Musik,
> zieht euch diesen Rhythmus rein, das ist, was uns am Herzen liegt,
> wir spielen nicht vor großem Publikum,
> wir spielen nicht für viel Geld,
> wir wollen keine Popstars sein, wir wollen nur, was uns gefällt,
> wir spielen unseren Skinhead-Sound, die beste Musik der Welt.

Als Skinhead bist du nie wieder Müller 5 aus der 8b. Sobald du deine eigenen vier Wände verläßt, stehst du im Rampenlicht. Brave Bürger wechseln die Straßenseite, ängstliche Blicke verfolgen dich, Gespräche verstummen eine Schrecksekunde lang. Hacki wird zu einer Berühmtheit in seinem Dorf. Auch wenn die meisten den Unterschied zwischen den Jugendszenen noch nicht so ganz begriffen haben und Hacki für einen „heroinsüch-

tigen Punker" halten. „Da hat man sehr viel Streß gehabt."
Nicht etwa, daß Hacki das gestört hätte. Im Gegenteil: Eine
grausame Vorstellung, Mami und Papi – oder gar der eigene
Lehrer – könnten eines Tages beim Anblick von Skinheads nur
noch gelangweilt gähnen.

> Sie beschimpfen dich, weil du Skinhead bist,
> für sie bist du nur ein dreckiger Faschist,
> in ihren Augen siehst du Zorn und Verachtung,
> und sie spucken auf dich in geistiger Umnachtung!
> Wieviele Lügen drangen schon bis zu deinen Ohren,
> als hätte sich die ganze Welt gegen dich verschworen.
>
> Skinhead, Skinhead, laß dich nicht unterkriegen,
> Skinhead, Skinhead, denn du wirst ewig siegen!
> Sie behandeln dich wie ein wildes Tier,
> doch wir wollen nur leben, nicht schlechter als ihr!
> Warum hetzt ihr Ausländer gegen uns auf,
> denkt daran: wer gegen uns ist, kriegt was drauf!
>
> *Endstufe*

„Irgendwie hat mich das auch fasziniert an den Skins, daß die sich nichts gefallen lassen haben. Waren irgendwie schon gewaltbereit, also nicht so, daß sie gleich jeden angegriffen haben, der blöd guckte, aber wenn einer extrem blöd guckte oder noch 'n Spruch machte, dann gab's natürlich was auf die Nase." Prügel waren schon immer ein fester Bestandteil von Hackis Kindheit. Für den Großvater, Weltkrieg-II-Veteran und „hart wie eine deutsche Eiche", verwandelten erst Schläge jugendliche Memmen in deutsche Männer; der Vater, im Hauptberuf Polizist, sah darin wohl die einzige Chance, den hyperaktiven Junior einigermaßen unter Kontrolle zu halten. So glaubte auch Hacki bald selbst, daß Schläge die primäre menschliche Kommunikationsform seien. „Ich bin mit Schlägen großgeworden. In der Schule gab's auch Schlägereien en masse. Hat mir auch teilweise Spaß gemacht, mich zu prügeln, auch wenn ich selber was auf die Nase gekriegt hab'. Da war bei den Skins halt am meisten los, auch in der Hinsicht, bin da auch deshalb reingegangen, weil da immer Rambazamba war. Ich möchte nicht sagen, daß ich so einer bin, der Gewalt total ablehnt ..."

Geprügelt hat sich Hacki, seit er sich erinnern kann. Mit wachsender Leidenschaft und mit jedem, der sich anbot – zur Not auch mit den eigenen Freunden. „Bei jeder Party ist irgendwas passiert. Das gehört irgendwie zum Image. Skins & Randale – das paßt." Die Auswahl der Gegner war beliebig. Popper, Punker, die Bauernjungs aus der Nachbarschaft, Skincliquen anderer Orte, türkische Mitschüler, Hooligans. *FAP*-Nazis genauso wie Autonome. Politik spielte – noch – keine bedeutende Rolle. Skinhead-Sein bedeutete Outfit, Musik, Freunde, nicht Politik. Obwohl: „Irgendwie rechts" sollte man damals schon sein als deutscher Skinhead, fanden Hacki und seine Freunde, denn „links" waren ja die anderen, die Kommunisten, die Punker, die Lehrer und die natürlichen Feinde der Glatzen, die Langhaarigen. Und schließlich brauchte man ja nur irgendeine Zeitung aufzuschlagen, um zu erfahren, wie man zu sein hatte.

> Skinheads sind ja alles Nazis, schlagen jeden Ausländer tot,
> essen kleine Kinder gern, bei Juden sehen sie alle rot,
> kriminell und asozial, möchten KZ-Aufseher sein,
> pissen in die Briefkästen, schmeißen jede Scheibe ein!
>
> Skinheads, tätowiert, kahl, brutal!
>
> Laß dich nicht mit Skinheads ein, denn dann bist du verlor'n,
> unsere Eltern wünschen sich, wir wär'n nie gebor'n,
> Skinheads sind die bösen Buben, kann man ja in der Zeitung sehen,
> Punks und Türken, die sind lieb, weil sie gegen Skinheads stehen!
> *Endstufe*

"Sieg Heil, Genosse!"

"Ich war noch nicht mal Nazi und hab' wie 'n Nazi was auf die Nase gekriegt von denen. Darum mochte ich die Leute natürlich nicht. Oder irgendwelche Leute, die mir ständig erzählt haben: ,Wieso bist du Nazi?' und: ,Weißt du nicht, was damals passiert ist?' Irgendwann hatte ich echt die Schnauze voll und hab' mich dann nur noch mit ,Heil Hitler' verabschiedet, damit die sich noch geärgert haben, obwohl ich das gar nicht so gemeint hab'. Das hab' ich denen natürlich nicht gesagt." Antilinks zu sein wurde zum immer wichtigeren Bestandteil der eigenen, der Gruppenidentität. Doch mit den eifrig um die neue harte Männerbewegung werbenden "Politschwätzern" der Parteien wollten die kahlköpfigen Punk-Erben der frühen 80er Jahre auch nicht viel zu tun haben. "Wenn einer ankam und meinte, er wollte mit uns Saalschutz machen oder Aufkleber verteilen, ,ihr kriegt auch 'n Bier dafür', dem haben wir auch auf die Schnauze gehauen. Wie kann man als Skin auch zu so 'ner Partei gehen und da Saalschutz machen, und drin im Saal erzählen sie ,Skins sind sowieso die letzten Idioten', wie es die *FAP* oder auch der Kühnen zum Beispiel gemacht hat."

> "Die Skinheads, die sind verrückt und dumm. Sie denken nicht mit den Köpfen, sondern mit dem Bauch. Sie können zwar gute Soldaten sein, aber keine brauchbaren Menschen."
> *Michael Kühnen*

Politisches Engagement war in der Szene eher verpönt. Rechtsradikale Parolen sollten in erster Linie potentielle Prügelgegner herausfordern, nicht eigene politische Überzeugungen ausdrükken. Nazi-Symbole dienten vor allem zur Abgrenzung – und waren es nicht die *Sex Pistols*, die das Hakenkreuz zum Mittel der Provokation hochstilisierten?

"Wir haben uns rechts gezeigt, waren aber nicht rechts, halt protestmäßig. Wenn ich zu so 'nem Autonomen hingegangen bin und ruf: ,Rotfront, Genosse!', dann freut er sich und grinst.

Aber wenn ich mich von hinten anschleich' und schrei kräftig ‚Heil Hitler!', dann macht der 'n Sprung von drei Metern." Und auch in der Schule, merkt Hacki sehr schnell, eignet sich die NS-Zeit besser als alles andere, um mißliebige Lehrer zu ärgern. Er beginnt, Lehrer, die er nicht mag, mit „Heil Hitler" zu begrüßen. Einmal bringt er einen Kassettenrekorder mit einer Hitlerrede in den Unterricht: „Mal sehen, wer lauter schreit von den beiden, die Lehrerin oder Hitler." Als Hacki im Geschichtsunterricht aus dem Kommunistischen Manifest von Karl Marx vorlesen soll, muß er passen – er hatte die entsprechenden Seiten aus dem Schulbuch herausgerissen. „Eigentlich wußte ich überhaupt nicht, wer der Marx war, nur daß er 'n Kommunist war oder so, und daß alle über den meckern und daß Skinheads antikommunistisch sind." Auch wenn ansonsten zwischen Hackis Großvater und den Eltern einerseits und seinen neuen glatzköpfigen Kameraden andererseits Welten lagen – in dem Punkt waren sie sich einig: Kommunismus ist des Teufels. „Das hat mir der erste Skin, den ich im Bus angesprochen hab', gleich erzählt: Skinhead heißt Kameradschaft und Antikommunismus."

Wir schreiben inzwischen das Jahr 1985, Blütezeit der Boneheads, wie die nichtrassistische Skinszene ihre rechten Zwillingsbrüder zu nennen beginnt. Die zum Protest ritualisierte Nazi-Symbolik erobert nach und nach auch die Köpfe, wird in der Tonlage schärfer und direkter – zumal die Alten in den Parlamenten die Meßlatte für Provokationen immer höher schieben. Wer wundert sich noch über „Jude! Jude"-Rufe im Stadion, wenn selbst ein *CDU*-Bürgermeister in Korschenbroich am Rhein grinsend vorschlägt, zur Sanierung des Haushalts „ein paar reiche Juden (zu) erschlagen"? Wer läßt sich noch – außer ein paar Linken – von einem Aufnäher „Ich bin stolz, ein Deutscher zu sein" schocken, wenn selbst ein Alfred Dregger in die Welt hinausposaunt: „Wir müssen aus dem Schatten Hitlers hinaustreten." Für Hacki und seine Freunde bedeutet das: Wenn wir weiter die Schärfsten, die Avantgarde bleiben wollen, reicht es nicht, daß wir aus dem Schatten Hitlers heraustreten, sondern wir müssen ihn selbst aus dem Schatten ans Licht zerren. Neue Tabus finden und brechen. Das hat auch *Endstufe*, immer noch Hackis Kultband Nr. 1, erkannt:

> Dr. Martens, kurze Haare, das ist arisch, keine Frage!
> Nieder mit dem Misch-Masch-Blut, denn das tut dem Vaterland nicht gut!
> Haltet rein die deutsche Rasse, denn wir sind die Arierklasse!
> Steht euren Mann, wir sind die Macht, Deutschland wird siegen in jeder Schlacht!
> Oi! Oi! Oi! Oi! Oi!

So durchdrangen immer mehr braune Farbtupfer die diffusen Seelenlandschaften von Hacki und seiner Clique, fanden Mitte der 80er Jahre vor allem in den Fußballstadien ihren publikumswirksamen Ausdruck. „Wenn einer gefoult wurde von unserer Mannschaft, dann ha'm alle immer ‚Jude' gerufen. Und irgendwie bin ich dann dahintergekommen: Aha! Skins und Fußball und so, die sind gegen Juden. Und da hab ich erstmal mitgemacht. Wußte aber überhaupt noch keine Gründe, warum die gegen Juden sind, hab' dann irgendwann gehört, daß die wohl im Dritten Reich die Deutschen beschissen haben. Aber auch nur so aus der Ferne gehört, nicht direkt. Und da hab' ich angefangen, mich geschichtlich so 'n bißchen zu interessieren."

„Ich weiß, daß Hacki immer in großen Tönen von seinem Großvater geschwärmt hat; seine Oma wollte nie aus der Kriegszeit erzählen. Der war schon eine große Person für ihn. Der wollte ihn wohl auch hart und stark machen. Er hat mir mal so 'ne Geschichte erzählt: Sein Opa hatte ihm ein Kalb geschenkt, das er aufziehen durfte, und irgendwann hat sein Opa – ich weiß nicht, ob vor seinen Augen – das Kalb geschlachtet, um eben 'n Mann aus ihm zu machen."

Petra, Freundin

Hacki mußte nicht in die Ferne schweifen, um sein erwachtes Interesse an deutscher Geschichte zu befriedigen. Der Großvater, Idol seiner Kindheit, erzählte ihm viel und gerne aus der „guten alten Zeit", als die Juden, die „Fremden" jener Jahre, „die Deutschen beschissen haben". Deutschland ist für Hacki noch heute in erster Linie „das Land, wo mein Großvater für gekämpft hat". Auch deshalb ist es für ihn so wichtig, dieses Deutschland als unbeflecktes Ideal zu erhalten. „Die haben ihr Leben aufs Spiel gesetzt, und heutzutage wird über Deutschland gemeckert, wird das Land fertiggemacht. Aus meiner Sicht haben die schon fast umsonst gekämpft. Überleg doch mal, wofür haben die alle gekämpft?" Unsere Antwort – nicht für uns und nicht für dieses Land, sondern für eine kleine Machtgruppe – interessiert Hacki im Grunde genommen nicht, im Gegenteil – sie ist ein Angriff auf alles, was ihm wichtig war und ist: auf seinen Großvater, seine Lebenseinstellung, seine neonazistischen Kameraden. „Haste schon mal *Landser* gelesen? Diese Kriegsberichte da? Das war nun überhaupt nicht so, daß die für 'n Führer gekämpft haben. Also wenn da 'n Führerbefehl an die Front kam, haben sie sich an 'n Kopf gefaßt, ‚der schon wieder mit seinen komischen Befehlen', weil halt auch viele falsche rausgekommen sind ... also die waren schon richtig, aber irrsinnig teilweise. Die haben für Deutschland gekämpft, die haben für das Land gekämpft, die haben für die Bevölkerung gekämpft, die drin lebt, für die Familie, für die Frau und für die Zukunft", erklärt Hacki leidenschaftlich.

Das Dritte Reich ist inzwischen Hackis Steckenpferd. Sein Zimmer schmückt – neben Fußballinsignien und einem *Böhse Onkelz*-Poster – eine Sammlung von Ton- und Videodokumenten; wir sitzen zwischen Büchern von Ernst Thälmann und Lenin, Hermann Göring und Hitlers „Mein Kampf". Hacki ist nicht dumm. Und er diskutiert gerne, stundenlang, auch mit Linken. Doch führt das Gespräch in die Jahre zwischen 1933 und 1945, stößt man bald an (zumindest für uns) unüberwindbare Barrieren. „Ich informier' mich von allen Seiten – und glaub' natürlich mehr von den Rechten." Deutlicher kann man die Grenzen von Aufklärung, die Chancen, Vorurteile durch Wissensvermittlung – intensiven Geschichtsunterricht beispielsweise – zu beseitigen, nicht benennen.

Hacki hat die Möglichkeit, sich umfassend über die Zeit des Dritten Reiches zu informieren, und nutzt sie sogar in gewissen Grenzen. Doch die Fakten erreichen ihn nicht wirklich; sobald er mit Informationen konfrontiert wird, die seiner NS-Religiosität widersprechen, glaubt er sie eben nicht. „Also so 'n Experte bin ich nun dafür auch nicht", sagt er mehrmals, wenn er nicht weiter weiß, „aber ich kann dir da mal 'n Buch geben..." David Irving und andere Auschwitz-Lügner finden in Hacki und seinen Kameraden nicht deshalb eine so gläubige Gemeinde, weil sie die besseren oder gar simpleren Argumente hätten, sondern weil ihre großzügigen „Interpretationen" der deutschen Geschichte als ideologische Lebenshilfe einen hohen Praxiswert besitzen. „Irgendwas muß man glauben. Gut, es gibt natürlich irgendwelche Beweisfotos, die Hälfte davon ist gefälscht, Fotomontagen, hat sich dann herausgestellt, und diesen Fotos glaube ich auch nicht".

Die nationalsozialistischen Heldenmythen des Großvaters, das aus *Landser*-Heften u. ä. angelesene „Wissen" über die glorreichen Kriegsjahre, das via Medien einseitig transportierte Image der Skinheads als rechtsradikale Schlägertruppe und die provokative Nutzung nazistischer Symbole verdichten sich in Hackis Bewußtsein klammheimlich zur Ideologie. „Mein Traum? Ein nationalsozialistisches Deutschland. Nee, echt, so 'n SA-Sturm, wo ich mitmarschieren kann, das wär's. Dann hab ich meine Aufgaben, Parteiarbeit, andere Leute irgendwie überzeugen."

Zurück in die Zukunft

Hacki hat in seinem bisherigen Leben wenig erreicht, auf das er stolz sein kann. Und es sieht auch nicht so aus, als könnte er in absehbarer Zeit Entscheidendes daran ändern. Hackis Zukunft liegt in der Vergangenheit. In einer Zeit, als scheinbar noch alles wohlgeordnet war. Als selbst einer wie er noch nützlich sein konnte, gebraucht wurde. „Ein neuer Nationalsozialismus ist das einzige, was ich mir vorstellen kann."

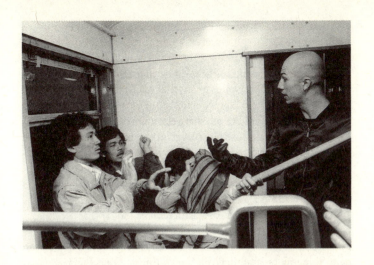

Hackis Utopie von einem „neuen" Nationalsozialismus – national *und* sozialistisch soll er sein – ist so neu allerdings nicht. Wiedereinführung der Todesstrafe, Ausländer„begrenzung", „Umerziehungs"lager, Verbot von Homosexualität und anderen Einstellungen „wider die Natur". Der offensichtliche Widerspruch zwischen der Forderung nach einem rigiden Durchgreifen gegenüber „Kriminellen" und seiner eigenen Straftatensammlung fällt Hacki nicht einmal auf. Seine politische Utopie ist alles andere als ein rational nachvollziehbares, wohlkalkuliertes „Modell Deutschland". Hinter der Maske aus Gewalt, Ordnungsfanatismus und Nationalismus leuchtet immer wieder Angst hervor. Hacki versteckt sehr persönliche Lebensunsicherheiten hinter politisch-ideologischen Floskeln. Zum Beispiel, wenn er uns gegenüber versucht, seine Abneigung gegen „Ausländer" zu rationalisieren:

„Was mich daran stört? Dieses Fremde. Irgendwie ist es, als wenn du im Urlaub bist, in 'nem anderen Land. Aber ich mach' doch nicht ein ganzes Jahr Urlaub in meinem eigenen Land. Man muß ja irgendwie auf einen Nenner kommen, wer jetzt zu dem Land gehört und wer nicht. Wenn da 'n Haufen Neger hier eingewandert ist, ist ganz klar, daß die sich mit dem deutschen Volk mischen."

Und?

„Und dann wird alles schön bunt, siehste, und das wollt' ich gerade nicht."

Warum nicht?

„Weil man irgendwie am Aussehen normalerweise ein Volk erkennt, also dunkel ist ein Neger oder ganz hell ein Schwede und mittelhell ein Sonstwattirgendwie – also man kann die verschiedenen Völker erkennen, und das ist eigentlich auch so gemacht. Das ist ja genauso in der Tierwelt; es wär' ja genauso unsinnig, wenn du 'nen Elefanten mit 'nem Fisch kreuzt."

Hackis Konrad Lorenz-Rassismus ist sogar für Neonazi-Kreise nicht mehr zeitgemäß. Selbst dort hat es sich – teilweise zumindest – herumgesprochen, daß es menschliche „Rassen" in dem Sinne nicht gibt, daß die Verknüpfung von Hautfarbe und Eigenschaften pseudowissenschaftlich verbrämter Unsinn ist. Doch Hacki ist kein cleverer Ideologe der „Neuen Rechten", die ihren Rassismus hinter netten Formulierungen wie „Ethnopluralismus" zeitgeistig tarnt. Hacki ist – auf manchmal erschreckende Weise – ehrlich. Das macht ihn – wie viele rechte Skinheads – für die Parteienszene unbrauchbar. Wenn Hacki über „Ausländer" oder „Schwule" redet, erfahren wir nichts über Ausländer und Schwule und nur wenig über seine realen Erfahrungen mit ihnen, aber viel über Hacki selbst, über seine Lebensdefizite, seine Verletzbarkeit, seine Vorurteile, seine Phantasien. So ist es wohl auch kein Zufall, daß „Ausländer", vor allem Schwarze, bei Hacki Minuspunkte sammeln, weil sie „uns unsere Frauen wegnehmen": „Guck sie dir doch mal an, was die teilweise für Bräute haben. Ich hab' das ja festgestellt, daß zum Beispiel 'n Neger irgendwie anziehend wirkt auf 'ne Braut. Und irgendwie bin ich halt dagegen, weil ..." – schnell schiebt Hacki wieder eine „politische" Begründung hinterher – „... wie sieht das denn aus, 'n blondes Mädel, die zu meinem Volk gehört, und sowas." Rassistische Grenzziehungen zur Ausschaltung unliebsamer Konkurrenz.

> „Gerade dieses Männermäßige bei Türken, also teilweise bewundere ich das auch. Die stehen auch ihren Mann. Zum Beispiel, wenn ich zu so 'nem Türken sag: ‚Fick deine Mutter', dann springt der mir, auch wenn er 'n Meter kleiner ist als ich, an' Hals und versucht mich irgendwie gleich umzubringen. Also dieses Ehrgefühl: ich bin 'n richtiger Kerl und so. Und das haben die Deutschen halt nicht – und da bewundere ich die eigentlich."
>
> Hacki

Berlin, Weitlingstraße

Aus dem „protestmäßig" „Sieg Heil"-rufenden Skinhead ist ein inzwischen überzeugter „Nationalsozialist" geworden. Einer, der sich für seine Ideale auch engagieren will. Gemeinsam mit anderen. Im August 1990 geht Hacki nach Berlin. Dahin, wo die Action ist: nach Lichtenberg, in die Weitlingstraße 122. Eine Adresse, die weltweit in die Schlagzeilen kommt. Neonazis, Skinheads und andere Jugendliche aus der Nachbarschaft hatten zum ersten Mal vollbracht, was die linke Szene ihnen seit zwei Jahrzehnten vormachte: sie hatten die Wirren der staatenlosen Wendezeit genutzt und für sich ein Haus besetzt. Und darin gleich eine Partei mitgegründet, die *Nationale Alternative (NA)* – die erste Neonazipartei der neuen Bundesländer. „In diesem abbruchreifen Schuppen lebten keine Spinner, sondern Leute, die mit großer Ernsthaftigkeit versuchten, ihre nationalsozialistischen Ideale zu verwirklichen", berichtet der Fotograf Sacha Hartgers, der mehrere Monate in der Weitlingstraße ein- und ausging. „Jeder, der das Haus betrat, grüßte mit ‚Sieg Heil' oder ‚Heil Kamerad'. Es gab nichts Undeutsches, keine Popmusik, keine Cola, keine amerikanischen Zigaretten, nichts. Abends sahen sich die Bewohner fast ausschließlich alte Wochenschauaufnahmen aus dem Dritten Reich an oder Lehrvideos über das richtige Verhalten im Straßenkampf."[2]

Nazi-Führer wie Michael Kühnen und Gottfried Küssel erklären das marode Haus zur Keimzelle einer neuen nationalsozialistischen Jugendbewegung; Fernsehteams aus ganz Europa, den USA, Japan und selbst Australien reichen einander die Klinke in die Hand; die Bilder von Hacki und seinen Freunden zieren Titelgeschichten in *Stern* und *Spiegel*. „Für die Interviews gab es gut Geld: 350,- DM für ein Fernsehinterview, 100,- DM für 'ne Zeitung, Lokalpresse auch schon mal für 50,- DM", erinnert sich Hacki. „Manchmal kamen fünf bis sechs Teams pro Tag. Der Pressesprecher der Partei fuhr nur noch mit dem Taxi durch die Gegend. Soviel hat der verdient."

Schnell wurde die Weitlingstraße auch zum internationalen Skin-Treff. Glatzen aus Polen und der CSSR, aus Frankreich, Belgien, Großbritannien und den USA reisen an, bleiben ein paar Tage, feiern ihre pausenlos lautstarken Parties, während im Raum nebenan die Nazi-Führer den ebenfalls aus aller Welt angereisten Medienleuten ihre politischen Ziele verkaufen wollen. „Also da gab's 'ne Menge Konflikte zwischen Scheitels und Glatzen. Mich hat der Küssel auch mal angemacht, als ich mich aus Jux mit 'nem Bekannten vom Balkon aus mit Platzpatronen beschossen hab', wie im Wilden Westen eben, da kam der Herr Küssel gleich an, er hätte sich für das Haus eingesetzt und jetzt sowas ... – Ausgerechnet der ..."

In der Weitlingstraße scheint Hackis Traum Wirklichkeit zu werden. Mit großem Eifer mischt er mit, beginnt, sein eigenes Zimmer zu renovieren, engagiert sich auch zum ersten Mal politisch. Er wird Mitglied der Partei und Pressesprecher des Hauses. Der Schulterschluß zwischen Subkultur und Nazi-Kaderarbeit ist vollzogen – trotz ständiger hausinterner Konflikte zwischen den anarchischen, zumeist alkoholisierten Skinheads und den auf Disziplin und Ordnung bestehenden Nazi-Führern. Der Druck von außen schweißt die Gruppe immer wieder zusammen. Angriffe militanter Antifaschisten gehören zum Besetzeralltag. „Es ist ja meistens so, wenn du irgendwie 'ne Gruppe hast, und die kriegt von allen Seiten Trommelfeuer, dann springen welche ab, und die dableiben, das ist dann die beste Kameradschaft, die man hat." Doch hinter den Kulissen brodelt es.

Das Geld – und wohl auch die Disziplin – zur Weiterführung der Renovierungsarbeiten fehlt, die Zahl der ständigen Hausbewohner schrumpft auf eine Handvoll zusammen. „Morgens haben wir noch im Haus gearbeitet, tapeziert, Steckdosen gelegt, verputzt, ab mittags wurde gesoffen. Bier, Wodka, Ostweinbrand." Basismaterial für die „Aktion" am Abend. Überfälle, vor allem auf Linke und Ausländer, werden immer häufiger. Der *Stern* berichtet: „Wenn ein Mädchen sich beklagte, sie sei von einem Türken angemacht worden, verschwanden nach und nach alle aus dem Haus, um die ‚Ehre der deutschen Frau' zu verteidigen. Bislang haben sie noch niemanden umgebracht, aber ein paarmal waren sie kurz davor. Unter den Nationalsozialisten gibt es etliche, die haben keinerlei Hemmschwellen. Daß Blut fließt, gehört für die einfach dazu. Alex, ein 18jähriger, erklärte mir ganz ruhig: ‚Naja, es kann passieren, daß ich dabei mal draufgehe. Aber dann habe ich auch das voll miterlebt.' Oder Hacki, ein Zimmermann Anfang 20. Das ist auf der einen Seite ein unheimlich lieber Mensch, der sich rührend um andere kümmern kann – wenn sie weiß sind. Auf der anderen Seite ist er abnorm gewalttätig. Der geht keiner Schlägerei mit Schwarzen aus dem Weg, auch wenn die deutlich in der Überzahl sind. Mir erzählte er einmal, wie er sich allein mit vier dieser ‚Affen' geprügelt hatte. Davon schwärmte er wie ein Tänzer von einem Auftritt mit dem Bolschoi-Ballett."[3]

Doch wenn Hacki sich nun prügelt, dann in höherem Auftrag. Für Deutschland. „Widerstand gegen Überfremdung": „Es gab Zeiten, wo fast achtzig Prozent der Leute, die da rumliefen, Rumänen waren. Und dagegen haben wir uns gewehrt, logisch. Da haben uns auch alte Menschen angesprochen: ‚Macht doch mal was, die ganzen Rumänen, die klauen uns die Handtaschen'. Ja, eigentlich sind wir für die eingetreten." Vor allem Übergriffe auf rumänische Flüchtlinge und vietnamesische Vertragsarbeiter am nahegelegenen Bahnhof Lichtenberg gehören bald zum Alltag. „Ich hab' sowas eigentlich verurteilt, einfach so drauflos zu jagen. Gut, im Suff ist sowas schon mal passiert. Was eigentlich täglich vorgekommen ist, waren Einziehungen von Zigaretten von Vietnamesen. Haben wir einfach nur weggenommen. Also das war nicht so, daß man 'nen Vietnamesen verprügelt hat, bis er breimäßig am Boden lag, um 'ne Schachtel Zigaretten von dem zu nehmen. Nur wenn sie sich gewehrt haben, haben wir halt zugeschlagen. Ich möcht' mich auch distanzieren von irgendwelchen Taten, wo Vietnamesen ohne Sinn und Verstand angegriffen wurden oder ohne Grund brutal zusammengeschlagen."

Einen Grund fand Hacki schnell, wenn es ihn wieder überkam: „Widerstand gegen Überfremdung", „Abschreckungs-" oder „Vergeltungsmaßnahmen", „Ausländer vergraulen". Oder einfach: Fun. Die Opfer „hätten auch Deutsche sein können. Ja gut, irgendein politischer Hintergrund ist schon da, aber ich glaub', bei Deutschen hätte ich's auch gemacht. Wir hatten eben Spaß am Prügeln. Wenn irgendwelche Bauern uns anpöbeln, die verprügeln wir auch und tanzen noch drauf rum dann." Doch Deutsche wurden immer seltener Opfer von Hacki und seinen Kameraden – mit Ausnahme der direkten Kontrahenten aus der linksmilitanten Szene natürlich. Je mehr Flüchtlinge und andere Einwanderer in den Zenit der öffentlichen Diskussion gerückt wurden, desto mehr rutschten sie auch ins Blickfeld der Weitlingstraßengang. Auch wenn sie sich als Avantgarde verstehen, als rechte Antwort auf die langhaarigen Bürgerschrecks der 70er Jahre: die öffentliche Akzeptanz ist ihnen wichtig. „Ich seh zum Beispiel Hoyerswerda als totalen Pluspunkt. Da stand das Volk dahinter. Also die Asylanten hatten was angestellt, das Volk hat sich gewehrt in Form von Skinheads. Das Volk ist vor 'm Asylantenheim aufmarschiert, dann sind die Skins gekommen und haben das Ding angegriffen. Es gibt 'n Lied von so 'ner Skinheadband: ‚Wir sind Deutschlands rechte Polizei'. Also 'ne Art Bürgerwehr in Form von Skins."

> Die Aufgabe des ganzen Volkes
> läßt man auf unseren Schultern ruh'n,
> und werden wir mal eingesperrt,
> hat kein Arsch was mit uns zu tun.
> Orden bekommen wir nicht angesteckt
> für unsere Heldentaten,

obwohl ein jeder weiß,
daß die große Wende naht.

Marschieren Stiefel durch die Nacht,
sind wir nicht allein.
Es gibt keine Kraft, die uns abhält,
wir Skinheads sind zu allem bereit.

Wir sind Deutschlands rechte Polizei,
wir machen die Straßen wirklich frei,
es wird schon noch hart,
wir bleiben dabei.

Störkraft

Skinheads, die rüden Rebellen wider alle Spießer dieser Welt, einst entstanden im britischen melting pot aus schwarzem Roots-Reggae und weißem Prolo-Kult, als Ordnungstruppe für ein arisches Deutschland? Auch Hacki sieht den Widerspruch: „Ich hab da so 'n gewissen Konflikt: Ich bin Nationalsozialist *und* Skinhead – und das beißt sich. Ich versuch's zu verbinden. Ob's geht, weiß ich nicht. Wenn ich mal kein Skinhead mehr bin, bin ich überzeugter Nazi, das weiß ich."

Hackis erster Versuch, die in der Weitlingstraße angesiedelte Nazi-Partei, scheitert. Die Beteiligung an den Berliner Kommunalwahlen wird zum Desaster. Ende 1990 erhalten die bislang geduldeten Besetzer wegen des zunehmenden öffentlichen Drucks und ihrer Unfähigkeit, die vereinbarten Renovierungsarbeiten auszuführen, die Kündigung. Die Silvesterparty wird zur Trauerfeier. Der angekündigte „Sturm der Entrüstung", die erhoffte Solidaritätskampagne aus der nationalen Bewegung, bleibt aus.

Hacki und einige seiner Freunde finden Unterschlupf in einem Projekt des engagierten Lichtenberger Sozialdiakons Michael Heinisch. Sie sollen gemeinsam mit Nicht-Rechten ein Haus instandsetzen und anschließend – so das Angebot – gemeinsam als Mieter in die von ihnen eigenhändig renovierten Wohnungen einziehen.

„Hacki war damals ein äußerst zugänglicher Mensch", berichtet Michael Heinisch, der selbst aus der DDR-Opposition kommt und seit Mitte der 80er Jahre unter dem schützenden Dach der Kirche mit Punks und anderen Jugendgruppen gearbeitet hatte. „Er war immer sehr neugierig, was ich zu Sachen denke, hat sehr offen zugehört und war offensichtlich fähig, Zusammenhänge zu begreifen. Er war immer bereit zur Kommunikation und hatte auch ein Niveau, wo es sich lohnte, sich mal miteinander ruhig hinzusetzen." Mit dem Scheitern der Weitlingstraße war für Hacki wieder ein Stück Zukunftsplanung weggebrochen. Daß nun ausgerechnet ein „antifaschistischer" Sozialarbeiter ihm und seinen Freunden eine zweite Chance bot, eröffnete ihm eine neue Perspektive.

Und noch etwas hatte sich verändert: Hacki wohnte jetzt bei Petra N. Die angehende Sozialpädagogin kommt nicht aus der rechten Szene. Sie lebt in einer Kreuzberger Wohngemeinschaft, hat davor jahrelang in den von Punks besetzten Häusern in der Nachbarschaft gewohnt. Die beiden lernten sich auf einer Schwedenreise des Berliner Fußball-Fan-Projektes kennen. „Ich bin eigentlich als weibliche Betreuung für die Fans mitgefahren, hab' dann aber mehr Hacki betreut." Wie es eben so passieren kann im Urlaub ...

Um seine Beziehung zu Petra und den Platz im Wohnprojekt nicht zu gefährden, reduziert Hacki sein „politisches" Engagement auf das Verschicken provozierender Ansichtskarten an die *Antifa-Jugendfront,* die wiederholt in ihren Publikationen dankbar über seine vermeintlichen Aktivitäten in der rechten Szene informiert.

„Ich habe ihn in dieser Zeit nie gewalttätig gesehen oder gespürt, daß Gewalt von ihm ausging", erinnert sich Petra. „Höchstens in Situationen, wenn er stinksauer auf jemanden war, wenn irgendwas nicht so gelaufen ist, wie er das wollte, dann ist ihm immer eingefallen: ‚Dem hau ich demnächst eine auf die Schnauze.' Das war für ihn die einzige Möglichkeit, mit Konfliktsituationen umzugehen."

Silvester 1991/92 wird Hacki überraschend verhaftet. Die Anklage lautet auf schweren Raubüberfall und Körperverlet-

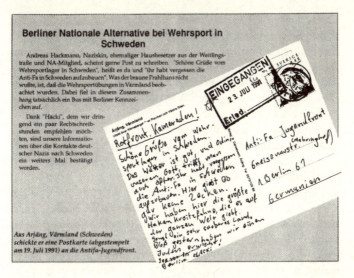

Antifa-Info Nr. 17, März 1992

zung, begangen an einem Bekannten, ebenfalls aus der Lichtenberger Szene, noch während der Weitlingstraßenzeit. Hacki bleibt bis Mitte Mai in Untersuchungshaft, die Reststrafe von neun Monaten – wegen schwerer Körperverletzung, der Tatvorwurf des Raubüberfalls wird fallengelassen – wird zur Bewährung ausgesetzt.

Michael Heinisch hat ihm den Arbeitsplatz im Wohnprojekt freigehalten. Doch es hat keinen Sinn mehr. „Wir wußten ja vorher, daß er die Arbeit nicht gerade erfunden hat, daß er Schwierigkeiten hat, an einer Aufgabe länger dranzubleiben, und haben ihm alle Unterstützung gegeben bis dahin, daß er im September einen unserer Betreuer nur für sich allein hatte. Aber es hat nicht funktioniert. Er kam aus dem Knast verändert wieder. Auf einmal waren ihm die anderen egal und er hat nur noch ‚ichichich' gesehen." Hacki bricht mehrfach Absprachen innerhalb der Gruppe, vor allem die, die autonomen Hausbesetzer auf der anderen Straßenseite nicht zu provozieren, seine Renovierungsarbeiten kommen nicht mehr voran. Anfang Oktober

1992 erhält er die Kündigung. Das Angebot, in einem anderen Bauprojekt weiterzuarbeiten, nimmt er nicht wahr. Auch die Beziehung zu Petra zerbricht. „Ich hab' unsere Beziehung am Schluß immer so geschildert: Für mich war's am wichtigsten, daß es Hacki gut ging, und für Hacki war immer am wichtigsten, daß es ihm gut ging." Wenige Wochen später verläßt er Berlin.

„Bin eigentlich ziemlich friedlich geworden, und wenn mir da 'n Ausländer oder sonstwas entgegenkommt heutzutage, sag ich mir, laß den doch in Ruhe", erzählt uns Hacki bei einem Besuch. „Ich sehe Gewalt heute sowieso nicht mehr als Form, sich mit anderen auseinanderzusetzen. Bin mehr für's Reden, teilweise. Also wenn ich so 'n Linken auf der Straße sehe – so 'n richtigen Antifa-Linken, will nicht gleich jeden Linken schlecht machen –, da hätte ich Lust reinzuhauen. Aber irgendwie denk ich mir, mit dem mußt du auch reden können, bringt vielleicht mehr."

> „Hacki ist immer zwischen zwei Sachen total hin- und hergerissen: Einerseits will er wirklich seine Ruhe haben, arbeiten und so, und andererseits möchte er irgendwie wichtig sein, was verändern, eine Position haben. Man kann das vielleicht so sagen: Jeder braucht einen richtigen Lebenssinn, etwas, für das er lebt, wo er selbst wichtig ist. Vielleicht muß er erst rauskriegen, was sein Sinn ist."
>
> *Petra*

Frühjahr 1993: Vieles, was Hacki bei unserer ersten Begegnung vor drei Jahren noch erträumte, ist Realität geworden. Der Rechtsradikalismus hat sich tief in die Poren der Republik eingefressen. Die Mitte der Gesellschaft ist ein Stück näher an Hacki herangerückt. Die Bilanz 1992: 17 Tote, über 4000 ausländerfeindliche Übergriffe, mehr als 700 Brand- und Sprengstoffanschläge. Doch die großen Parteien machen ohne Skrupel weiter, die Abschaffung des Grundrechts auf Asyl bleibt für Regierungs- und Parteistrategen der Köder Nr. 1 beim Wählerstimmenfang. Die Gewalt geht weiter. „Dieser Haß in der Skinheadszene wird immer härter. Durch den politischen Druck. Die richtigen Skins sind bald weg, dann gibt's nur noch Linke und Rechte. Die rechte Skinheadbewegung ist jetzt schon ultrarechts. Die gucken nur noch so Richtung Hakenkreuz."[4]

3. Böhse Onkelz haben ~~keine~~ geile Lieder

Keine andere Band ist mit der Geschichte der Skinheadszene in Deutschland so eng verknüpft wie die Frankfurter *Böhsen Onkelz*. Keine Band genießt einen derartigen Kultstatus bei allen Skingenerationen, keine hat das Image und Selbstbild der Szene derart entscheidend geformt. Wer heute eine neue Platte irgendeiner beliebigen deutschsprachigen Oi!-Band hört, wird die *Onkelz* wiederfinden, bis in die Themenpalette hinein. Doch im Gegensatz zu den heutigen Epigonen waren die *Onkelz* eine echte Streetpunkband von hoher Authentizität. Damals...

Die *Onkelz* begannen 1979 als No-Name-Punkband in einem Kaff bei Aschaffenburg. „Eines Nachts liefen wir durch die Straßen, und da fuhren Kinder Schlitten am Hang. Die zeigten mit dem Finger auf uns: 'Guck mal, die bösen Onkels'. Da wußten wir: das ist unser Name!" (Bassist Stephan in *Emma* 1/93). Der Jüngste war 16, der Älteste gerade 19, und sie kotzten aus, was ihnen schwer im Magen lag: „Bullenschwein, ich hasse dich!", Sauf- und Stimmungslieder zum Mitsingen und -grölen und – „Türken raus!"

> Türken raus, Türken raus, Türken raus,
> Türken raus, Türken raus, Türken raus, alle Türken müssen raus!
> Türkenfotze naßrasiert, Türkenfotze glattrasiert, Türkenfotze naßrasiert.
> Türken raus! Türken raus! Türken raus...

Ein pubertärer Haßsong, primitiv und (auch als Lied) einfach schlecht, der schnell in Vergessenheit geraten wäre, wenn er sich gegen Punks, Hippies oder „Bullen" gerichtet hätte. Der nie offiziell auf einer Platte erschienen ist, den kein einziger unserer Kollegen, die wir fragten, jemals gehört hat, auch nicht diejenigen, die ihn in ihren Artikeln als „Beweis" für die rechtsradikale Ausrichtung der *Onkelz* anführten. „Türken raus" entstand – auch das wird in der Berichterstattung gewöhnlich unterschlagen –, als die *Böhsen Onkelz* noch mit grün- und rotgefärbten Haaren durch die Gegend liefen. (Das macht den Song zwar nicht besser, paßt aber wohl nicht in die Skinhead-Kiste.) „Durch unser Aussehen als Punker hatten wir Schwierigkeiten mit ausländischen Popper-Gangs auf der Straße, die sind oft in Schlägereien ausgeartet. Wir haben ständig von ausländischen Jugendgangs aufs Maul bekommen, und irgendwo war's halt ein Ventil zum Rauslassen. Der Song hat eigentlich keinen politischen Hintergrund. Was da reininterpretiert wurde, ist was ganz anderes, als ursprünglich gemeint war."

1983, das erste heiß ersehnte Demo-Tape der Band war soeben erschienen, erklärte ein *Onkel* im Interview seine „politische" Einstellung: „Neonazis sind feige Schweine. Die wollen die Skins praktisch als Dreck seh'n, und wenn sie dann die Macht ham, dann machense die, die ihnen früher geholfen haben, gleich weg. Voll die Bastarde. Neonazis sind vielleicht in der Beziehung mit Ausländern meiner Meinung, aber nur teilweise, aber ich bin doch kein Adolf Hitler-Fanatiker. Ich hab mit dem doch nichts zu tun, der war vor vierzig Jahren, der interessiert mich doch überhaupt nicht, wir ham heute ganz andere Probleme. Ich mein', Diktatur brauchen wir bestimmt nicht mehr."

Die *Onkelz* waren nie Nazis, haben sich auch in ihren härteren Anfangsjahren trotz massiver Anwerbeversuche seitens der Frankfurter Dependance der *Aktionsfront Nationaler Sozialisten* nicht vor den Karren neonazistischer Gruppen spannen lassen. Sie gehörten nicht zu Ian Stuarts *Blood & Honour*-Künstlervereinigung und ließen schon frühzeitig das Verteilen von *FAP*-Propagandamaterial bei ihren Konzerten durch die *Onkelz*-Security unterbinden. Sie waren „stolze Deutsche": Nationalisten und Rassisten wie ein Großteil der bundesdeutschen Wendejugendlichen Anfang der 80er Jahre. Doch sie waren eben auch Musiker, und so konnten sie lautstark von der Bühne herabgröhlen, was andere Gleichaltrige nur in der anonymen Masse eines Fußballstadions oder im kleinsten Freundeskreis los wurden. Und da sie nun einmal keine Jurastudenten aus wohlsituierten Verhältnissen waren, sondern Mitglieder einer rüden Eintracht Frankfurt-Straßengang, fielen ihre Worte entsprechend grob aus:

> Deutschland versinkt in Schutt und Dreck,
> und ihr, ihr Schweine, ihr seht einfach weg.
> Die Bullen werden den Aufstand schon niederschlagen,
> immer nur draufhau'n, ohne zu fragen.
> Lange genug habt ihr mit angesehen,
> wie unsere Städte zugrunde gehen!
>
> Jetzt gibt's einen Aufruhr in unserem Land,
> die Kids von der Straße haben sich zusammengetan,
> Skinhead ist Zusammenhalt gegen euch und eure Kanakenwelt!
>
> Die Zeiten von Liebe sind jetzt vorbei,
> Gewalt ist das Mittel gegen Ausbeuterei.
> Wir haben es satt, vor euch zu kriechen,
> dazu haben wir keine Lust, wir haben ein besseres Leben verdient,
> nur bis jetzt haben immer die Kanacken gesiegt.
>
> Deutschland den Deutschen!

Die Bandmitglieder waren inzwischen Skinheads geworden – wie viele Punks in jener Zeit. „Skin sein hieß tanzen, saufen, Spaß haben, auffallen, Leute provozieren. Wir waren schon als Punks politisch uninteressiert gewesen. Viele Skins sind so wie wir nur aus einem Grund von Punks zu Skins gewechselt: Punk war ganz nett und geil, solange man zur Schule ging. Aber dann kam die Lehre. Da ging das mit dem extremen Outfit nicht mehr. Um zu zeigen, daß wir dennoch anders waren, haben wir dann halt auf Skinhead gemacht, das harte Image noch ein bißchen mehr betont ..."

„Der nette Mann"

1984, die erste *Onkelz*-LP „Der nette Mann" kam auf den Markt, war die Band längst ein fester Bestandteil der Frankfurter Skinhead- und Fußballrabaukenszene. Sie lebten dasselbe rüde Leben wie ihre Fans: ließen kein Spiel der Eintracht aus, verbrachten ihre Abende in denselben Kneipen, kassierten Haus- und Stadionverbote, besuchten die Bahnhofspuffs und prügelten sich mit den jugoslawischen Zuhältern auf den Straßen davor, knackten Zigarettenautomaten und ließen sich dabei erwischen, besorgten sich aus London die neuesten Ska-Scheiben und echte Doc Martens. „Skinhead, immer nur Skinhead" sangen sie in den Straßen und ließen sich, um die Unwiderruflichkeit ihrer Entscheidung jedem Modepunker vor Augen zuführen, immer neue Tätowierungen in den Oberkörper spritzen. Sie lebten das Leben ihrer Fans, und das merkte man den Songs auch an. Fußball(randale) und Skinheads waren die zentralen Themen.

Die Fußballszene spaltete sich gerade in brave Kuttenfans und „Gewaltbereite". Die *Onkelz* ließen niemanden im unklaren darüber, zu welcher Fraktion sie gehörten:

> Wir stehen in einer Front und singen unsere Lieder,
> wir stehen in unserer Kurve und machen alle nieder

heißt es in dem Lied „Fußball und Gewalt", und „Frankreich '84" bereitet die Fans auf die kommende Europameisterschaft vor:

> Im Sommer '84 fahren wir nach Frankreich,
> um unsere Nationalelf siegen zu sehen
> und für unser Land geradezustehen.
> Fußball-Europameister, es gibt nur einen,
> Deutschland heißt er,
> Deutschland, Deutschland ist die Macht!
>
> Ja, wir sehen uns in jedem Fall
> im Sommer '84 beim Frankreich-Überfall!

Laßt uns unsere Fahne hissen,
unseren Gegnern vor die Füße pissen,
zeigt ihnen, wer wir sind.

Aber vor allem enthält „Der nette Mann" mit „Singen Und Tanzen", „Stolz" und „Vereint" gleich drei Hymnen für die Skinheadbewegung.

> STOLZ
>
> Einer von vielen mit rasiertem Kopf,
> du steckst nicht zurück, denn du hast keine Angst,
> Shermans, Braces, Boots und Jeans,
> Deutschlandfahne, denn darauf bin ich stolz,
> man lacht über dich, weil du Arbeiter bist,
> doch darauf bin ich stolz, ich hör nicht auf den Mist!
>
> Du bist Skinhead, du bist stolz,
> du bist Skinhead, schrei's heraus,
> du bist Skinhead, du bist stolz,
> du bist Skinhead, schrei's heraus!
>
> Du hörst Onkelz, wenn du zu Hause bist,
> du bist einer von vielen, denn du bist nicht allein,
> du bist tätowiert auf deiner Brust,
> denn du weißt, welcher Kult für dich am besten ist,
> die Leute schauen auf dich mit Haß in den Augen,
> sie schimpfen dir nach und erzählen Lügen über dich!
> Du bist Skinhead ...
> Einer von vielen ...
> Du bist Skinhead ...

SINGEN UND TANZEN

Die Woche ist vorbei, man macht sich fein,
putzt seine schwarzen Docs, schlüpft in die Stomp-Boots rein.
Kurzer Blick in 'n Spiegel, alles ist perfekt,
das Fred Perry frisch gebügelt, die Glatze ist geleckt.
Gut gelaunt macht man sich auf den Weg,
trifft sich mit den anderen,
trinkt noch schnell einen mit.
Ein Ska-Konzert ist angesagt,
alkoholisiert wird ein Tänzchen gewagt.

Wir singen und tanzen die ganze Nacht,
Schlägereien und Romanzen, viel getrunken, viel gelacht,
wir singen und tanzen die ganze Nacht!

Die Stimmung ist am Ende,
es wird schon langsam hell,
wir steigen in unser Auto und fahren ziemlich schnell
um die nächste Ecke, man macht Bekanntschaft mit 'ner Bahn,
vor den Trümmern stehend fangen wir zu singen an:

Wir singen ...

Total betrunken stehen wir vor unserm Dreck,
mit dem letzten Kasten Bier durchzechen wir die Nacht,
dann kommen grüne Männer und lesen uns auf,
doch in unserer engen Zelle machen wir einen drauf!

Wir singen ...

> **VEREINT**
>
> Einer für alle, alle für einen
> soll unser Schlachtruf sein!
> Zusammenhalt ist unsere Stärke,
> Skinheads müssen vereinigt sein!
> Freundschaft gibt uns Kraft,
> die uns stark macht in der Not,
> Einigkeit heißt die Devise,
> wir sitzen alle im selben Boot!
>
> Vereint, vereint, wir brechen die Ketten,
> vereint, vereint, die Mauer muß stürzen,
> vereint, vereint sind wir die Macht!
>
> Vereint zu sein heißt der Schlachtruf der Straße,
> das wollt ihr nicht verstehen,
> Skinheads haben die selben Gedanken,
> also laßt uns gleiche Wege gehen!
>
> Freundschaft gibt uns Kraft,
> die uns stark macht in der Not,
> Einigkeit heißt die Devise,
> wir sitzen alle im selben Boot!

Das Album gilt zu Recht als das bedeutendste der deutschen Skinheadszene. Uns sind bisher nur wenige begegnet, die es nicht besitzen, wenn auch zumeist nur auf Kassette. Denn das Original wird heute zu Schwarzmarktpreisen von mehreren hundert Mark gehandelt. Verantwortlich für diese enorme Wertsteigerung ist die Bundesprüfstelle für jugendgefährdende Schriften, die das Album am 15. August 1986 auf Antrag der Landesjugendämter Rheinland und Westfalen-Lippe sowie der Stadtjugendämter Köln und Gladbeck indizierte.

Bei der entscheidenden Sitzung waren an jenem Tag drei Leute anwesend: Der leitende Regierungsdirektor und BPS-Vorsitzende Rudolf Stefen, die Schriftstellerin Thea Graumann, der Amtsgerichtsdirektor a.D. Werner Jungeblodt als Repräsentant der Kirchen. Da das Plattenlabel Rock-O-Rama wie üblich auf jeglichen Widerspruch verzichtete, wurde der Urteilsspruch des Bonner Trios rechtsgültig. Dabei wäre eine gerichtliche Auseinandersetzung durchaus interessant geworden, denn das neunseitige Papier liest sich über weite Strecken wie ein Fake aus der *Titanic*-Redaktion. Nicht nur, daß die Gutachter offenbar nicht in der Lage waren, die Texte überhaupt nur akustisch zu verstehen – die „wörtlichen" Abschriften wimmeln von Entstellungen, zum Teil in entscheidungsbegründenden Passagen –, auch die Interpretationen wirken wie bösartige Eulenspiegeleien. So heißt es etwa über den Hooligan-Song „Frankreich '84": „... Nationalsozialistisches Gedankengut, insbesondere die Vorherrschaft und Dominanz des deutschen Volkes werden propagiert ... Das französische Volk wird wie Freiwild beschrieben. Damit wird das Bekenntnis der Bundesrepublik Deutschland als demokratischer Rechtsstaat zu einem gleichberechtigten Mitglied der Völkergemeinschaft in Frage gestellt; die Völkerverständigung unter Einschluß gerade auch der Aussöhnung des deutschen Volkes mit den früheren Kriegsgegnern wird negiert. Ein Handeln wird gefordert, das die Bemühungen der Völkerverständigung und der Anerkennung zunichte macht. ... Ein Lied, das sich offen gegen die Völkerverständigung ausspricht und – mehr noch – dazu auffordert, einen als minderwertig beschriebenen Volksstamm zu beleidigen, führt zu einer sozialethischen Verwirrrung. Dieses Lied ist jugendgefährdend." Sollte dies allgemeine bundesdeutsche Rechtsauffassung werden, dürften Jugendliche unter 18 künftig kein Bundesliga-Stadion mehr betreten. Das Wort „Volksstamm" taucht im Text der *Böhsen Onkelz* übrigens nicht auf.

Konnte man angesichts der Interpretation von „Frankreich '84" nur hoffen, daß sich die drei älteren Herrschaften niemals per Zufall auf einen richtigen Fußballplatz oder irgendein anderes Volksfest verliefen, so läßt sich die Wiedergabe des Titelsongs in der Sprache der Jugendschützer nur noch als surrealistisch beschreiben. „Der nette Mann" – laut *Emma* ein Text „voller Sarkasmus und schwarzem Humor" – handelt von einem Kindermörder. *Onkelz*-Texter Stephan: „Mich interessiert die Psyche von Menschen. Deswegen schreib ich oft Lieder über Verrückte oder Gewaltverbrecher oder auch Kindermörder, weil das die absoluten Normalbürger Nummer 1 sind, die sind von jedem anerkannt!" In der Lesart der Bundesprüfstelle wird aus einem Text, der die „Normalität" der Gewalt gegen Kinder angreift, eine „Aufforderung, kleine Kinder zu zerstückeln".

DER NETTE MANN

Kleine Kinder hab ich gern zerstückelt und in Scheiben,
warmes Fleisch, egal von wem, ich will's mit allen treiben,
ob Tiere oder Menschen, ich seh' gern alles leiden,
blutbeschmiert und mit großer Lust wühl ich in Eingeweiden!

Ich bin der nette Mann von nebenan,
und jeder könnt es sein,
schaut mich an, schaut mich an,
ich bin das perverse Schwein!

Die Gier nach Qual und Todesschreien macht mich noch verrückt,
kann mich denn kein Mensch verstehen, daß mich das entzückt,
komm, mein Kleines, du sollst heut nacht mein Opfer sein,
ich freu mich schon auf dein entsetztes Gesicht
und die Angst in deinem Schreien!

„Dieses Lied stellt nicht nur Grausamkeiten dar, es predigt auch eine gefühllose Gesinnung gegenüber kleinen Kindern. Es verherrlicht Kindesmißhandlungen und -zerstückelungen, es predigt Mord an kleinen Kindern, § 211 StGB. Perverses Menschenschlachten wird als herrlich, vorbildlich und nachahmenswert geschildert. Es ist zu befürchten, daß sich insbesondere junge Leute durch das Rezipieren dieses Liedes zu Gewalttätigkeiten hinreißen lassen." Die Bundesprüfstelle für jugendgefährdende Schriften in ihrer Indizierungsverfügung vom 15. August 1986.

Als würde dieses Plädoyer für eine fristlose Auflösung der jugendgefährdenden Bundesprüfstelle noch nicht reichen, verpassen die Bonner Sittenwächter auch noch der Musik selbst ihre qualifizierte Benotung, wobei es ihnen nur mit Mühe gelingt, ihren offensichtlichen Ekel vor dieser Art von entarteter Kunst zwischen den Zeilen zu verstecken: „Insbesondere stellen die Lieder auf der Schallplatte keine Kunst dar und dienen ihr auch nicht. Ein Kunstwerk liegt nämlich nur dann vor, wenn ein bestimmtes Maß an künstlerischem Niveau vorliegt. Dies beurteilt sich nicht allein an ästhetischen Kriterien, sondern auch nach dem Gewicht, das das Kunstwerk für die pluralistische Gesellschaft nach deren Vorstellungen über die Funktion der Kunst hat." Mit anderen Worten: Was der Mehrheit nicht gefällt, ist keine Kunst. Und gehört verboten: „Die Lieder der vorliegenden Schallplatte sind für die pluralistische Gesellschaft ohne jede Bedeutung. Weder die Stilrichtung der Musik noch die Inhalte der Texte sind so bedeutsam bzw. von derart hohem künstlerischem Gewicht, daß sie der Kunst dienen würden." Wer wundert sich da noch, daß die Indizierungslisten aus Bonn auf bundesdeutschen Schulhöfen als Verkaufshitparaden gehandelt werden.

Ebenfalls auf dem Debütalbum der *Böhsen Onkelz* findet sich das zweite „Deutschland"-Lied, das zwar den Bonner Prüfungsausschuß unbeanstandet passiert (könnte der Text doch glatt einer Presseerklärung der Bundesregierung entnommen sein), den Ruf der Band als „Rechtsradikale" aber entscheidend zu zementieren hilft:

> Die zwölf dunklen Jahre in deiner Geschichte
> machen unsere Verbundenheit zu dir nicht zunichte.
> Es gibt kein Land frei von Dreck und Scherben.
> Hier sind wir geboren, hier wollen wir sterben.
>
> Deutschland, Deutschland, Vaterland,
> Deutschland, Deutschland, mein Heimatland.
>
> Den Stolz, deutsch zu sein, wollen sie dir nehmen,
> das Land in den Dreck ziehen, die Fahne verhöhnen.

> Doch wir sind stolz, hier geboren zu sein,
> wir sind stolz darauf, Deutsche zu sein.
> Es gibt kein Land frei von Dreck und Scherben,
> hier sind wir geboren, hier wollen wir sterben.
> Deutsche Frauen, deutsches Bier,
> Schwarz-rot-gold, wir stehen zu dir.
>
> Deutschland, Deutschland ...
> wir reichen dir die Hand!

Der Text ist auch nicht gerade nach unserem Geschmack geraten, aber immerhin wird die Zeit des Hitler-Faschismus noch als „zwölf dunkle Jahre" gebrandmarkt, was bei den späteren Billigkopien wie *Störkraft, Stuka, Wotan* u.ä. Politrockern der 90er Jahre glatt als Landesverrat geahndet würde. Und: Worin unterscheidet sich dieser Song eigentlich von der allabendlich zum Sendeschluß in Millionen bundesdeutsche Wohnzimmer getragenen Nationalhymne?

Häßlich ...

Trotz „Deutschland"-Lied und „Türken raus" unterschieden sich die *Onkelz* kaum von den anderen randalefreudigen Bands jener Jahre, und in den meisten Plattensammlungen standen ihre Aufnahmen auch noch friedlich neben *Slime,* den *Toten Hosen* oder *Daily Terror*. Doch während die Punks begannen, jene Fans zu verprügeln, die meinten, ihre Bands mit „Sieg Heil" und ausgestrecktem Arm auf der Bühne begrüßen zu müssen, machten die *Onkelz* gerne mit. „Unpolitisch", der „guten Stimmung" wegen. „Wir haben uns dann für die *Onkelz* entschieden, nicht weil die rechts wurden, sondern weil die unpolitisch blieben und die ganzen Punks nach links abdrifteten", erklärt W., erst Punk, dann seit 1981 Skinhead, die Spaltung der Fangemeinde. „*Daily Terror,* das ist doch voll die Lutschergruppe", meint M. „Es wollte doch keiner hören, von wegen ‚das Strafmaß bestimmen Nazi-Richter', diese selbstmitleidige Interpretationsform. Du kannst als Vergleich sagen,

Daily Terror ist wie die Friedensbewegung und die *Böhsen Onkelz* sind wie die Autonomen."[1]

„Lutscher", „Friedensbewegung", „Polit-Hippies" auf der einen, „Rechte", „harte Jungs" auf der anderen Seite – nur vordergründig läßt sich das Auseinanderdriften der jugendlichen Subkulturen auf „politische" Gegnerschaften reduzieren. Dahinter steckt etwas anderes: Punk war immer deutlicher zum Sammelbecken für Aussteiger aller sozialen Schichten geworden. Aussteiger auf Zeit. Es konnte dir passieren, daß dich in irgendeiner Fußgängerzone ein junger Irokese mit zerfetzter Jeans und schwarzgemalten Augenringen anschnorrte, der sich bei genauerem Hinsehen als der Sohn des Sparkassen-Filialleiters entpuppte. Die „proletarischeren" Jugendlichen spürten, daß viele Punks nicht mehr dieselben Alltagserfahrungen hatten wie sie, daß es plötzlich soziale und Bildungsunterschiede in der Szene gab. „Wir leben Punk, und die spielen es." Das verunsicherte sie. „*Daily Terror* singen über Alkohol wie eine Solidarkundgebung für Penner und Säufer, wo man nicht genau weiß, ob sie überhaupt selbst Alkohol trinken. Du mußt nur die Stimmen der Sänger vergleichen, die *Böhsen Onkelz*: aggressiv, hart, männliche Stimme – klingt glaubwürdig und brutal. Das paßt zum Image der Band, zum Aussehen des Sängers und zur Musik. Dagegen ist die Stimme des *Daily Terror*-Sängers penetrant moralisch, ist mehr was für die Idealisten."[2]

Ein paar Jahre später genügte es, wenn eine Band durch die richtigen Parolen deutlich machte, daß sie *für* die Szene eintrat, damals mußte man noch *in* der Szene sein, um akzeptiert zu werden. „Student" wurde bald eines der vernichtendsten Schimpfworte der Glatzengemeinde. Schon eine Brille auf der Nase machte verdächtig, und wer sich wie viele Punks bewußt auch optisch dem harten Macho-Image entzog (und die Szene damit für Frauen attraktiv machte), war out. „So wie die aussahen, da brauchte man nur in den Spiegel zu gucken und da hatte man schon einen, der besser drauf war", spottet M. über *Daily Terror*. Da hatten die *Onkelz* schon mehr zu bieten, vor allem Sänger Kevin, der sich in Frankfurt als Tätowierer bereits einen Ruf erworben hatte und selbst fleißig für sein Gewerbe Reklame lief. „Kevin ist ein Typ, der zupacken kann und sich nichts gefallen läßt; der hat jedes Bier, über das er singt, wirklich getrunken."

... brutal ...

Als 1985 das zweite Album der *Onkelz*, „Böse Menschen, Böse Lieder", herauskommt, hat sich die Skinheadszene weiter isoliert. Die inzwischen erreichte Nähe vieler Jungglatzen zu den Neonazi-Parteien und die zunehmenden Gewalttätigkeiten gegen Minderheiten produzieren kontinuierlich Negativschlagzeilen und Aussteiger. Die Beschäftigung mit diesen beiden Problemen wird zum zentralen Thema des Albums. Zwar gibt es auch das obligatorische Sauflied („Heute Trinken Wir Richtig"), doch der Anteil der reinen Stimmungshits ist deutlich gesunken. Das Lied „Häßlich, Brutal Und Gewalttätig", wohl der bis heute am meisten gecoverte *Onkelz*-Song, wird zur Generalabrechnung mit den Medien:

> Wir tragen alle Hakenkreuze,
> Skinheads haben nur Gewalt im Sinn
> ist es das, was ihr hören wolltet,
> daß wir hirnlose Schläger sind?
>
> Gewalt, Gewalt, Gewalt,
> nackte Gewalt, Gewalt.
>
> Wir sind häßlich, brutal und gewalttätig,
> wir schrecken vor nichts zurück!
> Wir sind häßlich, brutal und gewalttätig,
> wir sind total verrückt!
>
> In den Medien steht es immer wieder,
> daß wir Schlägertrupps und Nazis sind,
> doch wir haben uns nichts vorzuwerfen,
> denn es wird viel geredet, was stinkt.
>
> Lüge, alles Lüge, Lüge, alles Lüge, Lüge!

Wohl als Reaktion auf die Indizierung des letzten Albums greift die Band mit dem Titel „Ein Mensch Wie Du Und Ich" erneut das Titelthema auf, dieses Mal in noch eindeutigerer Form:

> In seinem kleinen kranken Hirn
> treibt er es mit Kindern und mit Tieren,
> er ist duchtränkt mit Haß und Perversion,
> er ist der Abschaum in Person.

Mit dem Titel „Das Signum Des Verrats" wendet sich die Band aggressiv gegen die Altglatzen, die dem gesellschaftlichen Druck wichen und aus der Szene ausstiegen:

> Du glaubst, die Intrigen bemerkt man nicht,
> doch ein schleimiges Wesen zeichnet dich.
> Das Signum des Verrats steht dir im Gesicht!

Doch als das Album auf den Markt kommt, haben sich die ersten Bandmitglieder bereits selbst die Haare dezent ein paar Zentimeter wachsen lassen.

Ein knappes Jahr später, 1986, erscheint die Mini-LP „Mexico". Sie enthält den Song „Stolz" von der indizierten LP „Der nette Mann", ein im alten *Onkelz*-Stil ironisches Fußballied („Mexico"), ein wenig Sex („Stöckel Und Strapse"). Zwei Songs beschäftigen sich mit dem zentralen *Onkelz*-Thema Gewalt. Doch beide fielen überraschend (selbst-)kritisch aus. In „Gesetze Der Straße" wird die Gewalt bereits zweischneidig als notwendig und aufgezwungen dargestellt. „Just for fun" zählt nicht mehr, Gewalt ist kein Vergnügen mehr, sondern aus der Not geboren:

> Zeig was du denkst, tu was du willst,
> nur verlier nie dein Gesicht,
> zeig keine Schwäche, zeig keine Angst,
> denn Verlierer zählen nicht.
>
> Gesetze der Straße sind Gebote der Gewalt,
> Gesetze der Straße sind Blut auf dem Asphalt!

Kampf in den Stadien,
Kampf in den Straßen,
nie endende Gewalt
sind Ausdruck der Armut und der Arbeitslosigkeit.

Im zweiten Song zu diesem Thema, „Das Tier In Mir", kokettiert der Sänger mit seiner betont harten, aggressiven Stimme zwar noch mit dem Image eines Bösewichtes, doch die Endstation heißt Hölle:

Ein Apostel des Bösen glaub ich oft zu sein,
die Dinge, die ich tue, sind voller Schmerz und Pein.

Es ist das Tier in mir, das meine Sinne leitet, meine Seele
verwirrt,
es ist das Tier in mir, es ist das Tier in mir,
das Tier in mir, das Tier in mir!

Abnormitäten sind das Zeichen der Zeit,
ist es nur ein Traum oder ist es Wirklichkeit?

Mit dem Rücken zur Wand überlegt man nicht,
der Himmel ist für Helden, die Hölle ist für mich.

Die Stigmatisierung der Skinszene in den Medien verschärft sich, ohne daß wirklich eine Auseinandersetzung mit den Betroffenen geführt wird. Die *Onkelz* werden zwar häufig als „Deutschlands prominenteste Neonazi-Band" genannt, kommen jedoch in keinem einzigen Fall selbst zu Wort. Stephan: „Ich krieg' Presseberichte in die Hand, wo über Ausschreitungen nach Konzerten von uns die Rede war, an Orten, wo wir niemals gespielt haben." Ausgerechnet der *Onkelz*-Song „Häßlich, Brutal Und Gewalttätig" dient dem *Spiegel* gleich zweimal als Headline für genau solche Geschichten, die die *Böhsen Onkelz* in diesem Song angreifen: „Wir sind asozial und gewalttätig" (Nr. 7/86) und „Häßlich, gewalttätig und brutal" (Nr. 26/86).

Zwei junge Wissenschaftler, der Soziologe Markus Eberwein und der Ethnologe Josef Drexler, planen im Selbstverlag ein

Buch über „Skinheads in Deutschland" und führen zu diesem Zweck am 5. Juni 1987 ein ausführliches Interview mit den *Böhsen Onkelz*, in dem sie – zum ersten Mal für eine breitere Öffentlichkeit – auch zu politischen Fragen Stellung beziehen:

Pe: Es gibt sicherlich Gruppen, die Faschistisches im Sinn haben.

Gonzo: Aber mit sowas haben wir nie etwas am Hut gehabt.

Kevin: Ich will nur leben, wie ich will, das ist alles! Politik und sich politisch überhaupt zu organisieren, das ist das Letzte! Das ist Zeitverschwendung. Wir waren nie politisch motiviert. Überhaupt nicht. Uninteressant. Saufen, Pogo und richtig Gewalt ohne Ende! War alles.

Gonzo: Wir sind nicht Skinheads geworden aus dem Grund, weil ‚Sieg Heil!' und rechts!...

Kevin: Auf keinen Fall!

Gonzo: ... sondern nur, weil wir weiter unseren Spaß haben wollten und uns von den Leuten, mit denen wir als Punks nichts zu tun haben wollten, abgrenzen wollten.

Kevin: Ich bin auf einem Dorf aufgewachsen, und da wird man jahrelang angepöbelt, nur weil man grüne Haare hat. Das hat man doch irgendwann leid, Mann! Und da war ‚Skin' halt für mein Denken die beste Ausflucht. Ich bleib gut drauf und ich kann auch hauen und treten und bin vom Denken noch derselbe, und deswegen bin ich auch hauptsächlich Skinhead geworden. Den Eltern hat's dann auch besser gefallen und es lief alles besser. Man wollte halt alles ein bißchen mehr auf Härte machen. Und nichts mit Politik, von wegen: ‚Heil Hitler!' Das überhaupt nicht. So 'n Quatsch! Ich meine, wenn man damals leben würde... Ist doch Scheiße!

Stephan: Es fing ja auch mehr so an, Leute zu provozieren.

Kevin: Ich meine, in der Hitlerjugend, ich würd' mir doch die Kugel geben! Was soll das denn?

Gonzo: Da wärst du ein größeres Arschloch als die Bullen!

Kevin: Da hast du zehn Arschlöcher am Tag, die dir sagen, du sollst das und das machen. Das ist einfach logisches Denken, daß so eine Politik Scheiße ist.

... und langhaarig

Als 1987 „Onkelz wie wir" erscheint, nach zwei Jahren wieder ein richtiges Album, sind sie immer noch *die* Stars einer Szene, mit der sie selbst immer weniger zu tun haben wollen. „Was heute noch als Skinhead auftritt, hat meistens nichts mehr mit dem zu tun, was ursprünglich mal Skin-Movement war. Übriggeblieben sind oft nur die, die tatsächlich rechtsradikal eingestellt sind", klagen sie im *Metal Hammer* (ein Langhaarigen-Magazin! Schon das sagt vielen Ex-Fans genug). „Als wir erstmals bewußt mitbekamen, wohin der Zug plötzlich fuhr, auf dem wir als Kultband der Skins mit draufsaßen, haben wir damit begonnen, gegen unsere eigenen Leute zu schreiben, um irgendwie zu bremsen..." Schon seit einiger Zeit begannen sie, auch bei ihren Auftritten Texte früherer Songs zu verändern. „Türken raus" strichen sie ganz aus dem Repertoire, aus „Deutschland den Deutschen!" wurde „Oi!Oi!Oi!", und statt „Skinhead ist Zusammenhalt gegen euch und eure Kanackenwelt" heißt es nun:

> Punks und Skins ist Zusammenhalt
> gegen euch und eure Staatsgewalt!

Auch der *Onkelz*-Kult selbst wird zum Thema gemacht in dem Song „Falsche Propheten":

> Ganz egal, wie er auch heißt, jeder Gott hat seinen Preis,
> ich geb meinem Leben einen Sinn und geb mich ganz den
> Onkelz hin!
> Die zehn Gebote lassen uns kalt, nur leere Worte,
> wir sind Priester der Gewalt!
>
> Liebe Onkelz, macht mich fromm,
> euer Wort will ich verkünden,
> ich sauf nur noch, ich rauf nur noch,
> und für euch will ich auch sünd'gen.

„Glaubt an euch selbst, hört auf zu beten", lautet die Botschaft. Vergeblich. Der Zug ist bereits in die andere Richtung abgefahren. Und auf der Lokomotive streiten sich ein Dutzend anderer Bands um die Nachfolge der *Onkelz*. Bands, die nicht bremsen, sondern Gas geben wollen:

> Wir lösen das Problem, das ist doch klar,
> genauso, wie es Hamburg '85 geschah.
> Dreck muß weg, Dreck muß weg. Nigger raus!

Und:

> Die Retter Deutschlands, das sind wir,
> für mein Heimatland kämpf ich wie ein wildes Tier.
> Treue, Blut und Ehre erhält unseren Stolz,
> denn wir sind hart wie deutsches Eichenholz.

Und:

> In mir drin, da tut es weh, wenn ich heut' so um mich seh',
> Ausländer, Aussiedler und Asylanten,
> selten trifft man noch einen Bekannten.
> Volk steh auf, und Sturm bricht los ...

Sänger Kevin ist inzwischen der einzige aus der Band, der noch als Skinhead durch die Lande läuft. „Wir wollen auch äußerlich dokumentieren, daß die heutige Skinszene nicht unsere Szene ist." Mit dem nostalgischen Song „Erinnerungen" geben die *Onkelz* quasi offiziell ihren Ausstieg bekannt:

> Hast du wirklich dran geglaubt, daß die Zeit nicht weitergeht,
> hast du wirklich dran geglaubt, daß sich alles um dich dreht.
> Man hat sich reichlich gehauen und nie dazugelernt,
> viel Alkohol, viel Frauen, von der Wirklichkeit entfernt.
>
> Ich erinner' mich gern an diese Zeit,
> eine Zeit, die man nie vergißt,
> doch ich muß mein Leben leben,
> meinen Weg alleine gehen,
> mach's gut, du schöne Zeit, auf Wiedersehen.

Hast du wirklich dran geglaubt, daß die Zeit nicht weiter-
geht,
hast du wirklich dran geglaubt, daß sich alles um dich
dreht,
es war nicht alles Gold, was glänzte, und doch, es war
schön,
es war nicht alles Gold, was glänzte, du trägst die Farben
der Zeit, die nie vergeh'n!

Ich erinner' mich gern an diese Zeit,
eine Zeit, die man nie vergißt,
doch ich muß mein Leben leben,
meinen Weg alleine gehen,
mach's gut, du schöne Zeit, auf Wiedersehen!

4. Skinheads in Doitschland

Die ersten Skinheadcliquen tauchten in Deutschland ab 1977/78 auf, oft in der Nachbarschaft von britischen Kasernen. (Vereinzelte Skins wurden sogar schon 1969 in den Hafenstädten Bremen und Hamburg gesichtet. Doch damals wußte noch niemand, was das bedeuten sollte, und sie wurden von der Medienöffentlichkeit ignoriert.) Zu einer größeren Szene entwickelte sich der Skinkult hierzulande erst ab 1980/81. Selbst in Großbritannien war es eine äußerst ungünstige Zeit, um Skinhead zu werden. Die glorreiche *2 Tone*-Ära war vorbei, zu sehr trendy, zu wenig innovativ, um einer Außenseiterkultur noch länger neue Impulse zu vermitteln. Und die Oi!-Szene hatte das Brandmal einer Marschmusik für Nazis und Rassisten verpaßt bekommen.

Mit diesem Image belastet, gelangte die Kunde vom Skinheadkult nach Deutschland. Genau zum richtigen Zeitpunkt, um das Erbe des Punk anzutreten, der gerade dabei war, zur Neuen Deutschen Welle abzuschlaffen. Denn wie üblich wiederholte sich hierzulande alles aus dem Mutterland beinahe jeder rebellischen Subkultur mit ein paar Jahren Zeitverzögerung. Oi! bot plötzlich die dringend ersehnte Alternative für Punk-Aussteiger, die weder mit Mittelschicht-Poppern noch Polit-Anarchos in einer Szene bleiben wollten. Glaubt man Berichten von damaligen Skins, so müssen es Hunderte von Punks gewesen sein, die innerhalb von wenigen Monaten allein in Großstädten wie Hamburg, Frankfurt und Berlin zur Skinkultur übertraten.

Natürlich wurden damit nicht alle rechts. Da gab es immer die mit dem besseren Draht nach England und zu einschlägigen Independentvertrieben, denen Bandnamen wie *Sham 69, Blitz, The Business, Cock Sparrer, Cockney Rejects, Angelic Upstarts, Last Resort* u.a. sehr wohl vertraut waren, die sich ernsthaft bemühten, auch hierzulande den „Original"-Skinheadkult einzuführen.

Um für linke Jugendliche attraktiv zu werden, war das Image von Skinheads einfach zu festgefahren. Doch zu behaupten, die Mehrheit der bundesdeutschen Skinheadszene sei vor 1985 nazimäßig drauf oder gar in feste Strukturen eingebunden gewesen, wäre eine eindeutige Überschätzung der Neonazis. Die Nazi-Versammlungen jener Jahre schmückten nur wenige Kahlköpfe.

Es war bei den meisten Skins eher eine Orientierung aus dem Bauch heraus: „links" stand für Langhaarige, Anarchos, den Pädagogenstand, die DDR und Spießertum. „Links" hieß Langeweile und *politische* Opposition. „Rechts" versprach ungeahnte Möglichkeiten der Provokation (mit NS-Symbolen), Kameradschaft (was bedeutet dagegen schon das unverbindliche Angebot von „Solidarität"), ungebremste Männlichkeit, Saufen und Randale ohne schlechtes Gewissen, Spaß pur und – keine Politik. Ideologen waren in der Skinszene verpönt. Rechte wie linke. Und machen wir uns nichts vor: die Linken, zumindest große Teile davon, waren immer ideologischer orientiert als die „unpolitischen Rechten". Das hat sicherlich damit zu tun, daß Linke die Probleme dieser Welt bewußter wahrnehmen und nicht ignorieren wollen. Aber auch damit, daß fast alle linken Jugendbewegungen von Mittelschichtkids getragen wurden, die nun mal mehr auf reden, reden, reden stehen und mit „proletarischen" Kulten und körperorientierten Aktivitäten – ob Fußball oder Saufen – zumeist ihre Schwierigkeiten haben. Linke stellen Ansprüche, wollen die Welt verändern. Rechte wollen sich amüsieren. Das lag den meisten Skins näher.

Leute, die sich als „unpolitisch" bezeichnen, reproduzieren in der Regel in besonders markanter Weise den vorherrschenden Zeitgeist. Nicht anders war es bei den Skins. Bloß daß sie „Ausländer raus" gröhlten, wenn die Bundesregierung höflich „Rückkehrprämien" anbot. Daß sie die Leute öffentlich verprügelten, die ihnen Politik und Medien als Sündenböcke schmackhaft machten. „Sie Dreckshure! Leider ist es zu spät, um Dir die Gebärmutter herauszureißen, die Bastarde sind schon geboren!" – „Ein Hund mischt sich nicht mit einem Esel. Aber Ihr dummen Sauweiber schlaft mit Wilden aus dem Busch und werft nicht mal reinrassige Ferkel. Abschaum ist das, Abschaum." Briefe an mit Ausländern verheiratete Frauen aus dem Jahre 1982, die auf den Punkt brachten, was viele biedere Deutsche dachten: „Wir brauchen das schwarze und braune Gesindel nicht." Kein Wunder, daß auch viele Skins Rassisten und Nationalstolzler wurden. Das unterschied sie zunächst nicht von anderen Stammtischpolitikern und von ihren leserbriefschreibenden Vätern. Nur daß niemand auf „Sieg Heil"ende Familienväter in irgendeiner Eckkneipe achtete. Aber hundert Kahlgeschorene zur besten Fernsehzeit in einem Bundesligastadion – das war schon was anderes.

Fußballstadien waren das Hauptbetätigungsfeld der ersten Skinheadgeneration. Wie ihre Urahnen auf der Insel zehn Jahre zuvor wurden sie bald die uneingeschränkten Könige der Fußballrowdyszene. Den Hooligan, wie wir ihn heute kennen – Jeans, Turnschuhe, schicke Pullover, rundum zivil(isiert) –, gab es in den frühen Achtzigern noch nicht, Glatzen und Bomberjacken gaben den Ton an. Die Entwicklung des Profifußballs zum Big Business, das häufige Überreagieren der Polizei und die zunehmende Schlagzeilenpopularität der Fußballrandalisten führte dazu, daß sich immer mehr Fans von der braven Fanclub- und Kuttenszene abspalteten und ihr ganzes Engagement in die „dritte Halbzeit" steckten. Fußballrandale wurde plötzlich „in". Die Skinheadszene boomte wie nie zuvor. „So um '82, '83 waren immer 150 Glatzen im Stadion", erinnert sich Jens Brandt, *Endstufe*-Sänger und ebenfalls seit Anfang der 80er Jahre Skinhead. „Die große Masse ist eigentlich durch Fußball Skinhead geworden. Das war in Bremen absolut 'ne Jugendbewegung. Bei uns im Stadtteil, wo wir groß geworden sind, liefen plötzlich überall Glatzen rum. In dem Jugendheim, wo wir uns immer getroffen haben, haben mehr oder weniger alle Jugendlichen, auch die Heavy Metals, plötzlich Oi! gehört und sich auch mal aus Jux 'ne Glatze geschnitten. So mitläufermäßig, klar, aber Skinhead war hier zu der Zeit voll die Macht."

Doch die anfängliche Begeisterung der Altglatzen ließ schnell nach. Grausame Erinnerungen an das Ende des Punk wurden wach, ein neuer Alptraum stand vor der Tür: Mode-Skins. „Wir sind im Stadion, und nächste Woche kannste schon wieder fuffzig Mann sehen, die Springerstiefel gekauft haben", klagt C., Skinhead in Frankfurt. Ihn stört nicht nur das falsche Accessoire („'n Skin hat keine Springerstiefel"), sondern die Beliebigkeit, die der Skinkult durch die zweite Generation zu bekommen drohte. „Skinhead sein ist'n Gefühl, das ham die alle gar nicht..." Und D. ergänzt: „Wenn die Randale machen, heißt's gleich wieder, das sind Skinheads, obwohl wir überhaupt nichts damit zu tun haben. Und wer muß das dann im Endeffekt wieder ausbaden?" – „Die" machen Randale, „wir" müssen es ausbaden – nicht mehr jeder, der kurzhaarig und mit Bomberjacke auftauchte, wurde nun automatisch akzeptiert. Auch wenn Außenstehende keine Unterschiede erkennen konnten, mit der neuen Generation ging ein erster Riß durch die Skinszene, der sich Jahre später in wilden Straßenschlachten untereinander entladen sollte. Die Jüngeren, so die erste Ahnung der Altglatzen, nahmen das Skinhead-Sein nicht mehr ernst genug, es ist zum saisonalen Freizeitspaß geworden. „Nächste Woche laufen die wieder anders rum, und wer ist dann der Dumme?"

Die Nazi-Offensive

Die bundesdeutschen Neonazis bemühten sich von Anfang an intensiv um die Skinszene. Schließlich war es dem großen Vorbild *British Movement* in seiner besten Zeit vor 1982 gelungen, mehr als zweitausend Skinheads in seinen Reihen zu organisieren. In Deutschland streckte vor allem Michael Kühnen seine Finger in Richtung Skin- und Fußballrabaukenszene aus. Im Dezember 1982 nach vierjähriger Haft wieder auf freiem Fuß, übernahm er sofort die Führung der von ihm 1977/78 aufgebauten *Aktionsfront Nationaler Sozialisten*. Pfingsten 1983 bestanden bereits 32 Kameradschaften mit insgesamt 270 Aktivisten. Doch Kühnen wollte höher hinaus: „Wenn 10 000 Mann mit Hakenkreuzen auf die Straße gehen, dann wird es kein NS-

Verbot mehr geben, und dafür werden wir sorgen", erklärte er am 30. April 1983. Und in Skins und Fußballrabauken – zu der Zeit noch weitgehend identisch – sah er die Kraft, die das schaffen sollte. Von nun an waren seine Leute Stammgäste in Deutschlands Fußballstadien.

Anfangs schien die Rechnung aufzugehen. Die Abneigung gegen Linke und Ausländer machte die beiden harten Männerszenen zu Verbündeten. Spektakuläre Aktionen wie der Aufruf zum „Kampf gegen die Kanacken" anläßlich des Länderspiels BRD – Türkei im Oktober 1983 in Berlin und Truppen wie die Dortmunder Nazi-Fußballgang *Borussenfront* signalisierten den gelungenen Schulterschluß zwischen Subkultur und Nazi-Parteien. Man traf sich in Stadien, in der Kneipe, bei Konzerten von *Skrewdriver* oder den *Böhsen Onkelz*. Einige Skins nahmen die Angebote von Kameradschaftsabenden und dergleichen wahr. In Hamburg wurde die *Savage Army* zum berüchtigten Symbol dieser Zusammenarbeit.

Doch schon bald ging die Mehrheit der Skins wieder auf Distanz. Thomas Schneider, heute Mitarbeiter des Hamburger „Fan-Projekts", der sich als einer der ersten jungen deutschen Wissenschaftler bereits Anfang der 80er Jahre mit der Skinszene beschäftigte, stellte in seiner Diplomarbeit von 1984 fest: „Trotz dieser gesellschaftskritischen Elemente gibt es nur sehr wenige Skinheads, die sich politisch organisieren oder politisch tätig sind, um auf diesem Wege an einer Veränderung der gesellschaftlichen Umstände mitzuwirken. Sie fühlen sich von keiner Partei umfassend vertreten, grenzen sich zudem von der ihnen teilweise sehr nahestehenden *ANS/NA* Michael Kühnens ab. Die Skinheads wären alleine schon ‚eine Macht' und könnten ihre Interessen deshalb auch selbst vertreten. Bei dieser Aussage bleibt es jedoch, ohne daß eine konkrete Umsetzung folgen würde."

Eine Gruppe Frankfurter Fußballskins erzählte Thomas Schneider von ihren Erfahrungen mit der *ANS/NA,* die am 15. Januar 1983, getarnt als Klassentreffen, im Hinterzimmer eines Frankfurter Restaurants (wieder)gegründet wurde und seitdem einen besonderen Schwerpunkt auf diese Region legte.

Skinhead A. berichtete von Anwerbeversuchen: „So 'n paar von der *ANS* kamen halt zu uns irgendwie in die Hauptwache [Treffpunkt in Frankfurt, d. A.] da im Sommer und, naja, da hamse halt rumgelabert, ham dann erzählt, das und das, wegen Ausländer und so und all so 'n Mist da. Ich mein', ich halt' da absolut nichts von. Erstmal, wenn die Nazis dran kämen, die ersten, die ins KZ kämen, wären wir wohl ganz klar und die Punks. Aber ich bin da total dagegen. Die ham ihre Hintergedanken, die ham das alles schon in ihrem Hirn drin, wie se alles machen wollen, aber da hat keiner von uns mitgespielt, keiner. ... Ich mein, ich bin auch gegen Ausländer und so. Aber die ham schon ganz andere Hintergründe. Die sind alle 'n bißchen überschlau, ham so 'n Überblick verloren, find ich." Schnell haben die Skins mitbekommen, daß sie nur als „kostenlose Schlägertruppe" mißbraucht werden sollen, daß die Nazis selbst eher „Schwätzer" sind, die „nichts drauf haben". B., der mehrere Monate lang die „Kameradschaftsabende" der *ANS/ NA* besuchte: „Naja, gegen Ausländer und so, hab' ich immer gut gefunden, aber die ham ja nix so groß gemacht." B. hätte sich mehr Taten gewünscht: „Mal 'ne richtige Aktion machen, mit Waffen und so von mir aus auch, vielleicht 'n paar Häuser kaputtmachen oder so. Mal richtig durchgreifen. Vielleicht so 'n paar LKWs vorfahren, irgendwo in so 'n Viertel, raussteigen mit Uniformen, maskiert und so, draufhauen auf alles, was kommt, und dann wieder abziehen."

„Fünf oder sechs" von insgesamt sechzig Frankfurter Skins, schätzte auch die Polizei in einem Lagebericht, wurden damals wirklich Mitglieder der *ANS*. Auch in anderen Regionen schlossen sich nur sehr wenige Skins den Nazi-Gruppen und Parteien an, doch Neonazis, ob kahlrasiert oder im modernen Schlips- und Scheitel-Outfit, wurden zu einem akzeptierten Bestandteil der Szene. Ihre Polit-Parolen gegen Ausländer, Juden und Linke und die Gewaltbereitschaft der diffus rechtsorientierten Skinheads vereinten sich nicht nur in den Stadien. Übergriffe auf Ausländer gehörten bald zum Glatzenalltag. Noch waren es eher „spontane" Aktionen, keine nächtlichen Überfälle auf Flüchtlingsheime und Wohnungen. Ausländer, die das

Pech hatten, einer Clique rechter Skins in den Fußgängerzonen der Städte über den Weg zu laufen, wurden zusammengeschlagen und -getreten. Doch die Stadiongesänge und Lieder der Szene kündigten bereits eine weitere Radikalisierung an.

> Skinhead heißt der Weg, den du erwählst,
> er gibt dir die Kraft zu überstehen

heißt es in dem Lied „Dein Kampf" der Berliner Band *Kraft durch Froide*, Shootingstar all jener Skins, denen die *Böhsen Onkelz* längst zu lahm geworden sind.

> Du wirst kämpfen und wirst siegen,
> du wirst diese Schweine killen, killen, killen ...

Am 24. Juli 1985 erschlagen zwei Skinheads und ein behaarter Kumpel in Hamburg-Langenhorn den 29jährigen Mehmet Kaynakci nach einem Streit in einer Kneipe mit einer Gehwegplatte. Am 21. Dezember des gleichen Jahres wird wenige Kilometer entfernt der 26jährige Ramazan Avci von einer Gruppe Skinheads zu Tode getreten. Die Morde führen zu einer Welle von Skinheadparanoia in Deutschland. Wochenlang sieht man nicht nur auf Hamburgs Straßen keinen Skinhead mehr.

Die Aufregung legt sich wieder. Zwar nehmen Übergriffe von rechtsradikalen Glatzen auf Ausländer, Linke oder Schwule von Jahr zu Jahr kontinuierlich zu, doch Politiker und Medien gehen zur Tagesordnung über, widmen sich anderen „kriminellen Jugendbanden": Autonomen und Einwandererjugendlichen. Wenige Tage nach der Ermordung Ramazan Avcis greift Hartmut Perschau, Spitzenkandidat der *CDU*-Opposition für die kommenden Bürgerschaftswahlen, die regierenden Sozialdemokraten scharf an – in der Stadt gäbe es „ständige Mißverständnisse der Liberalität im Umgang mit jugendlichen Gewalttätern". Perschau meint nicht die Rechtsradikalen, denn „die tragen meistens keine politisch-ideologischen Zielbilder in sich", sondern Hamburgs Hausbesetzer.

Nur in den Stadien greift die Polizei energischer durch. Viele Glatzen erhalten ein Stadionverbot. Der weiterhin fußballorientierte Mob läßt sich daraufhin die Haare wachsen, vertauscht Bomberjacke und Stahlkappenschuhe mit Iceberg-Pullovern und Ballances-Turnschuhen. Der Hooligan ist geboren. Und damit ein neuer Konflikt vorprogrammiert. Schon bald beginnen nun die Hools ihrerseits, sich von den Glatzen zu trennen. Denn was nützt die beste Tarnung, wenn sich mitten im Mob ein Dutzend Glatzen in der Sonne spiegeln? Zudem ist ihnen die Skinszene zu eindeutig politisch festgelegt. Das Nazi-Image verstärkt den öffentlichen Druck auf die nur randalewilligen Prügelknaben. „Wenn 'n Punk mit 'nem Hakenkreuz rumläuft, dann heißt es von vornherein: Provokation, den nehmen wir nicht ernst. Bei uns steht in der Presse sofort: ‚Der steht dahinter'", verteidigt Skinhead B. das zunehmende Auftauchen von Nazisymbolen, Hitlergrüßen und „Jude raus"-Rufen in den Stadien. Doch auch ihm geht bereits vieles zu weit. Sie sind „Rassisten", wollen aber kein „Adolf Hitler-Fanclub" sein.

Wieder steigen ältere Glatzen aus und neue kommen hinzu. Der ursprüngliche „Kult" spielt nun keine große Rolle mehr. Die '69er haben sich aus der Öffentlichkeit verabschiedet; man trifft sich privat, bei den wenigen Ska-Konzerten, die Mitte der 80er Jahre noch angeboten werden, am Rande von Scooter-Runs oder Soulparties. Es war nicht schwer, in dieser Zeit massenhaft Jungglatzen zu begegnen, die ernsthaft beleidigt reagierten und dich als den letzten uniformierten Hinterlanddeppen betrachteten, wenn du ihnen erklärtest, Skinhead sei nicht Ende der 70er von *Skrewdriver* und der *National Front* erfunden worden, sondern schon zehn Jahre früher von schwarzen und weißen Rude Boys gezeugt worden. Für einen Großteil des Nachwuchses, der in der zweiten Hälfte der 80er Jahre zur Skinszene stieß, war Skinhead einfach die überzeugendste Methode, den Harten zu markieren, das Outfit mit der größten Abschreckungswirkung – und der einzige Jugendkult, der ganz klar rechts einzuordnen war. „In Wirklichkeit waren es nicht so viele Skinheads, die Nazis wurden, sondern Nazis, die zu Skinheads wurden." Was George Marshall zur Entwicklung im Großbritannien der 80er Jahre feststellte, gilt so auch für Deutschland und alle anderen europäischen Länder, wo nun ebenfalls aggressive Jugendliche, die eigentlich Nazis sein wollten, vom Skinheadkult angezogen wurden wie Motten vom Licht – und damit die Ursprünge (nicht-rassistisch, working class-verwurzelt, anti-politisch und parteienfeindlich) auf den Kopf stellten. Mit den Urskins hatte die neue, dritte Generation der Skinheads in Europa nur wenig mehr als die Äußerlichkeiten gemeinsam – und selbst die hatten sich verändert, waren fast schon zu einer Karikatur der Altskins geworden. Tätowierungen, der deutlichste Beweis, daß es jemandem wirklich ernst war, „way of life" und nicht nur Wochenend-Abenteuerromantik, und noch Anfang der 80er Jahre die wichtigste Methode, sich von den Mode-Punks abzusetzen, waren bei den Jüngeren verpönt. Mußten sich die Urglatzen ihre Originalklamotten noch mühsam in England besorgen, so hat nun jede bessere Schicki-Boutique die Kultwaren im Schaufenster. „Selbst vor Glatzenheiligen Sachen machen diese Kotzbrocken nicht halt", empört sich B., langjähriger Mitstreiter der Fürth/Nürnberger Glatzen-Hool-Szene, in seinem Fanzine. „Ich weiß noch genau, wie *stolz* ich auf mein für 35,- ergattertes erstes (einfarbig blaues) Perry war. Ich habs inzwischen meinem Bruder vermacht. Ich hab mir echt den Arsch aufgerissen um ein Perry zu kriegen. Und heute geht der letzte Depparsch in den Laden und kauft sich das Ding einfach (natürlich zu übertrieben Preis). Jeder Modeaffe läuft in Londsdale/perry rum. Diese Leute haben keine Beziehung zu den Sachen die sie tragen. ... Haare bis zum Arsch, aber 14Loch Ranger!" (*Aasgeier Kurier* Nr. 5)

Die Neo-Skins

Auch die Musik hatte sich gewandelt: Dutzende neue Bands waren seit Mitte der 80er Jahre entstanden, doch eine klang wie die andere und alle gemeinsam wie die frühen *Onkelz*, wie *Skrewdriver* oder *No Remorse*. Nur einfach schlechter. Statt lärmendem Oi! dumpf hämmernde Marschmusik im Heavy-Rock-Gewand. Und dann diese Texte: keine Spur blieb mehr von der Ironie der *Onkelz*, statt Fetenlieder füllten nun Polit-

Songs die Rillen, „so poetisch wie Reichsparteitagsreden" (G. Kromschröder), in dürftige Noten verpackte Forderungen nach „Ausländer raus" oder Todesstrafe für alles und jeden. Die „Parole Spaß" wurde nur noch zum Verprügeln irgendwelcher Opfer ausgegeben, die sich nicht einmal prügeln wollten, und das von den neuen Bands propagierte Skinhead-Ideal glich immer mehr dem eines SA-Sturmtrupps. Zum ersten Mal dominierten echte Nazi-Skins, Ausländerhasser und Mode-Rechte die Szene. Sogar vor einem Anschluß an eine der vielen Parteien schreckte man nicht mehr zurück. Schon bald konnten sich *FAP* und *NF*, *Nationale Liste* und selbst Spießbürgerparteien wie Franz Schönhubers *Republikaner* und die *Deutsche Volksunion* des Dr. Gerhard Frey mit Skins schmücken. Die politische Ideologie war wichtiger geworden als der Kult. Viele Alte sahen dem mit Grausen zu: Skinheads prügelten wegen ideologischer Differenzen aufeinander ein, in den neuen Nazi-Zines wurden Langhaarigen-Bands gefeiert, wenn sie nur „national" genug waren.

Auch der Fußball diente den Jungglatzen nur noch als Vehikel für ihre Politpropaganda. Immer häufiger reagierten Althools und -skins wütend und prügelten die jungen Rechtsradikalen aus ihren Kurven. Sogar da, wo die Hooligans sich selbst gerne als rechte Kraftmeier darstellten und keiner Schlägerei mit Linken und Ausländern aus dem Wege gingen. Etwa in Hamburg. Dort bevölkerten seit Beginn der Rückserie der Saison 1988/89 plötzlich bis an die hundert Glatzen das Stadion. „Auffällig war zunächst, daß sie scheinbar kiloweise Aufkleber und Sticker neofaschistischer Organisationen mit sich herumschleppten, mit denen sie die Westkurve pflasterten", berichtet Thomas Schneider. „Nur wenige Hamburger, aber zahlreiche Auswärtige bildeten die Hundertschaft, deren jüngste und nicht selten lautstärkste Mitglieder wohl gerade zwölf Jahre alt waren." Eifrig warben die „Babyskins" um die Aufmerksamkeit der Alten. Doch die wandten sich beleidigt ab. „Als am Donnerstag, den 23. März 1989, das Hamburger Derby im Volksparkstadion stattfand, verstanden die Jungglatzen die Rituale der HSV-Härtegruppen nicht und verloren den Anschluß, als es darum ging, die Polizeibewachung abzuschütteln, um die St. Pauli-Fans aufzustöbern."

Die plötzliche Anwesenheit der fußballunerfahrenen Jungglatzen hatte einen Grund. Der 20. April nahte, Adolf Hitlers 100. Geburtstag. Neonazis hatten bundesweit zur Feier des Tages „Aktionen" angekündigt, und die Fußballfunktionäre setzten ausgerechnet für diesen Abend das Bundesliga-Nachholspiel HSV – Borussia Mönchengladbach an. „Gegen Abend tauchten dann tatsächlich etwa 150 Glatzen auf, die – bis auf die wenigsten – das Volksparkstadion nie zuvor betreten hatten. Zweifelsfrei ging es ihnen um eine politische Demonstration, ihre Sprechchöre und Gebärden sprachen eine eindeutige Sprache. Der Widerstand und Widerwille der HSV-Härtegruppen überraschte uns daher keineswegs. Immer wieder wurden wir von hektisch gestikulierenden entsetzten Hooligans und insbesondere Altglatzen nach unserer Meinung gefragt. Öfters noch mußten wir als ‚Klagemauer' fungieren. Allgemeiner Tenor: ‚Die machen uns doch unmöglich. Die brüllen irgendwelchen ewiggestrigen Nazi-Scheiß und wir werden anschließend damit fertiggemacht. Wir sind doch keine Nazis.' ... Währenddessen stieg Ekel, Abscheu und Ablehnung dieses Spektakels bei den Hools und Altskins merklich an; sie wollten sich dies nicht länger in *ihrer* Kurve bieten lassen. In der Halbzeitpause geschah dann das Unerwartete: die Glatzenschar, die offensichtlich darauf gehofft hatte, gemeinsam mit dem Fußballmob die Hafenstraßen-Häuser [Autonomen-Hochburg, d. A.] anzugreifen, wurde heftig und völlig überraschend von den Hooligans und Altglatzen in einem Selbstreinigungsakt aus der Kurve geprügelt. Die völlig konsternierten Neo-Skins fanden keine Zeit zur Gegenwehr und fielen treppab, panisch die eigene Gruppe suchend oder den Schutz der Polizei. Es vergingen einige Minuten, ehe die völlig überraschte Polizei die fassungslosen Glatzen schützend umstellt hatte. Der alteingesessene HSV-Mob hingegen skandierte freudetrunkene Jubelchöre und sah triumphierend dem Abtransport zu. Bis nach Spielende mußte die Polizei die Glatzenschar schützend begleiten. Am Stellinger Bahnhof erlebten wir dann unglaubliche Szenen: Ein Polizeikordon begleitete den Glatzenmob zu den Bahnsteigen, während die HSV-Härtegruppen sich geradezu taumelartig in antifaschistischen, Hafenstraßen-Sympathie bekundenden Sprechchören suhlten, die Verwirrung der Sicherheitskräfte und Medienvertreter gierig registrierend."[1]

Die Vereinigung

Eigentlich hätten sie sich gut verstehen müssen, die Jungglatzen aus dem Westen und die Skinheads der neuen Bundesländer. Denn so wie die Jüngeren im Westen ließen sich auch in der DDR ab 1980/81 jugendliche Rabauken die Haare scheren, ohne viel über die Ursprünge des Skinheadkultes zu wissen. Skinhead war einfach das Schärfste, um den ersten antifaschistischen Staat auf deutschem Boden zu ärgern. Dabei lief die Entwicklung zwischen Ost- und Westgermanien über lange Jahre fast parallel. Die Vorliebe für Fußball(randale) und Bomberjacken, die Pflege nazistischer Rufe seit Mitte der 80er Jahre, die zunehmende Gewaltbereitschaft gegenüber Minderheiten statt Gegnern zum Ausklang der 80er Jahre. Natürlich reagierte der *SED*-Staat anders: Lange Jahre sah man zu, wußte nichts anzufangen mit dieser Jugend, die doch die guten sozialistischen Schulen durchlaufen hatte – und nun plötzlich sowas!

Doch da der Faschismus im besseren Doitschland laut Verfassung nun einmal nicht mehr existierte, wurden rechtsradikale Auftritte und Schlägereien von Skinheads – mit fast denselben Worten wie ähnliche Ereignisse in westdeutschen Verfassungsschutzanalysen – zu „unpolitischem Rowdytum" erklärt. Den Medien wurde eine Berichterstattung über entsprechende Vorkommnisse in der Regel untersagt, das Wort „Skinhead" war fast so tabu wie „Generationskonflikt" und „Mauer". Aber immerhin galten sie ja in den Kollektiven als fleißig und ordentlich – im Gegensatz zu den Punks und anderen subversiven Elementen, die sich als „linke" Opposition unter dem Dach der Kirche zu sammeln begannen. Und so wurden sie weitgehend in Ruhe gelassen.

Bis zu jenem 17. Oktober 1987, an dem ein Mob aus Skins und Hooligans einen brutalen Überfall auf die Zionskirche im Ostberliner Bezirk Prenzlauer Berg durchführte, als dort ein Rockkonzert stattfand. Erich Honecker bereitete sich gerade auf eine USA-Reise vor, bei der er über nicht geringe „Aufbauhilfen" verhandeln würde. Unglücklicherweise war die DDR soeben erst mit ihrer Weigerung, den jüdischen Opfern der Nazi-Zeit eine angemessene Entschädigung zu zahlen, unangenehm in die Schlagzeilen der Weltpresse geraten. Da paßte diese Geschichte doch sehr gut.

Ein Teil der Täter war sechs Wochen nach dem Überfall zu so geringen Haftstrafen verurteilt worden, daß sich Proteste zu regen begannen. Die Medien erhielten überraschend die Genehmigung, diese Mißfallensbekundungen zu drucken; in einem zweiten Prozeß wurden acht Tatbeteiligte zu Strafen zwischen 15 Monaten und drei Jahren und neun Monaten verurteilt. Und als im April 1988 neun kurzgeschorene „Rowdies" aus dem Kreis Oranienburg vor Gericht standen, lud die Pressestelle der Staatssicherheit gleich selbst „ausgewählte Organe" zur Verhandlung ein und ordnete umfangreiche Berichterstattung an. Für das *FDJ*-Blatt *Junge Welt* übernahm dies gerne Frank Schumann:

„Der Staatsanwalt benötigte fast 40 Minuten, um die Anklageschrift vorzutragen. Was er verlas, trieb dem uneingeweihten Zuhörer die Haare zu Berge. Monatelang war, so die Quintessenz, eine Horde krimineller Rowdies prügelnd, stehlend, saufend durch den Kreis Oranienburg gezogen. Die umfangreiche Liste der Straftaten und Opfer jedoch blieb lückenhaft, denn mancher der tätlich angegriffenen Bürger hatte – aus welchen Gründen auch immer – keine Anzeige erstattet. Erst durch die bei den Vernehmungen gemachten Aussagen wurde bislang Unbekanntes öffentlich. Als Gruppe stark, im einzelnen unauffällige Jungs, die Skins wurden, weil es angeblich modern war: Im Westfernsehen sah man es. Daß sich dahinter auch eine Ideologie verbirgt, wollten sie nicht wahrgenommen haben. Man grüßte sich halt mit dem rechten vorgestreckten Arm.

Als erster wurde der 19jährige Marco M. aus Velten zur Person vernommen. Nach eigenem Bekunden gehörte er zum Kern der Gruppe. Die Aussagen, die der ehemalige BMSR-Lehrling machte, waren wohldurchdacht, die Worte fein gesetzt. Er hatte die 10. Klasse mit dem Prädikat „Sehr gut" absolviert. Wie kam er dazu, sich für 850 Mark eine Bomberjacke und Schnürschuhe für einen halben Tausender zu besorgen, sich die Haare zu scheren und beispielsweise in der Nacht zum 1. November 1987 mit anderen in der Gaststätte Weimann in Velten den Wirt zu verprügeln und die herbeigerufene Streife der VP anzufallen sowie ihren Dienstwagen zu zerstören? Weiß er, daß die Skinheads in der BRD und in Westberlin den Neonazis zuzurechnen sind? Und daß man sich mit ihnen identifiziert, so man ihren Habitus und ihr öffentliches Verhalten zum Vorbild wählt? Marco M. sagte: Für Politik interessiere er sich nicht sonderlich."

Weitere Berichte erschienen am 27., 28. und 29. April, am 4., 7. und 12. Mai. An einem prozeßfreien Tag antwortete die *Junge Welt*-Redaktion ausführlich auf einen – von Frank Schumann selbst verfaßten – „Leserbrief":

„Liebe Christine W.!

Wie Du uns in Deinem Brief wissen läßt, beschäftigen Dich die im Oranienburger Prozeß gegen neun Skinheads verhandelten Dinge sehr. Du bist gleichermaßen entsetzt über die Brutalität der Straftaten wie ratlos beim Ergründen der Ursachen. Dennoch glaubst Du feststellen zu müssen, wir sollten nicht so tun, als wäre alles importiert. Manche Ursache, schreibst Du, sei hausgemacht.

Zunächst wirst Du wohl zugeben: Nicht ein einziger Jugendlicher in der DDR wäre vermutlich auf die Idee gekommen, sich die Haare stoppelkurz zu scheren, eine Bomberjacke überzustreifen und in Schnürstiefel oder Doc-Martens-Schuhe mit Stahlkappen zu schlüpfen, wenn es dafür nicht Vorlagen in Westeuropa gäbe. Die Anhänger jener Moderichtung nennen sich in der Sprache ihres Ursprungslandes ‚Skinheads', und auch dagegen wäre nichts Grundsätzliches einzuwenden, erschöpften sich damit die Merkmale dieser ‚Kultur'. Aber: Skin zu sein ist zugleich ein Bekenntnis zu praktizierter Gewalt; der Angeklagte Marco M. zitierte eine Zeile eines jenseits unserer Grenze entstandenen Liedes, das offensichtlich zur Hymne der Bewegung wurde: ‚Wir sind häßlich, gewalttätig und brutal.' Und ein anderer auf der Oranienburger Anklagebank antwortete auf die Frage, warum er denn die Tür eines VP-Streifenwagens eingetreten habe, er wollte in den Augen der anderen als richtiger Skin gelten.

Die Vermittlung solcher Verhaltensweisen, die Popularisierung gewalttätiger Ritualtänze und aggressiver Lieder sind weder Bestandteil des Schulunterrichts oder der Lehre noch Gegenstand hiesiger Medien. Woher also kennt man das alles? Der Staatsanwalt wollte es von den Angeklagten wissen. Ihre Antworten waren natürlich verschieden, aber in allen Erklärungen tauchte erstaunlicherweise stets ein bestimmter Westberliner Sender auf.

Vielleicht wirst Du, liebe Christine, jetzt dagegenhalten, daß auch andere diesen Sender hören und deshalb nicht gleich gewalttätig werden. Stimmt. Die importierte Mode und die Musik des feindlichen Senders sind es wohl nicht.

Es ist durchaus normal, daß junge Leute Aufmerksamkeit erregen möchten. Die meisten wollen und erreichen dies durch Leistung, die Anerkennung verschafft. Mancher aber versucht es durch Äußerlichkeiten.

Solche ‚Äußerlichkeiten' waren in den Augen der Angeklagten auch faschistische Symbole und Gesten, die in Oranienburg zur Sprache kamen. Gewiß, in einem antifaschistischen Staat fällt man sehr auf, und zwar mehr als unangenehm, wenn man sich mit dem Hitlergruß grüßt und das Hakenkreuz in der Jacke trägt. Hinzu kommt wohl noch der Kitzel des Verbotenen: Jedweder Hinweis auf Faschismus wird hierzulande von Gesetzes wegen schärfstens verfolgt. Solche ‚Mutproben' aber haben meist etwas Makabres an sich. – Trotzdem: Bei bestimmten Dingen gibt es keine Unterscheidung zwischen außen und innen, von Original oder Imitation. Wenn jemand Vater und Mutter erschlägt, kann er nicht mit Milde rechnen, weil er nunmehr Vollwaise ist. Da zählt nur der Fakt.

Eigentlich sollte man meinen, daß diese jungen Männer, von denen beispielsweise der eine die 10. Klasse mit ‚sehr gut' absolvierte, wo der Großvater eines anderen im KZ litt, von denen ein dritter plante, als Offizier der NVA sein sozialistisches Vaterland zu verteidigen, daß solche ziemlich erwachsenen Menschen wußten, was sie taten. Vor Gericht aber gaben die Angeklagten zu erkennen, sie seien sich nicht darüber im klaren gewesen, daß sie eine feindliche Ideologie – in des Wortes übertragener wie eigentlicher Bedeutung – vertraten. Er könne sich das nicht erklären, sagte Jean B., der einen Polizisten gehauen und getreten hatte: Er sei kein Schläger! Offenbarte sich hier eine Mischung aus Naivität und Dummheit, die unter anderem das Faustrecht als legitimes Mittel der Streitschlichtung ansieht? Ja und nein. Marco M., der offensichtlich Nachdenklichste in diesem Kreis, machte ein bemerkenswertes Eingeständnis: Sie hätten die falschen Ideale gehabt.

Das scheint mir der Schlüsselsatz für das ganze Problem zu sein. Bekanntlich propagiert der Sozialismus weder Gewalt noch Rassenhaß oder Ausländerfeindlichkeit. Hierzulande singt man nicht ‚Deutschland, Deutschland, über alles', wie sich der Angeklagte Ulf Sch. daheim auf seinen Spiegel schrieb, sondern beispielsweise ‚Jugend aller Nationen, uns vereint gleicher Sinn, gleicher Mut'. Nein, es gibt in der DDR weder eine ideologische noch eine sozialökonomische Basis für Neonazismus.

... Und deshalb, liebe Christine, halte ich die Feststellung für gerechtfertigt, daß es sich hierbei nicht um ein sozialistisches Entwicklungsproblem, sondern um einen Westimport handelt."[2]

Wenige Wochen später wurden fünf 15- und 16jährige, die auf dem Jüdischen Friedhof in der Schönhauser Allee in Ostberlin Gräber verwüstet hatten, zu fünf bzw. sechs Jahren verschärftem Jugendstrafvollzug verurteilt. Das sozialistische Preußen hatte „Flagge gezeigt".

Ein Großteil der Skinheadszene tauchte ab. Klub- und Gaststättenverbote für „Glatzen" und Bomberjackenträger, ständige Stasi-Schnüffeleien und regelmäßige „Zuführungen" durch die Volkspolizei und andere Schikanen sorgten zumindest in der

Hauptstadt für eine zweifelhafte Ruhe. Doch schon im Sommer 1988 hatten die Mächtigen andere Sorgen. Spektakuläre Botschaftsbesetzungen von DDR-Bürgern und offene Demonstrationen der Oppositionsbewegung in Berlin, Leipzig und anderswo steigerten die Unruhe im maroden *SED*-Staat. Die Skins waren nun nicht mehr so wichtig – oder sogar im Gegenteil nützlich: Ihr Haß auf Punks, Hippies und Linke erwies sich gelegentlich als recht brauchbar. Wenn eine Skinheadtruppe unter denen mal „aufräumte", drückte die Staatsmacht gerne beide Augen zu – oder stellte sogar den fahrbaren Untersatz, brachte die Skins selbst zum Einsatzort, beispielsweise Ostberlins Alexanderplatz, wo sie oppositionelle Demonstranten zusammenprügeln durften. Und dann gab es da noch den Stasi-Bunker, den Sportplatz, das abgelegene Waldstück vor den Toren der Hauptstadt, wo regelmäßig Stasi-Leute mit einer Gruppe Glatzköpfiger „Übungen" durchzog. Anwohnern, die sich beschweren wollten, wurde beschieden, sich besser nicht in Sachen des Staates einzumischen. So mancher wegen „Rowdytums" abgeurteilte Skin wunderte sich auch, daß alle Glatzen immer gemeinsam eingeschlossen wurden, in einem Gefängnistrakt zusammengezogen wurden, bot dies doch hervorragende Möglichkeiten zur landesweiten Vernetzung der Szene. Und zur Einschleusung von Spitzeln. Es wird noch einige Zeit dauern, bis wir wissen, wie viele der DDR-Skins und Neonazi-Führer letztendlich auf der IM-Honorarliste der Stasi standen.

Nach dem Zusammenbruch gab es plötzlich und erwartet eine „Skinhead"- und „Hooligan"-Inflation. Jeder, der Lust auf Randale hatte, stylte sich je nach Coleur wie ein „echter" Fußballrabauke oder die Streetfighter-Elite der westdeutschen Neonazi-Szene. Nun ist es wirklich schwer, exakt festzulegen, wer sich noch Skinhead nennen darf und wer nicht. Die Szene ist sich selbst nicht einig darüber, und wir gehören ihr nicht einmal an. Doch auch ohne uns in fremde innere Angelegenheiten mischen zu wollen, möchten wir doch die Vermutung anstellen, daß ein Scheitelträger mit Oberlippenbart und Goldkettchen um den Hals oder ein Glatzkopf, dessen Lieblingsbands *Depeche Mode* und *The Cure* heißen und der noch nie

DDR-Skins

das Wort Ska gehört hat, oder ein Heavy Metal-Headbanger mit *Böhse Onkelz*-T-Shirt nicht unbedingt zum engeren Kern des Skinheadkultes gehören, auch wenn sie selbst es anders sehen. Und es machte uns auch immer wieder bei Lesereisen durchs neue Deutschland der Wendezeit Spaß, „Nazi-Skins" zu erklären, daß ihre Lieblingsband *The Specials* oder Laurel Aitken Schwarze sind und deshalb kaum eingeschriebene Mitglieder des *British Movement*.

Kult-tauglich auch die Erklärung von Horst (20), Autolackierer und Skinhead, in einem Interview im August 1988 zur Entstehung des Skinhead-Schlachtrufes: „‚Zickezacke, zickezacke, Oi! Oi! Oi!' Das ist der Angriffsruf der Skins. Das kommt aus England. Zickezacke, zickezacke – das heißt kahle Kopfhaut und dann Attacke, also Angriff. Oi! – das ist 'ne Abkürzung von 'nem Skin – Oikalyptus."[3]

Fundierte Kenntnisse über die Wurzeln der Skinheadkultur waren in der DDR so gut wie nicht verbreitet. Verlegten schon viele Jüngere im Westen die Geburtsstunde der Bewegung in die späten 70er Jahre, als der Punk zu Oi! wurde, so reduzierte sich für die Ostglatzen das Skinhead-Sein endgültig auf eine anti-linke Männerbewegung im Military-Look. Da die eigenen Medien grundsätzlich nicht über Skinheads berichteten, war man auf eingeschmuggelte Magazine, Westfernsehen und die Erzählungen befreundeter bundesdeutscher Skins angewiesen, die auch die ersten Musikcassetten ins Land brachten. Gehört wurde alles, was aggressiv genug daherkam; so waren nicht nur die *Böhsen Onkelz*, *Skrewdriver*, *Boots & Braces* und *Endstufe* Kultbands der DDR-Skins, sondern auch die *Beastie Boys*, *ACDC* oder *Motörhead*.

Natürlich begegneten wir auch anderen Skinheads, die sich in mühevoller und nicht ungefährlicher Kleinarbeit über die Ursprünge ihrer Szene informiert hatten. Wir begegneten anarchistischen Black- und Redskins, un- und antipolitischen Oi!-Glatzen und sogar schon dem einen oder anderen Trojan-Skin. In Leipzig hatten bereits im Mai 1989 sechs junge Musiker um die farbigen Cousins Leander und Tom Topp die Band *Messer Banzani* gegründet, die sich innerhalb von zwei Jahren zu einer der populärsten Ska-Bands des europäischen Festlandes emporspielen sollte. Im Frühjahr 1991 tauchten auch die ersten Skin-Zines auf, um den großen Informationsbedarf über die Skinszene nicht mehr den kommerziellen Illustrierten und Fernsehanstalten zu überlassen. Und noch während alle Welt die Ex-DDR und insbesondere deren kurzgeschorene Jugend als Symbol für die Wiederauferstehung des deutschen Faschismus ins rechte Bild rückte, faßte von Erfurt bis Rostock auch eine Skin-interne Oppositionsbewegung Fuß, die im Westen der Republik ihren Zenit bereits überschritten zu haben schien: SHARP-Skinheads gegen Rassismus.

5. S.H.A.R.P. – Skinheads gegen Rassismus

Mitte der 80er Jahre reichte es vielen Skins; sie begannen sich gegen das Nazi-Image in den Medien, aber auch das zunehmende Abdriften der Szene in militant-rassistische Organisationen wie dem *Ku-Klux-Klan* in den USA, die *National Front* und *Blood & Honour* in Großbritannien, *FAP* und *NF* in Deutschland, zu wehren. Ab 1986 gründeten sich in den USA eine Reihe antirassistischer Skin-Organisationen, die jedoch von der Öffentlichkeit noch kaum beachtet wurden. Erst im Mai 1988 erhielt „SkinHeads Against Racial Prejudice" (SHARP) die Chance einer Selbstdarstellung in einer der größeren Talkshows des Landes. Daraufhin meldeten sich bei den NewYorker Initiatoren in wenigen Tagen Hunderte von Glatzen, die mitmachen wollten, und andere Medien verbreiteten die kuriose Meldung, es gäbe auch nicht-rassistische Skinheads, im ganzen Land. „Es begann im Mai '88 und war hauptsächlich die Antwort auf die negative Berichterstattung der Medien über Skinheads", berichtete SHARP-Gründer Marcus dem New Yorker Magazin *Bullshit Monthly*. „Ich war es leid, andauernd als Nazi beschimpft zu werden, es kotzte mich an. Alle meine Freunde wurden ‚Nazis' genannt, und so war es klar für mich, daß etwas geschehen mußte, um das Anwachsen des ‚White Power'-Movements zu stoppen. Es war wie eine große Mode. Und ich dachte, wenn jemand genau den entgegengesetzten Weg einschlagen würde und ihnen zeigt, daß Skinhead aber auch gar nichts mit Nazis zu tun hat, nichts mit White Power, daß die Leute dann auch dem folgen würden, nur weil sie denken, daß das gerade cool ist." Im November 1988 fiel Roddy Moreno, Sänger der britischen Skinkultband *The Oppressed,* bei einem New York-Besuch ein Flugblatt der SHARP-Skins in die Hände. Er war begeistert und trug die Idee über den Teich in die Urheimat der Skinheads zurück. Und tat damit den ersten

WER IST S.H.A.R.P.?

SkinHeads Agains Racial Prejudice = Skinheads gegen Rasissmus

S.H.A.R.P. existiert seit 1988 und ist mittlerweile international verbreitet. Ursprünglich in Amerika gegründet, in England aufgegriffen gibt es diese Bewegung nun auch in Deutschland. S.H.A.R.P. ist im wesentlichen eine Reaktion auf das von den Medien verbreitete Bild des rassistischen und faschistischen Skinhead. Aber auch eine klare Trennung von denjenigen, die sich als Skinheads bezeichnen, jedoch keine sind.

Skinheads haben ihre Wurzeln im England der 60'er Jahre, oder noch weiter gegriffen: Die ersten Skinheads tanzten zur Ska-Musik von Jamaika. (Ska ist ein Sammelbegriff für Blue Beat, Rocksteady und die frühen Formen des Reggae.) Diese Skinheads tanzten mit den Rude Boy's (Emigranten von den Westindischen Inseln) - Schwarzen.

Ein Skinhead kann kein Rassist sein, schon allein weil es pervers wäre, sich für schwarze Musik zu begeistern und andererseits die Musiker wegen ihrer Hautfarbe und Kultur zu verurteilen. Rassismus war damals unter Skinheads kein Thema. Im Zuge der Punkbewegung im England der späten 70'er Jahre traten Skinheads auf die Punk und Oi-Musik hörten. Die Oi-Bands sind durch ihre Texte extrem gespalten - politisch. Ebenso ihr Publikum. Die einen, linken Redskins und auf der anderen, rechten Seite die faschistischen Glatzköpfe, die Boneheads oder Knochenköpfe. Sie wurden zum Teil zur willkommenen Zielgruppe für faschistische Organisationen.

Diese Entwicklung hat jedoch nichts mit den echten Skinheads zu tun. Jeder von uns hat seine politische Meinung, Rasissten und Faschisten wird man keine finden.

Ein echter Skinhead tanzt noch wie vor zu Ska und Reggae und verprügelt keine Ausländer.

S.H.A.R.P.-Skinheads haben die Schnauze voll, wegen ihrer Kleidung als Faschisten bezeichnet zu werden. Wir haben den englischen Namen übernommen, um unsere Verbundenheit mit den Skinheads in Amerika und England zu bekunden.

...stay S.H.A.R.P. !!!

S.H.A.R.P.-SKINS REMEMBER THEIR ROOTS, THINK WITH THEIR HEADS AND NOT WITH THEIR BOOTS!

Skintonic Magazin &
S.H.A.R.P.- Sektion Berlin
Postlagerkarte
077 581-C
1000 Berlin 44

Schritt zu einer grundlegenden Umorientierung der europäischen Skinszene.

Roddy Moreno, der mit zwölf Jahren Skinhead wurde, schloß sich 1981 *The Oppressed* an, die innerhalb der nächsten drei Jahre absoluten Kultstatus in der Oi!-Gemeinde erreichten. Doch 1984 lösten sie sich wegen ständiger Krawalle auf ihren Konzerten auf. „Es machte uns keinen Spaß, die Hintergrundmusik für irgendwelche prügelgeilen Deppen zu liefern." Dennoch blieb er in der Szene und gründete 1985 ein eigenes Label, Oi!-Records, „um zu zeigen, daß es auch antirassistische Leute in der Oi!-Bewegung gibt. Wenn du dir die ganzen alten Oi!-Platten anguckst, wirst du auch sehen, daß sehr viele Schwarze und Reggaebands gegrüßt wurden, Martin Luther King und Malcolm X und nicht der *Klan*. Die Oi!-Bewegung wurde von den Faschisten langsam aber effektiv unterwandert, weil sich niemand dagegen wehrte." Für Roddy bedeutet SHARP ‚back to the roots': „Wir wollen mit SHARP beweisen, daß Skinheads ihre eigene Geschichte und Kultur haben. Wir wollen nicht – wie uns vorgeworfen wird – sagen, daß alle Skins Engel sind. Es gab früher auch Paki-Bashing und Rassismus, aber niemand hat gesagt, daß alle Skins Rassisten sind. Die Skins waren damals genauso rassistisch wie alle anderen Leute auch. ... Damals, in den frühen Skinhead-Tagen, war die Szene Spaß, nicht mehr, nicht weniger. Man hat sich in den Discos mit den Kumpels getroffen, das allabendliche Tanzbein geschwungen und natürlich nach Mädchen Ausschau gehalten. Gewalt war immer in der Szene, aber das war so in der working class-Jugend, ob nun mit oder ohne Skinheads. Natürlich gab es rassistische Skinheads, genauso wie es rassistische Banker und rassistische Milchmänner gibt. Aber die Skinheadszene war klar antirassistisch. Skinheads und Rude Boys, schwarz und weiß gemischt zusammen ohne Probleme, so sah's aus." (*Skintonic* 5)

Den „Boneheads" wirft Roddy vor, die Wurzeln der Skinbewegung nicht zu kennen. „Keiner von uns will jemandem vorschreiben, wie ein Skin zu sein hat, allerdings kann ein ‚echter' Skin kein Rassist sein, da er sonst seine Wurzeln in der schwarzen Kultur leugnet." Die Boneheads hätten sich „ohne länger nachzudenken auf die äußerlichen Aspekte der Sache gestürzt. Wenn du dir Fotos von Skins aus den 60ern anguckst, wirst du sehen, daß keiner von ihnen richtige Glatzen hatte; damals wurde das Haar so getragen, wie ich es heute trage, man nennt das einen ‚Crop-Schnitt'. Die Skinheads wurden damals nur so genannt, weil alle zu der Zeit Haare bis zum Arsch hatten und die Skins vergleichbar kurzes Haar hatten. Die Boneheads denken, daß ein Skinhead unbedingt eine Naßrasur haben muß, und da

Skins angeblich schwere Stiefel tragen, muß man sich gleich Docs mit 19 Löchern holen, die dann bis zu den Knien reichen. Alles wird so verdammt wörtlich genommen und übertrieben. Die Boneheads haben nur den Look, den offensichtlichsten Aspekt der Skin-Bewegung, angenommen, ohne sich um die Hintergründe zu kümmern." (*Skintonic* 8)

Skintonic

Auch in Deutschland hatte sich, parallel zu den USA und England, Unmut über das Nazi-Image und die Popularität rassistischer Weltanschauungen in der Szene breitgemacht. So beschlossen im Herbst 1987 zwei Berliner Skinheads, ein Fanzine zu starten, um „das Bewußtsein für den Ursprung der Skinhead-Bewegung zu wecken". Dabei richteten sie sich von Anfang an nicht nur an die Szene selbst, sondern auch an die interessierte Öffentlichkeit: „Je mehr Leute dieses Zine lese, desto besser!"

Gleich in der ersten Ausgabe gab sich die Redaktion (klassen)-kämpferisch: „Wir wollen diese verlogene Demokratie nicht, wir haben genug von eurer Politik, wir haben keine Lust, Marionetten für irgendwelche vollgefressenen Bänker und Unternehmer zu sein, wir haben keine Lust, uns kaputtzumachen und unsere Probleme in Discos zu vergessen, wir vergessen eure Lügen und euere Gewalt nicht! ... Wir brauchen eure Musik nicht, die lediglich einigen großen Plattenfirmen dazu dient, ihr Monopol auszuweiten und Kohle zu scheffeln. Wir brauchen eure Medien nicht, die Lügen über uns berichten und die Gesellschaft beruhigen. Wir haben euch verlogenes, korruptes Pack erkannt – wir spielen nicht mehr mit: SMASH THE STATE!" Das neue Zine präsentiert sich staatsfeindlich, „working class" – orientiert (aber auch anti-sozialdemokratisch und anti-DKP/DDR-„Sozialismus"), solidarisiert sich in Beiträgen mit den streikenden Stahlarbeitern im Ruhrgebiet, druckt aber auch den Beitrag eines DDR-Bürgers, der wegen versuchter „Republikflucht" in Bautzen einsaß. Gleich im Vorwort grenzt sich

NO SPORTS: STAY RUDE STAY REBEL

Stay rude against the fascist regimes,
stay rebel against politicians' dreams.
Stay rude and fight back against injustice,
stay rebel against racial prejudice.

Stay rude and stay cool,
stay rebel, be nobody's fool.
Stay rude against any command,
stay rebel, take your life in your hands.

Bonehead stay off, just leave us alone.
Bonehead stay off, this music is two toned.
Bonehead stay off if you wanna stay well.
Bonehead stay off and listen to what we tell you.

Don't judge a man by the color of his skin.
Don't judge a man by his religion.
Don't judge a man by what he's been.
Don't judge a man by where he's coming from.

Skinheads remember your roots,
think with your brain and not with your boots.

Stay rude, stay rebel,
stay rebel, stay S.H.A.R.P.!

BLEIB HART, BLEIB REBELLISCH

Bleib hart gegen die faschistischen Regime,
bleib rebellisch gegen die Träume der Politiker.
Bleib hart und schlag gegen die Ungerechtigkeit zurück,
bleib rebellisch gegen Rassenvorurteile.

Bleib hart und bleib cool,
bleib rebellisch, sei für niemand der Dumme,
bleib hart gegen jeden Befehl,
bleib rebellisch, nimm dein Leben selbst in die Hand.

Bonehead, bleib draußen, laß uns einfach in Ruhe.
Bonehead, bleib draußen, diese Musik ist zweifarbig.
Bonehead, bleib draußen, wenn du gesund bleiben willst.
Bonehead, bleib draußen, und hör dir an, was wir dir zu
sagen haben.

Beurteile einen Mann nicht nach seiner Hautfarbe.
Beurteile einen Mann nicht nach seiner Religion.
Beurteile einen Mann nicht nach dem, was er mal war.
Beurteile einen Mann nicht nach seiner Herkunft.

Skinheads, erinnert euch an euren Ursprung,
denkt mit euren Köpfen und nicht mit den Stiefeln!

Bleib hart, bleib rebellisch,
bleib rebellisch, bleib S.H.A.R.P.!

die Redaktion deutlich gegen Nazis & Rassismus ab, aber „genauso" von „den sogen. Redskins, die wir ebenfalls nicht unterstützen möchten". – „Wir sind antifaschistische Skinheads, denen es reicht, mit Neonazis jeden Kalibers über einen Kamm geschert zu werden", heißt es in einer der nächsten Ausgaben. „Wir distanzieren uns ebenfalls von extremen Anschauungen, sind also nicht etwa ein Vertrieb linker Ideologien, wie immer gern behauptet wird. ... Wir sind alles Antifaschisten und wenden uns deshalb gegen jede Art von ausgeübter Intoleranz. Die einzige Position, die wir nicht tolerieren, ist die der Intoleranz."

„Skins United" schwebt als unausgesprochenes Motto über den frühen *Skintonic*-Ausgaben. „Es muß doch einen Zusammenhaltsfaktor geben, der von allen akzeptiert werden kann. Ich will es einfach erleben, daß Linke und Rechte in Eintracht ihr Bier trinken und das sind, wozu sie geboren wurden, nämlich SKINHEAD, und keine Nazis oder Kommunisten oder was immer!" schreibt einer der beiden Redakteure in der Nr. 3. Doch für diese Utopie ist es bei Erscheinen des Heftes im Dezember 1988 bereits zu spät. Zu tief geht der Riß durch die

Skinheadbewegung, als daß Ausländer verprügelnde Nazi-Skins und antirassistische Glatzen, die auf den Straßen immer wieder wegen der Gewalttaten ihrer Zwillingsbrüder belästigt werden, noch friedlich in einer Kneipe sitzen, auf einem Konzert miteinander tanzen und feiern wollten. Längst hatten sich die feindlichen Glatzen gegenseitig den Krieg erklärt und zum Hauptgegner Nr. 1 auserkoren. Man ging sich lieber aus dem Weg, denn wenn man sich begegnete, knallte es. Ständig kam es zu Prügeleien bei Auftritten von Bands, die von beiden Szenen begehrt wurden, darum, wer nun das Recht hatte, den Heroen zu lauschen. (Interessanterweise waren es fast ausschließlich Kultbands der 70er und 80er Jahre wie *Sham 69* und *Red Alert*, *The Oppressed* oder *Angelic Upstarts*, die selbst mit Nazi-Skins nichts zu tun haben wollten, während sich für die jungen neuen Oi!-Bands der rechten Szene auch nur diese interessierte.)

Auch die *Skintonic*-Redaktion spaltete sich über dieser Frage. Ugly („Der Rote Korsar"), einer der beiden Macher und selbst Redskin, stieg aus. Der übriggebliebene Redakteur fand zwar einen neuen Mitstreiter, so richtig funktioniert hat die redaktionelle Arbeit aber wohl nicht mehr. Doch zwischenzeitlich war die frohe Botschaft von der neuen SHARP-Gründung nach Berlin vorgedrungen und die *Skintonic*-Redaktion ernannte sich flugs zu deren Sprachrohr in Deutschland. Eine „SHARP-Section Germany" wird plötzlich im Juli 1989 als Herausgeber von *Skintonic* 5 genannt. Und wie in Großbritannien erwachte auch in Deutschland ein großes Interesse an der Skin-Bewegung. Langjährige Glatzen, die sich Mitte der 80er Jahre frustriert zurückgezogen, ihr „Skin-Dasein" auf das Privatleben und den engsten Freundeskreis reduziert hatten, tauchten nun wieder in der Öffentlichkeit auf.

So erscheint im Mai 1990, nach zehnmonatiger Pause, die *Skintonic* Nr. 6 mit einer stark vergrößerten Redaktion, die zu einem großen Teil noch heute dabei ist. Die neuen Leute bringen frischen Wind in das von Heft zu Heft zügig professionalisierte Magazin. Das Vorwort, bisher stets Anlaß für ein markiges politisches Statement, begnügt sich nun damit, den Inhalt des Heftes in kokettem Plauderton anzupreisen – deutliches

Signal für einen neuen Trend hin zu mehr Witz und Konsumentenfreundlichkeit. Die Ironie wird nun das wichtigste Stilelement fast aller Schreiberlinge, die Berichterstattung über Musik (Konzerte, Platten, Bandporträts) und Szene(-Klatsch) rückt in den Vordergrund, allgemeinpolitische Beiträge finden sich bis heute kaum noch im Blatt – es sei denn, es geht um Skinheads & Rassismus. Die antirassistische Grundhaltung der Redaktion wird nicht verwässert – aber auch die politische Unabhängigkeit betont: „Kein Wochenende ohne blutige Überfälle von unglaublicher Brutalität durch angebliche ‚Skinheads' auf alles, was ihnen nicht in ihr rechtsgestricktes Weltbild paßt: Ausländer, Linke, Schwule, Hausbesetzer; die Liste ließe sich unendlich fortsetzen. Als Reaktion darauf ernennen sich irgendwelche prügelgeilen Gangs selbst zu antifaschistischen Kampftruppen und dreschen ihrerseits auf alles ein, was ihnen naziverdächtig erscheint. Nie war SHARP so wichtig wie heute. Nie war es im wahrsten Sinne des Wortes so lebensnotwendig, klarzumachen, daß Skinhead und Rassismus nichts miteinander zu tun haben! *Skintonic* ist nicht das Zentralorgan irgendeiner politischen Richtung. Deswegen will ich auch gar nicht über die Ursachen für diese Entwicklung oder Rezepte für Abhilfe rumsülzen. Das überlassen wir gerne den Sozialarbeitern, Soziologen und unseren fähigen Politikern. Hier geht es alleine darum, daß Leute, die Hakenkreuz-Formationstänze auf dem Alex veranstalten, jüdische Friedhöfe niederwalzen und Ausländer zu blutigen Fleischklumpen verarbeiten, keine Skinheads sind. Mit solchen hirnlosen Schlägern, die meinen, sich zum Erfüllungsgehilfen irgendwelcher Großdeutschlandträumer machen zu müssen, wollen wir nichts zu tun haben. ... SHARP ist ein Zusammenschluß von Skinheads mit recht unterschiedlichen Ansichten. Gemeinsam ist uns nur der Wille, nicht mehr mit irgendwelchen braunen ‚Bewegungen' in einen Topf geschmissen zu werden. Wir brauchen keine Führer, die für uns denken; das erledigen wir schon selber. Wir sind stolz, Skinhead zu sein, können aber auch andere Arten zu leben akzeptieren – naja, meistens..."

Berichte über SHARP-Aktivitäten gehören nun zum festen Bestandteil der Themenpalette jeder Ausgabe. Und im Musikteil werden überwiegend politisch engagierte (SHARP-)Bands wie *Maroon Town*, *The Blaggers*, *Bad Manners* oder *No Sports* porträtiert, rechte Bands werden ignoriert oder allenfalls hämisch abgekanzelt. So erklärt Matty Vinlow, Bassist der Londoner Oi!/Hardcore-Heroen *The Blaggers*: „Die Skinheadszene in England war Anfang der 80er Jahre sehr groß. Aber viele Leute dachten, Skinhead zu sein ist was Beinhartes, und Nazi zu sein wäre eben das Härteste. Das machte eine echt gute Szene völlig kaputt, weil es sie spaltete. Wegen dieser miesen Erfahrung sind die meisten Leute jetzt sehr skeptisch gegenüber Politik, egal ob linke oder rechte. ... Für mich haben *Skrewdriver* absolut nichts mit Skinhead zu tun, das ist 'ne Heavy Metal-Band, zu deren Konzerten kurzhaarige Leute gehen. *Skrewdriver* haben ihre Einflüsse vom Punk und Rock'n' Roll, die haben mit Skinhead genauso viel zu tun wie die *Rolling Stones*. Wir bieten eine Alternative zu *Skrewdriver* und anderer Fascho-Musik. Auf unsere Konzerte kommen eine ganze Menge Skinheads, aber bestimmt nicht viele Rechte. Du mußt schon gehirnamputiert sein, um gleichzeitig rechts und ein *Blaggers*-Fan zu sein. Stolz auf ein Land zu sein, ist eine Sache, alle anderen dann zu hassen eine ganz andere! Ich bin stolz, ein Engländer zu sein. England ist ein wunderschönes Land, viele nette Leute hier. Aber genauso bin ich nicht im geringsten stolz auf vieles, was die britische Regierung so gemacht hat: Sklavenhandel, Imperialismus, Nordirland. Vor allem solltest du stolz auf deine Klasse, die Arbeiterklasse sein. Wir haben mehr mit französischen, deutschen oder was-weiß-ich-was Arbeitern gemeinsam als mit der Queen. Fight for your class, not for your country!"

In *Skintonic* 10 kommt Gerald Machner, Sänger und Bassist der Stuttgarter Ska-Band *No Sports* zu Wort, die mit „Stay Rude, Stay Rebel" *die* SHARP-Hymne veröffentlichten und sich seit 1988 zu SHARP bekannten, nachdem es bei einem ihrer Konzerte zu einer Messerstecherei mit Nazi-Skins kam, die vom gerade parallel in der Gegend tagenden *FAP*-Parteitag herüberkamen, um das Konzert zu stören. „Wir hätten uns fast aufgelöst. Stattdessen haben wir beschlossen, ‚Destroy Fascism' und ‚SHARP' auf unsere Plakate zu drucken, um vielleicht doch etwas zu ändern. Wir sind keine SHARP-Band. Wir unterstützen SHARP, um dem zunehmenden Rassismus etwas entgegenzusetzen. Und zwar nichts dumpf Politisches, sondern ein Lebensgefühl, indem auf die Skinhead-Roots hingewiesen wird. Wir hören schwarze und ausländische Musiker, und das ist genau unser Lebensgefühl, und deshalb sind wir gegen Rassismus. Wir sind zum einen radikal unpolitisch, will heißen mit dem ganzen Parteischeiß – rechts und links – haben wir nichts zu tun. Die ganze ‚offizielle Politik' finden wir zum Kotzen. Da wir das zum Kotzen finden und es auch scharf kritisieren, sind wir natürlich schon wieder politisch. Wir begreifen unseren Alltag halt politisch. Wenn zum Beispiel so etwas passiert wie in Hoyerswerda, dann versuchen wir auch selber, Aktionen zu organisieren. Für mich ist es unerträglich, wieder in einem Land zu leben, in dem Menschen zum Abschuß freigegeben werden, nur weil sie zufällig eine andere Hautfarbe haben oder eine andere Sprache sprechen. Der deutsche Biedermann traut sich wieder, die Sau rauszulassen. Wir wehren uns dagegen, daß es heißt, Skinheads hätten die ganze Randale gemacht."

Dabei kommen durchaus auch SHARP-kritische Stimmen zu Wort – soweit die Kritiker grundsätzlich aus den „eigenen Reihen" stammen wie Choke, Skinhead und Shouter der Bostoner

> „Skinhead sein bedeutet für mich vor allem Freiheit – frei zu sein von den Zwängen des Systems und der Gesellschaft (ohne sich dabei von dieser auszugrenzen), sprich: fähig zu sein, sein Leben zu genießen. Wer sich nur eine Glatze scheren läßt, um als ‚Bürgerwehr' oder ‚Sturmtruppen für das 4. Reich' umherzuziehen und Leute totzuschlagen oder Kinder im Schlaf anzuzünden, KANN für mich vor dem Hintergrund der Skinheadgeschichte KEIN SKINHEAD SEIN! Wenn ich sehe, wie solche Leute mit Solz erzählen, zu 20st den oder den zu Brei geschlagen zu haben, kann ich nur froh sein, kein Schnellhaarwuchsmittel im Schrank zu haben. So sehen es die meisten Glatzen, die ich kenne.
> KICK OVER THE STATUES!"   K. (23), Skinhead in Berlin
>
> „Skinheads müssen nicht unbedingt gleich Faschos sein, nur weil sie sich selbst nicht als Antifa-Leute bezeichnen. Ich kenne 'ne Menge Glatzen, die niemals einen ‚Gegen Nazis'-Aufnäher tragen würden und die trotzdem einem Fascho aufs Maul hauen würden. Ich liebe diese Bewegung. Sie ist mein Lebensinhalt und beinhaltet alles, was mir Spaß macht: Freunde, Freundin, Musik, Kleidung usw. Ihr wißt, was ich meine. Ich zünde keine Ausländerwohnheime an, und mich packt die kalte Wut, wenn ich höre, daß eine Horde 14jähriger aus Ossiland wieder mal eine türkische Mutti zusammengeschlagen haben. Fuck it."
>   E. (21), Skinhead in Frankfurt/M.

Hardcore-Band *Slapshot*: „Was mich stört, ist diese ‚Gang Culture'. In Los Angeles gibt es zum Beispiel eine Menge Gangs, und irgendwann gab es dann plötzlich auch SHARP-Gangs, die liefen rum und hauten jeden auf, den sie für einen ‚bösen' Skin hielten. Wo ist da noch der Unterschied zwischen einer SHARP-Gang und einer Nazi-Gang? Keiner hat das Recht, Leute wegen einer politischen Einstellung zusammenzuschlagen. Ich bin auch für gute SHARP-Organisationen. Aber jede Gang, die dieses Gang-Verhalten drauf hat, ist nicht gut! SHARP-Leute schlagen andere zusammen, die sie für schlecht halten, die aber vielleicht gar nicht schlecht sind. Die Faschisten schlagen Leute zusammen, die sie für Linke halten. Das ist alles nicht gut! Jeder ist ein menschliches Individuum und hat das Recht, für sich selbst zu denken. Aber wenn ein organisierter Haufen von Leuten mit ‚Sieg Heil!' durch die Straßen von Leipzig marschiert, sollte man sie natürlich schon daran hindern. Es gibt schon sowas wie gute Gewalt und schlechte Gewalt." (*Skintonic* 9)

Die SHARP-Antifa-Connection

Daß SHARP-Skins sich als Antifaschisten begreifen, versteht sich von selbst. Was läge also näher als eine intensive Zusammenarbeit mit anderen antifaschistischen Bewegungen, vor allem der autonomen Antifa. Deren Aktivisten sind ebenfalls recht jung, oft gewaltbereit, tragen nicht selten Doc Martens und kurze Haare, haben teilweise dieselben Wurzeln (Punk), hören auch mal Oi!-Musik, Hardcore, Ska und mögen die Boneheads genausowenig. Also eigentlich ideale Bündnispartner für antirassistische Skins. Doch dem ist nicht so. Natürlich gibt es auch Skinheads in der autonomen Szene und SHARP-Skins, die sich in der Antifa-Bewegung engagieren. Doch in der Regel laufen die beiden Szenen nebeneinander her – oder sogar gegeneinander. So fühlt sich die *Skintonic*-Redaktion in der Nr. 8 erneut berufen, mit dem „Mißverständnis" aufzuräumen, SHARP sei „ein Zusammenschluß von kurzhaarigen Kommunisten oder der glatzköpfige Wurmfortsatz irgendwelcher autonomen Antifas. Dieses Vorurteil existiert keineswegs nur in rechten Kreisen. In einigen Städten in diesem unserem Lande werden SHARP-Skins von Antifa-Leuten umschwärmt, daß einem schon schlecht werden kann. Sehen sie denselben Typen dann ohne SHARP-Aufnäher, isser 'n Nazi und gehört was auf die Fresse gehauen (so gehört aus Köln, Dresden und anderen Städten). Da haben manche gerade kapiert, daß nicht alle Skinheads Fans von Adolf Hitler sind, daß aber nicht alle Leute ohne SHARP-Aufnäher nur braune Scheiße im Kopf haben, müssen sie wohl noch lernen. Solche Leute können einfach nicht akzeptieren, wenn jemand nicht in ihr Linksrechts/Freund oder Feind-Schema paßt. Man muß halt deren politischer Wunschvorstellung entsprechen oder ... – Viele linke Politnicks wollen Skinheads nicht als Skinheads akzeptieren, son-

dern für *ihre* Ziele vor *ihren* Karren spannen.... Klar, mir ist ein linker Antifaschist immer noch lieber als ein rechter Ausländerhasser, aber beide sind nun mal keine Skins! Und beide wollen uns vorschreiben, was ein ‚richtiger' Skinhead zu denken hat, was wir doch gerne für uns selbst übernehmen (auch wenn keiner glaubt, daß Skinheads überhaupt denken können). Niemand würde auf die Idee kommen, daß z.B. ein ‚richtiger' Heavy Metal die und die politische Ansicht haben muß. Aber jeder, den du fragst (oder auch nicht), wird dir erklären, daß Skinheads rechts, links, oben, unten, grün, braun, rot oder sonstwas sein müssen. Alles Blödsinn! – Skinhead ist ein Lebensstil, wenn man will auch eine Weltanschauung, aber keine Politik."

Viele Skins sind nicht nur un- sondern antipolitisch. „Immer wenn jemand politisch ist, entweder das eine oder das andere, rate ich ihm, einfach Politiker zu werden und nicht ein Skinhead", meint etwa Thomas, Sänger der Stockholmer Oi!-Band *Agent Bulldog*. „Ein Politiker hat eine kleine Chance, Dinge in der Gesellschaft zu verändern. Aber als Skinhead ist niemand wirklich interessiert an dem, was du zu sagen hast. Also laßt die

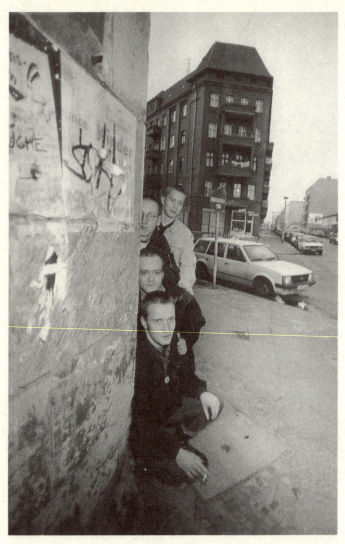

Berliner Skins

Politik aus dem Spiel!" Wir haben keine Chance, was zu verändern, also versuchen wir es erst gar nicht und amüsieren uns lieber. Daß sich immer mehr Skins zwangsläufig mit den Rassisten in der eigenen Szene auseinandersetzen müssen, macht sie eher sauer. Viele sehen SHARP und andere Initiativen als Notwehrreaktion an, die ihnen leider durch die rechten Aktivitäten und das dumpfe Medienecho aufgezwungen wurde. „Die Politik haben die Rechten zuerst ins Spiel gebracht. Sie haben es geschafft, daß die Öffentlichkeit jeden Glatzkopf als ausländermordenden Maniac ansieht und viele Idioten deshalb ‚Skinhead' werden. Die haben meistens vom Skinhead-Dasein überhaupt keine Ahnung. Viele ostdeutsche Boneheads stehen auf *Depeche Mode* (weil die ja auch kurze Haare haben...) statt auf Desmond Dekker. Dagegen wehrt sich SHARP. Wenn einzelne Skins politischen Bewegungen angehören wollen, so ist das ok, solange sie nicht meinen, daß alle Skins ihre Ansichten teilen müssen oder SHARP nach ihrem Weltbild gestrickt sein muß. Skinhead zu sein bedeutet, auf seine schwarzen Wurzeln stolz zu sein; Skinhead ist antirassistisch, aber Skinhead ist eben keine Politik. Wir wollen weder Führerhauptquartiere noch Politbüros. Die Frage, die uns wirklich tief beschäftigt, ist: Wo ist die nächste Party?" (*Skintonic* 8)

„Ken Mc Lellan, Sänger der Blood & Honour Politrockband *Brutal Attack*, wurde von Klankameraden beim Geschlechtsverkehr mit einer Schwarzen gestellt, die Band wurde daraufhin prompt aufgelöst. Wer opfert sich und verführt Ian Stuart zur ‚Rassenschande'?" *Skintonic 8*

Lange Haare – kurzer Verstand

Antirassisten, die sich als „unpolitisch" begreifen, Redskins, die dasselbe „faschistoide" Outfit tragen wie Boneheads, und das nicht nur zur Tarnung wie die Antifa-Berichterstatter von der gegnerischen Front... – die Mehrzahl der autonomen Aktivisten reagiert heute noch verunsichert auf die Skinheadszene. Die Palette der Reaktionen reicht dabei von

Vereinnahmungs- und Politisierungsversuchen bis zu rigiden Abwehrmaßnahmen (Skinheadverbot in ihren Konzerten und Treffs), gelegentlich verbunden mit der Aufforderung, die politische Ansicht deutlich sichtbar an die Jacke zu heften. So wurden bei der gemeinsamen Tournee der Skin- & Punk-Heroen *Blitz* und *Red Alert* im Frühjahr 1992 ins Frankfurter EXcess Skinheads ohne „Gegen Nazis"-Button nur hineingelassen, wenn sie für zwei Mark einen an der Kasse kauften und ansteckten. Zur Erklärung wurde ihnen ein Zettel mit folgender Botschaft in die Hand gedrückt: „Nach unserem eigenen Verständnis richten sich unsere Konzerte immer GEGEN FASCHISMUS, RASSISMUS und SEXISTISCHE GEWALT! Wir können nicht bei jedeR/M zwischen RECHTS und LINKS unterscheiden, deshalb sehen wir es als notwendig an, daß sich antifaschistische Skins auch eindeutig als solche kennzeichnen (z.B.) durch Anstecker, Aufnäher." Langhaarige durften die Türwächter passieren, ohne diesen revolutionären Gesinnungs-TÜV über sich ergehen lassen zu müssen. Wie praktisch, ließe sich die politische Gesinnung an den Haarspitzen ablesen: kurze Haare = rechts, lange Haare = links. Früher hieß das mal „Lange Haare – kurzer Verstand" und war zumeist mit der elterlichen Aufforderung verbunden, endlich zum Frisör zu gehen, und im Berliner Autonomenclub KOB wurden *Skintonic*-Verkäufer tatsächlich schon aufgefordert, sich „die Haare wachsen" zu lassen, „damit wir euch von den Rechten unterscheiden können".

„Wer sich darüber in aller Öffentlichkeit beschwert, daß er von Nazis verprügelt wurde, der sollte sich nicht der Methoden bedienen, die er so lautstark kritisiert, denn dann verliert er seine Glaubwürdigkeit!" hieß es bereits wegweisend in *Skintonic* Nr. 1. Berichte über autonome Übergriffe auf Skinheads finden sich seitdem in beinahe jeder Ausgabe ebenso wie Berichte über rechtsradikale Angriffe. Und auch in den privaten Kneipengesprächen werden autonome Dummheiten genauso gerne und hämisch kolportiert wie Bonehead-Witze.

SHARP hat die Skinheadkultur – zum ersten Mal seit ihrem Bestehen in Deutschland – auch für Jugendliche zugänglich gemacht, die mit Rechten nichts zu tun haben wollen. Viele Altglatzen beobachten das argwöhnisch, bedeutet die neue Popularität doch nicht nur, daß sie die durchaus genußvolle Rolle eines Bürgerschrecks tendenziell verlieren, sondern auch einen Zerfall der gewachsenen Szenestrukturen. Kannten sich die Aktivisten bis vor wenigen Jahren noch alle persönlich so gut, daß jedes überregionale Ereignis auf Außenstehende wie ein Familientreffen wirkte, so tauchten nun auf den Parties und Festivals immer mehr „Neue" auf, deren Biographie man nicht kannte, die vor allem die schwere Anfangszeit nicht mitgemacht hatten, als man noch Hunderte von Kilometern zurücklegen mußte, um ein Paar echte Doc Martens zu bekommen. „Früher hat man wenig Glatzen gesehen hier im Stadtbild", erinnert sich fast sehnsüchtig Mario (20), Schlosser und Rude Boy in Hamburg. „Und dann ging das mit SHARP los, um '90 rum war das der Hit. Da kam dann jeder Idiot an und hat sich 'ne Glatze geschoren mit 'nem Alibi-SHARP-Aufnäher, und auf einmal war alles erlaubt. Viele Leute sind in die Szene gekommen, die man überhaupt nicht kannte, und die auch eigentlich überhaupt nichts drauf hatten – außer Bock, 'n bißchen anti zu sein und sich 'ne Glatze zu scheren und den Harten zu machen. Das fand ich damals 'n bißchen peinlich." Die Hamburger reagierten größtenteils so, daß sie ihre SHARP-Aufnäher abnahmen. Andere machten den unerwünschten Neuzugängen schnell klar, daß Skinhead-Sein keine Mode ist, mal nett für eine Saison zwischen Punk und Popper, sondern eine gewachsene Subkultur mit langjährigen Traditionen, im Grunde genommen eine sehr „konservative" Szene mit großer Abneigung gegen jede Art von Moden mit Ausnahme der eigenen. Inzwischen, meint Mario, „hat sich das so herauskristallisiert, daß die ganzen Idioten wieder abgesprungen sind."

„Geplant ist eine von festen Mitgliedern gestützte Organisation", verkündete noch hoffnungsschwanger *Skintonic* Nr. 5 im Juli 1989. Daraus wurde wohl nichts; jedenfalls sind uns bis heute nicht einmal ansatzweise Versuche in dieser Richtung aufgefallen. Sie wären ohnehin zum Scheitern verurteilt. Nicht einmal die rechten Parteien schaffen es, ihren glatzköpfigen Anhang ordentlich zu organisieren, bei den SHARPS wäre jeder, der es versuchen würde, arg infarktgefährdet. Es gibt wohl kaum eine Jugendkultur, die jegliche politische Organisierung so sehr verachtet wie die Skinheadbewegung. Darin offenbaren sich nicht nur letzte Nachwirkungen der Punk-Traditionslinie, sondern auch konkrete miese Erfahrungen – mit rechten und linken Gruppierungen. Außerdem wird die Politisierung der Szene regelmäßig überschätzt. Der politische Druck, sich bei SHARP oder *Blood & Honour* und seinen deutschen Ablegern zu sammeln, kam von außen. Das eindeutige Bekenntnis zum Antirassismus/-faschismus auf der Jacke eines SHARP-Skins bedeutet noch lange nicht, daß sich derjenige wirklich für Asyl, Rassismus und damit zusammenhängende Fragen interessiert. Es ist erstmal nur – bei den meisten zumindest – ein Bekenntnis aus dem Bauch heraus. „Wie soll ich Rassist sein, wenn ich schwarze Musik, schwarze Kultur liebe?" Die Mehrheit der SHARP-Skins ist eher nicht- als antirassistisch. Längerfristiges politisches Engagement außerhalb der Szene-Strukturen ist von den meisten nicht zu befürchten. „SHARP bedeutet ‚SkinHead Against Racial Prejudice', nicht mehr, nicht weniger. Es bedeutet nicht ‚Skinheads gegen Rechts', nicht ‚Skinheads gegen das Kapital', nicht ‚Skinheads für die AntiFa' oder gegen Golfkrieg, § 218, die Polizei, Asylantengesetze, Robbensterben oder sonstwas! Politische Extremisten haben in der Skinhead-Bewegung nichts zu suchen; jedenfalls nicht, wenn sie diese lediglich dafür benutzen, ihre Ansichten zu verbreiten. Politics suck and we've had enough of that!" (*54–46 Pressure Drop* Nr. 5) Redskins gehören zwar zu den Aktivisten in der Szene, stellen aber quantitativ eine kleine Minderheit dar.

Ansonsten kann man bei SHARP wirklich so ziemlich alles treffen, was das bundesdeutsche Meinungsspektrum hergibt: idealistische Sozialisten jeglicher Couleur genauso wie Genschman-Fans, Fußballhooligans und Dartprofis, nachdenkliche junge Leute, denen wir auch mal in einem Buchladen oder bei einer Bürgerinitiativen-Versammlung begegneten, und tumbe Suff-Prolls, die sich eine Glatze zulegten, weil ihre Haare nichts mehr unter der Schädeldecke vorfanden, worin sie sich hätten festkrallen können. Als die *Skintonic*-Redaktion ab der Nr. 11 ihren Untertitel „Die Stimme der SHARP-Skinheads" ablegte, um den Eindruck eines „Zentralorgans" loszuwerden, begründete die Redaktion das so: „Ich persönlich stehe mehr auf Reggae und Punk und kann heulendem Hardcore-Lärm wenig abgewinnen. Dann gibt es Leute, die auf HC total abfahren und Ska todsterbenslangweilig finden. Wieder andere bevorzugen deutschen Ska, und noch wieder andere finden ihn nicht ‚original' genug. Die einen finden Politik wichtig, und anderen geht das total am Arsch vorbei. Der eine sieht nur smarte Skins als solche an, der andere rennt mit zerrissenen Domestoshosen, Bomberjacke und Kapuzenpulli rum. Einer will unbedingt die feministische ‚Innen'-Schreibweise einführen, und der nächste kann nur ‚F-i-c-k-e-n' buchstabieren. Einer säuft, bis der Arzt kommt, der nächste ist ein SACK-Kiffer, und der übernächste ein Straight-Edge-Skin... Ein Widerspruch? Chaos und Verwirrung? – Nein! Das Leben ist halt kompliziert. Wir wollen einfach ein Forum sein für alle, die dem Skinhead-Kult etwas geben können. Und das sind alle auf ihre Art. Bei uns kann eben jeder seinen Senf loswerden, der nicht dem Adolf Hitler-Fanclub angehört. Der war nämlich kein Skin, sondern 'n Scheitel!"

6. Gespräche mit Skins

„Bei uns spielt die Musik."
Richy (23), seit vier Jahren SHARP-Skin

Was bedeutet das für Dich: Skinhead-Sein?
Richy: Skinhead-Sein bedeutet: kurze Haare haben, dicke Stiefel tragen, Jeans, Hosenträger, also eine bestimmte Art von Kleidung, Ska, Reggae und Oi!-Musik hören, mit Kumpels abends was trinken gehen, ein gewisses Gefühl von Gemeinschaft. Mehr erst mal eigentlich nicht.
Politik spielt keine Rolle?
Richy: Eigentlich spielt Politik keine Rolle. Ich bin nie Nazi gewesen, ich hab' mit Kommunisten nichts am Hut, es ist mir eigentlich ziemlich egal. Ein richtiger Skinhead will gute Parties. Politisch hat Skinhead erst in den letzten Jahren eine Ausrichtung bekommen, was mir auch nicht paßt, seit man uns gezwungen hat, uns abzugrenzen gegen das Image des schlagenden rechten Skinheads, der Ausländer verprügelt. Ursprünglich waren Skinheads Leute, die schwarz waren, weiß waren, gelb waren, die sich geprügelt haben wie jede andere Jugendbewegung auch, wie Rocker, wie Mods, mit dem Unterschied, daß wir eben ein bestimmtes eigenes Image haben. Skinhead ist für mich das schönste Image von allen. Das ist der Grund, weshalb ich irgendwann mal Skinhead geworden bin. Und dann wirst du ständig von Leuten gefragt: ‚Bist du Nazi?' – ‚Du bist doch Nazi!' – ‚Sag schon Sieg Heil' – ‚Du hast doch was gegen Ausländer' ... Ich hab' aber gar nichts gegen Ausländer. Ich hab' was gegen Leute, die meinen, nur weil ich kurze Haare hab', hätte ich was gegen Ausländer. Und ich hab' was gegen feine Pinkel. Das ist wahrscheinlich auch ein Grund, warum ich Skinhead geworden bin.
Du hast eben vom Skinhead-Image gesprochen. Danach sind alle Skins rechtsradikal und ...

Richy: Dieses Image haben die Medien gemacht. Das hat mit der Wirklichkeit wenig zu tun. Das Problem ist, daß durch unser sehr auffälliges Äußeres, das natürlich auch so ein bißchen Ordnung und Sauberkeit bedeutet, von uns hat keiner knallrot gefärbte Haare und Schleppscheiße an den Beinen, leicht der Eindruck entsteht, wir wären rechts. Dann kommt hinzu, daß es für einen Fotografen offensichtlich unheimlich interessant ist, prügelnde Skinheads abzulichten, wo er genauso gut prügelnde Schnauzbärte, prügelnde Bäckermeister, die Unmengen von Männern, die in Deutschland ihre Frauen schlagen, fotografieren könnte. Aber so eine Gruppe Glatzen, das wirkt doch, das macht was aus. Gleichzeitig ist es ja mittlerweile in Deutschland so weit, daß bei jedem Überfall auf ein Ausländerheim es immer Skinheads gewesen sind, selbst wenn auf den Fotos gar keine zu sehen sind. Und wir werden auf der Straße wieder angepöbelt.

Siehst Du 'ne Lösung?

Richy: Die Lösung wäre, daß die Leute sich wieder benehmen wie normale Menschen: Daß niemand irgendwem ohne Grund auf die Schnauze haut. Also für einen Skin ist meines Erachtens ein Grund, sich zu prügeln, wenn jemand was gegen mich persönlich sagt, grob beleidigend wird, wenn jemand irgendwas macht, was mich auch persönlich was angeht. Aber nicht die Ausländerpolitik oder überhaupt Politik. Die Lösung wäre, daß die Menschen sich als einzelne Menschen verhalten. Man kann sich ja in Gruppen prügeln, aber man darf keine Unbeteiligten reinziehen. Das war auch früher so bei den Skins, daß da mal ein Ethos war, eine Idee. Auch bei den Hooligans. Man hat sich zum Prügeln getroffen, das hat den Leuten Spaß gemacht, fertig. Hinterher ist man saufen gegangen. Heute rennen die Idioten auf der Straße mit Waffen rum und greifen ausländische Familienväter an. Was sind das eigentlich für Deutsche?

Du bist heute bei SHARP aktiv. Was versprichst Du Dir davon?

Richy: SHARP ist ein Versuch, Vorbild zu sein, ein Beispiel zu geben für jüngere Kids, die sich gerade die Haare kurzschneiden lassen. Das heißt, ich sag' zu denen: Bei uns spielt die

Musik, nicht bei den Boneheads. Wir gehen abends einen trinken, wir tanzen, wir haben die besseren Bands und die geileren Parties. Wir prügeln uns auch mal, aber wir rennen nicht irgendwelchen Politfritzen hinterher. SHARP ist auch ein Versuch, das, was Skinhead mal war, wieder in Erinnerung zu bringen. SHARP haben Glatzen in den USA gegründet, die genauso wie ich keine Lust hatten, von jedem Trottel gefragt zu werden, ob sie ein Nazi sind, weil sie nie Nazis waren. Da sind traditionsbewußte Skins drin, traditionsbewußt insofern, daß sie noch wissen, daß sie als Kiddies mal in Gangs rumgerannt sind, wo es keine Rolle gespielt hat, ob einer Jugoslawe, Engländer, Franzose, Italiener oder sonstwas gewesen ist, sondern wo es wichtig war, daß er Skinhead gewesen ist, daß er auf die richtigen Konzerte gegangen ist, Ahnung gehabt hat, was denn so läuft in der Szene. Das war eine sehr schöne Zeit, und die haben uns die Nazis kaputtgemacht. Deshalb geraten wir bei SHARP auch leicht in den Ruf, Linke zu sein, obwohl das gar nicht stimmt. Wir haben eine ganze Menge Rechte, wir haben Liberale und Linke, politisch Interessierte und weniger Interessierte, und wir wollen eine lebendige Skinheadkultur, wo was los ist, und denken, daß die Kiddies dann auch zu uns kommen und nicht mehr zu den Nazis, weil außer Rummarschieren und mit Plastikgewehren im Wald rumrennen und ‚Sieg Heil' gröhlen ist bei denen ja eigentlich nicht allzu viel los."

„Dann hab' ich ihr gut eins auf die Nase gegeben."
Ulla, Heike und Sandra

Ein Gespräch mit Ulla (20), Apothekenhelferin in Hamburg, Heike (19), Studentin, und Sandra (19), Schneiderinnen-Auszubildende, beide aus Frankfurt.
Fangen wir wie üblich an: Seit wann seid Ihr in der Szene?
Ulla: Seit zwei bis drei Jahren so richtig.
Und vorher?
Ulla: Na, vorher mal so ein bißchen hier und da probiert, halt so 'ne Art Gruft-Punk-Gemisch, ja.

Und wieso bist Du überhaupt Skin geworden?
Heike: Die dümmste Frage aller Zeiten.
Ulla: Naja, warum? Weil mich prinzipiell halt das Aussehen fasziniert hatte. Dann war ich halt mit 'nem Fascho auch mal zusammen, dann hab' ich aber gedacht, daß das nicht so das Gelbe vom Ei ist. Ich hab' irgendwie immer gewartet, daß sowas kommt, daß man Skin sein kann, sich aber nicht irgendwie als Rechtsradikale auszeichnen muß. Und so bin ich langsam in die Sache rein. Bei den Skins hat's mir halt gefallen, auch die ganze Ideologie, die drumherum hängt, und die Musik, alles halt.

Und Du selbst warst nicht in der rechten Szene vorher? Nur mit einem Rechten zusammen?
Ulla: Ich war mit dem zusammen, da war ich vierzehn, wußte nicht mal genau, wer Rudolf Hess ist, hab' ich nach zwei Monaten sein lassen, das war überhaupt nichts.

Und wie war's bei Dir?
Sandra: Bei mir sind das jetzt auch so zwei Jahre und, naja, ich hab' halt auch Leute kennengelernt und das dann so mitgekriegt und fand das auch so ganz gut. Das waren gleich SHARP-Glatzen. Vorher war ich drei Jahre lang gruftimäßig drauf und bin dann kurze Zeit so ein bißchen psychomäßig abgefahren, aber da hab' ich gleich gemerkt, daß das nicht mein Ding ist.
Heike: Ich bin seit drei Jahren dabei und war auch vorher Grufti. Ich hab eine Möglichkeit gesehen, anders als das zum Beispiel bei den Psychos oder sonstwo ist, daß man sich bei den Skins eben nicht auf die Frauenrolle abstempeln lassen und kleiden muß. Das war so, schätz' ich mal, mein Ding. Und im übrigen glaube ich, daß Skinhead-Sein die absolute Veredelung meiner Existenz ist.

Wie war denn so die Reaktion von den Leuten drumherum, Freunde, Eltern und so?
Ulla: Meine Eltern fanden's gut, daß ich nur so skinheadmäßig abfahr'. Was ich vorher alles frisurentechnisch probiert hatte, das fanden sie weniger gut. Vor allem hörten die zerrissenen Hosen auf etc. Das fanden sie schon ein bißchen angenehmer, obwohl sie dann doch dachten: Skinhead – rechts, das fanden

sie dann nicht so doll. Sie sind halt mehr so die *SPD*ler. Aber nachdem ich ihnen ein bißchen verklickert habe, wie es eigentlich läuft, daß wir halt nicht rassistisch sind, dann fanden sie es eigentlich okay. Zu Anfang hatten sie noch ein bißchen Skrupel gehabt, mit den Leuten zu reden, aber nachher war's echt okay, fanden sie ganz witzig eigentlich. Und so der Freundeskreis, das war völlig okay. Die ham's halt gepeilt oder wenn nicht, dann ham sie's halt gelassen.

Sandra: Meine Eltern haben das sowieso gar nicht gerafft, was da jetzt abgeht. Fanden es ganz gut, daß ich nicht mehr so schlampig rumlaufe und so. Terz gab's dann nur, als die rausgefunden haben, daß ich jetzt Skinhead bin, weil sie dachten, daß ich faschomäßig drauf bin.

Heike: Meine Eltern fanden sowieso alles, was bei mir außerhalb von langen Haaren und Frauenkleidern gelaufen ist, schon immer Scheiße.

Die Szene gilt ja eigentlich auch als Männerszene. War es schwieriger für Euch, Euch da durchzusetzen?

Ulla: Ich denke, für Frauen ist es prinzipiell schwieriger, sich in einer Gesellschaft einzufügen, egal in welcher, weil die meisten sowieso als ‚Freundin von' laufen. Und sich allein zu etablieren in irgendeiner Gruppe, das ist als Frau echt ein bißchen schwieriger. Da muß man bei den meisten halt gut aussehen oder besonderen Intellekt haben oder sonst herausragende Fähigkeiten oder Eigenschaften. Aber ich denk' mal, das ist bei den Skins nicht ganz so extrem. Eigentlich überhaupt nicht. Jedenfalls bei uns. Ich kann jetzt hauptsächlich nur von den Hamburgern sprechen, da ist es überhaupt nicht so. Da wirst du halt als Mensch angenommen oder als Kollegin oder so, aber nicht als Männlein oder Weiblein, das ist eigentlich ziemlich nebensächlich in der Szene.

Sandra: Aber ist es nicht bei uns auch so, daß viele Frauen bei uns in der Clique drin sind und dann von einem Typ zum anderen wechseln, und wenn dann wirklich alle durchgemacht sind, dann sind sie doch out, oder? Dann können sie sich verpissen. Es ist doch teilweise auch so, nicht? Sind ja nur die dummen Fickhennen sozusagen.

Ulla: Aber ich denke, das ist in jeder Szene, in jeder Art von Gruppe so, ist also kein reines Problem bei den Skinheads. Deshalb ist es nicht 'ne Männerszene. Das ist eher das Problem der Frauen, wenn sie meinen, sie werden anders nicht akzeptiert und müssen sich so irgendwie bekannt machen in der Gruppe.

Aber so Männlichkeitsrituale sind doch in der Skinszene besonders ausgeprägt?

Ulla: Ich weiß nicht. Zum Beispiel gibt's viele, die auch auf Soul abfahren, und das find' ich so witzig. Wenn die Typen dann zu Soul tanzen – das ist doch 'ne sehr weiche Angelegenheit, 'ne sehr weibliche eigentlich, und das ist doch irgendwie auch schon Emanzipierung der Typen, wenn die das machen. So die ganz Harten würden das natürlich nicht machen.

Heike: Es gibt auch hier immer wieder Frauen, die alles mit sich machen lassen und das sogar vielleicht noch gut finden, und das läßt sich in der Ursache zurückverfolgen darauf, daß Frau heute eben in die Männerwelt hineingeboren wird und nicht von Anfang an beigebracht bekommt, sich durchzusetzen. Es sei denn, man hat 'ne dominante Mutter oder irgendwelche Eltern, die das fördern, was bei mir auch nicht der Fall war, ganz im Gegenteil. Und so kommt es zustande, daß das mehrheitlich dumme Elsen oder Vorzeigestücke werden. Abgesehen davon gibt's auch ein paar Macherinnen in der Szene, die Fanzines herausgeben oder in ihrer Umgebung die Hauptfigur machen, eben die Parties organisieren und die ganze Sache aufziehn, das gibt's auch.

Schon das Outfit ist männlich, viele Rituale gelten als männlich, Trinken bis zum Koma-Saufen...

Ulla: Wer bestimmt denn, daß Saufen ein Männlichkeitssymbol ist?!

Heike: Ich glaube, daß die meisten Typen, die sowas machen, das auch 'n bißchen als Parodie machen. Man lebt ja mit der Vorstellung, die die Leute von einem haben, und das ist eben die Vorstellung: brutal sein, prollig sein, dumm sein, Koma-Saufen. Du reflektierst eben diese Einstellung auch dadurch, daß du oft so parodiemäßig irgendwas bringst. Also zum Beispiel, daß wir manchmal in so 'nem Prollton irgendwelche aus-

länderfeindlichen Witze erzählen, das kriegen Leute oft in den falschen Hals. Aber ich seh' das als Parodie auf das Bild, das die Menschheit von einem hat. Man kann da eigentlich auch nicht von los. Man weiß, wenn man in der U-Bahn sitzt oder wo auch immer, daß die Leute einen entweder hassen oder die Hosen voll haben oder ich weiß nicht was.
Ulla: Kommt ja auch drauf an, aus welchen Verhältnissen, Szenen die Leute vorher kamen. Es macht einen großen Unterschied, ob nun einer vorher Fascho war, wo die Frauen ja nun wirklich ziemlich am Arsch sind, oder ob er halt vorher in der Antifa war oder Punk war, das macht schon 'ne Menge aus.
Gibt's denn überhaupt frauenspezifische Aktivitäten?
Ulla: Naja, ein Frauenstammtisch war mal in Hamburg in der Planung, weil wir da mal 'ne stolze Zahl von dreizehn Mädels hatten. Da dachten wir, es wär' mal ganz witzig, sowas zu machen. Aber nicht aus Emanzipationsgründen, sondern einfach so aus Fun halt. Wir hatten keine Probleme mit Typen, das war nicht das Ding. Obwohl die sich natürlich hin und wieder auf den Schlips getreten fühlten, weil wir's machen wollten. Die fürchteten, sie wären uns dann nicht antisexistisch genug oder so. Das ist aber auch irgendwie nie zustande gekommen. Klar, wir treffen uns auch mal unter Mädels und ziehen dann 'n Abend alleine los. Das ist aber meistens spontan.
Heike: Da ist auch in Frankfurt nie viel zustande gekommen, weil's immer sehr wenige Frauen waren, erst in letzter Zeit mehr geworden sind. Und das möchte ich nochmal zu den linken Frauengruppen sagen, da hab' ich hier und dort mal reingeschnuppert, nicht gerade jetzt die Riesenerfahrungen, aber das kommt mir bei denen so vor, als ob die das nicht machen, weil sie selbst Bock drauf haben, weil's ihnen Spaß macht, sondern weil die dieses ‚Wir müssen uns politisch beweisen'-Ding drauf haben. Also wir müssen jetzt so antirassistische Demos machen, Häuser besetzen und das und das, und dann gehört da eben auch die Frauengruppe dazu. Einfach, damit das Bild komplett ist. Also ich hab' das Gefühl, die lügen sich gerade in der Angelegenheit ein bißchen in die eigene Tasche.

Gibt's überhaupt Verzahnungen zwischen Skinszene und linker Szene? Antifa, antirassistische Initiativen...
Ulla: Mit der Antifa hatte ich zum Beispiel das Problem – ich war ziemlich lange dabei, aber als ich mit dem Outfit kam, mußte ich mich erstmal tagelang rechtfertigen, warum, wieso, weshalb, das Auftreten wär' doch schon an sich faschistoid. Dann hatte ich irgendwann keine Lust mehr, und das war's dann mit mir und der Antifa. Es gibt einzelne Leute, mit denen ich klarkomme, aber ich kann nicht sagen, ich pflege prinzipiell Kontakte zur Antifa. Das finde ich auch blöde, nur weil's Antifa heißt, muß es nicht gleich gut sein. Da such' ich mir halt Leute raus, die 'ne vernünftige Einstellung haben. Oder die suchen sich mich aus, weil ich in deren Augen 'ne vernünftige Einstellung habe. Also ich hab' da kein Problem, mit Punks loszuziehen oder Grufts oder sonstwas. Ich bin nicht auf dem Standpunkt, daß Skinheads nur unter sich bleiben müssen, und Grufties müssen geklatscht werden und Hippies sowieso. Es kommt halt immer auf die Leute an.
Heike: Ich bin der Meinung, daß so wenig Skins organisiert sind in Gruppen oder Parteien, ist auch wieder ein allgemeines gesellschaftliches Phänomen und keins der Skinszene. Weil, ehrlich, wie kann man sich heute noch organisieren, engagieren? Für mich bleibt da nicht viel übrig, bis auf die antirassistische Aussage an sich. Allerdings gilt die mehr der Selbstdarstellung oder besser Richtigstellung des Bildes über Skins.
Seid Ihr also auch „unpolitisch", wie's neunzig Prozent aller Skins von sich behaupten?
Ulla: Nö, unpolitisch absolut nicht. Man kann nicht unpolitisch sein, sobald man für Tempo dreißig ist, da fängt man schon an, politisch zu sein. Aber organisieren oder engagieren in irgendwelchen Gruppen...? Das Einzige, was ich noch machen würde, wäre Greenpeace. Aber ansonsten seh ich in politischen Organisationen keinen Sinn drin.
Wie würdest Du denn Deine politische Einstellung beschreiben?
Ulla: Prinzipiell schon mal als antirassistisch. Allerdings heißt das nicht, daß ich nun jeden Ausländer, egal was er macht,

mit offenen Armen empfange. Wenn das halt ein Arschloch ist, ist das ein Arschloch. Das hat nichts mit der Landeszugehörigkeit zu tun, ist logisch. Alles andere kommt halt immer auf die Situation an. Aber auf jeden Fall antirassistisch.

Heike: Ich find's immer problematisch, Menschen irgendein Etikett aufzukleben. Ich informier' mich, ich interessier' mich, ich denk' über die Sachen nach, weltpolitisch, was alles so passiert und bilde mir meine Meinung dazu.

Was ist für Dich das wichtigste Thema zur Zeit, worüber denkst Du am meisten nach?

Heike: Fremdenfeindlichkeit ist ja momentan eigentlich *das* Thema. Das beschäftigt einen natürlich. Und Frauenpolitik. Allerdings kann ich nicht sagen, daß ich jetzt inside dieser ganzen Frauensache bin. Also ich hab' mir solche Frauen mal angeschaut, fand sie alle ganz nett und sehr gemütlich und sehr töpfer- und strickkursmäßig – das hat mich dementsprechend ein bißchen befremdlich gestimmt. Ansonsten ist für mich von der Gesetzgebung und von gesellschaftlichen Zielen her momentan so das Wichtigste, daß Frauen mehr Rechte bekommen und sich selbst stark machen für ihre Sache. Es ist 'n Thema, das mich beschäftigt, aber ich kann mich da im Moment nirgendwo zuordnen. Man liest sich so das an, was man darüber wissen muß, und dann schaut man mal.

Und bei Dir?

Ulla: Wohnungspolitisch, wie das alles weitergehen soll, gerade jetzt, wo ich auch eine Wohnung suche. Klar fällt's einem immer erst dann auf, wenn man selbst betroffen ist, logisch. Dann erfaßt man das ganze Problem, wenn man selber mitten drinhängt.

Heike: Themenwechsel!

Wann hast Du Dich zuletzt geprügelt?

Ulla: In Potsdam beim SHARP-Festival. Naja, war insgesamt schon 'ne leicht aggressive Stimmung, weil wir zwei Langhaarige mithatten. Die wurden halt von einigen Leuten ziemlich angegiftet – was die Hippies denn hier wollen und so – und darum hatten wir uns einige Leute sowieso schon ausguckt. Aber es kam halt nicht so dazu. Und dann kam auf einmal eine an und meinte, dahinten wär 'ne Berliner Faschotante, und der müßten wir doch mal gemeinsam sagen, daß sie hier recht unerwünscht ist. Naja, dann haben wir uns erstmal so an die rangeschlichen in der tanzenden Menge, sie hat wohl gepeilt, daß wir sie 'n bißchen ins Auge nehmen wollten – und dann hat sie mir halt 'n Kick gegeben. Ich war auch gut angeheitert, es kam eigentlich auch hauptsächlich deshalb, sonst hätte ich's gar nicht gemacht. Ich bin halt hin zu ihr, hab' ihr gesagt, sie soll sich verpissen, weil wir hier mit Faschos nichts zu tun haben wollen, sie soll doch bitte auf ihren *FAP*-Parteitag gehen und so Sachen halt. Dann ist sie auch gleich abgezogen, und draußen hab ich ihr nochmal gut eins auf die Nase gegeben und ihr gesagt, sie soll zusehn, daß sie Land gewinnt.

Heike: Genauer gesagt hast du sie erstmal einen Kilometer die Straße runtergejagt...

Ulla: Ja, weil die nicht rennen wollte, die dumme Sau.

Sandra: Fand ich ja frech.

Heike: Hast ihr bei jedem Schritt in Arsch getreten oder auf 'n Kopf gehaun. Dann hast du gefragt, wo ihr Auto steht, da meinte sie, in die andere Richtung, und dann meintest du: ‚Du dumme Sau, warum läufst du dann hier lang' – dann ging das Spielchen in die andere Richtung los.

Ulla: Dann wollten sich natürlich auch Typen einmischen. Die wurden aber vom Frauenmob, der sich mittlerweile dahinter angesammelt hatte, arg zurückgehalten.

Heike: Du hast bewundernde Worte und Blicke gekriegt von vielen...

Ulla: Oh Gott, wie peinlich.

Heike: Und ich war selbst so prollig drauf, daß ich am liebsten... Ich muß dazu sagen, ich weiß nicht mehr, wann ich mich das letzte Mal geprügelt hab', bestimmt nicht in der Skinszene.

Ulla: Das war bei mir auch das erste Mal seit ewigen Zeiten.

Tagen?

Ulla: Nee nee, also bestimmt seit anderthalb Jahren. Wenn man mal 'ne Ohrfeige nicht dazuzählt, die einem mal so rausrutscht. Aber daß ich bewußt auf einen zugehe und dem echt eins vor den Latz knalle, das passiert höchst selten. Eigentlich nur zur Verteidigung.

Du pflegst eine sehr offensive Verteidigung?

Ulla: Sehr offensiv, ja.

Heike: Es gibt verschiedene Anlässe und Ursachen für Gewalt. Anlässe sind, daß man sich verteidigen muß, daß man Faschos, die sich so dreist auf so ein Konzert begeben, entgegentreten muß, um denen klarzumachen, daß sie unerwünscht sind. Fand ich auch gut, fand ich völlig korrekt. Und dann gibt's sinnlose Gewalt, also eben Frust, Drogeneinfluß, eingeübtes Gewaltverhalten – natürlich ein Männerding, daß kleine Jungs sich prügeln oder lernen müssen, sich zu prügeln.

Ulla: Profilierung in der Gruppe.

Und Spaß gemacht hat es Euch auch?

Ulla: In dem Fall war's okay. Ich mein', jetzt denk' ich auch 'n bißchen differenzierter darüber, klar.

Aber so 'n bißchen Hooliganismus ab und zu ist schon ganz gut?

Heike: Nö, hat nichts damit zu tun, überhaupt nichts. Ich muß auch sagen, als die Frau da am Auto stand und Ulla ihr eine reingedrückt hat, da wollte ich ihr wirklich auch eine reinschlagen, hatte aber – ich weiß nicht, ob das auch mit eingeübtem Verhalten zu tun hat – Skrupel. Man versetzt sich sofort in die Situation von der Frau. Ich hab' gedacht, die fühlt sich jetzt obermies. Also ich konnte mich nicht so richtig überwinden, und dann ist die auch weggelaufen. Ich glaube, daß Frauen weniger gewalttätig sind, ist ein Erziehungsding, auf jeden Fall. Man sollte sich nicht prügeln, das ist immer unangenehm aufgefallen – bei Jungs eigentlich nie, es sei denn, es war extrem.

Ulla: Mir war dann unangenehm, daß so viele Leute aus Neugier hinterherlatschen, und weil's auch noch hieß, da könnten Faschotypen auftauchen und die armen Frauen blabla. Hätt' ich das gewußt in dem Moment, dann hätte ich das wahrscheinlich nicht gemacht, das war mir einfach zu peinlich gewesen. Es war für mich klar, es ist jetzt ein Ding zwischen der Frau und mir, die kriegt jetzt eins auf's Auge, und damit hat sich das. Ich hab' mich nun auch nicht unbedingt umgedreht, war natürlich auch ein bißchen aufgeregt, ist ja logisch in so einer Situation. War mir hinterher ziemlich unangenehm, zumal man da auch gleich so ein Image aufgedrückt kriegt: Wenn 'ne Frau sowas schon macht, weil's ja eigentlich ein Männerding ist, dann muß das ja die absolute Schlägerfrau sein. So ein Image möchte ich überhaupt nicht haben, das ist mir richtig unangenehm.

Macht Ihr was sportlich in der Richtung, irgendeine Kampfsportart?

Ulla: Also ich hab' 'ne ganze Zeit Kampfsport gemacht, 'ne Art Kung Fu, zu achtzig Prozent auf Straßenkampf ausgerichtet. Der Auslöser war die Vergewaltigung einer Freundin. Da hab' ich mir gedacht, das kann mir genauso passieren.

Sandra: Konnte mich bis jetzt noch nicht dazu überwinden. Ich würd's ja ganz gerne mal machen. Aber nicht wegen Prügeln oder so, sondern einfach, um sich mal gegen irgendwelche Ärsche, die einen begrabschen oder so, wehren zu können.

Wann hast Du Dich das letzte Mal geprügelt?

Sandra: Da war ich in der sechsten Klasse. Ich bin bis jetzt eigentlich nie in so 'ne Situation gekommen. Obwohl ich mein Maul immer so weit aufreiße.

Ulla: Ich hab' auf jeden Fall deutlich mehr kassiert, als ich jemals in meinem Leben ausgeteilt habe, weil ich in so 'ner üblen Fascho-Gegend wohnte. Da ist es halt des öfteren vorgekommen, daß mal so fünf nette Leutchen einen gut zusammengestiefelt haben. Da hab' ich auch nichts entgegengesetzt, weil ich einfach Schiß hatte, daß die mich sonst tot machen. Das war einfach klüger, nichts zu tun, wenn man alleine gegen fünf steht – ist ein Ding der Unmöglichkeit. Aber was ich auch in so einer Situation niemals machen würde, ist, irgendwie um Hilfe schreien. Da standen genug Leute drum rum, haben's gesehen, das war direkt vor so 'nem Billard-Café – keiner hat mir geholfen. Dann ruf ich auch nicht um Hilfe, weil ich genau weiß, die helfen mir sowieso nicht. Und so 'n bißchen Stolz hat man ja irgendwie auch noch.

Was mich noch interessieren würde, ist Eure Einschätzung zu SHARP. Die Anfangseuphorie scheint mir da so ein bißchen raus, und es gibt immer weniger Leute, die SHARP noch gut finden.

Ulla: Prinzipiell ist SHARP 'ne gute Sache, weil das 'ne ganz klare Aussage ist, mit der ich eigentlich auch übereinstimme. Aber daß irgendwelche Punks dann mit Aufnähern rumrannten, das war nicht unbedingt Sinn der Sache, das haben die wohl ein bißchen falsch verstanden oder die konnten irgendwie nicht so gut Englisch – daß sie das Wort ‚Skinhead' nicht so ganz deuten konnten, ich weiß es nicht. Und es wurde auch durch irgendwelche übereifrigen Antifaschisten zu sehr auf links gepolt. Das find' ich eigentlich auch schade, weil Leute, die sich nicht unbedingt mit kommunistischen Ideologien auseinandersetzen wollten, aber trotzdem Antirassisten sind und sich mit SHARP identifiziert haben, die hatten so keine Chance mehr, 'n Aufnäher zu tragen, weil erwartet wurde, daß die dann auch gleich links sind. Aber ich laufe trotzdem noch mit 'nem SHARP-Aufnäher rum, weil für mich klar ist, was ich damit sagen will.

Heike: Ein Punk, der so 'nen Aufnäher trägt, der disqualifiziert sich selbst – also lächerlich.

Die Rechten werfen SHARP vor, die Skinszene zu spalten. SHARP behauptet das gleiche von den Boneheads. Recht haben beide: die Szene spaltet sich immer mehr, oder?

Heike: Ja, das spaltet sich alles in Grüppchen auf. Ich seh' überall so interne Konflikte und Sticheleien. Aber ich glaub', das hängt damit zusammen, es gibt ja eigentlich sowieso unheimlich viele Jungs, behaupte ich mal, die durch Skinhead-Sein ihre Minderwertigkeitskomplexe einfach fett übertünchen, ja, gibt's massig. Bei Männern häufiger als bei Frauen, aber hoppla, echt. Und daraus entstehen auf einmal Feindschaften. Da merkt man zum Beispiel: ich hab' was gegen Ugly und der ist ja eher links, dann bin ich jetzt mal eher so ein bißchen rechts. Um 'ne Opposition darzustellen. Und was die Minderwertigkeitskomplexe bei Typen angeht, das ist vielleicht auch der Grund, weshalb es soviel mehr Männer gibt, weil es einfach so ein geeignetes Ding ist. Bettnässer, die einfach mit ihrem eigenen Kack nicht klarkommen, daß sie vielleicht nie so der Chef waren – und dann bist du auf einmal Skin und dann bist du irgendwas.

„Ich wollte nie 'ne Barbiepuppe werden."
Xenia

Ein Gespräch mit Xenia, 20 Jahre alt. Nach abgebrochenem Studium zur Zeit arbeitslos. Die Eltern kamen als Gastarbeiter aus Jugoslawien vor Xenias Geburt nach Deutschland. Seit drei Jahren ist Xenia in der Frankfurter Skinheadszene.

Sprichst Du nur Deutsch?
Xenia: Ja. Was soll ich groß dazu sagen – ich hab' nie Jugoslawisch gelernt, weil meine Mutter aus Kroatien kommt, mein Vater aus Slowenien. Das sind verschiedene Sprachen. Man konnte sich nie so richtig darauf einigen, welche ich lernen sollte und hat es auch dann für nicht weiter wichtig befunden, glücklicherweise. In irgendwelche Heimat- und Traditionsgeschichten bin ich zum Glück nie reingezwängt worden von meinen Eltern, weil die auch vor lauter Maloche keine Zeit dazu hatten. Ich bin hauptsächlich zusammen mit 'ner alten Dame aus Deutschland aufgewachsen, der vorher das Haus gehört hat, in dem wir jetzt wohnen.

War das für Dich nie ein Problem? Du bist nie angemacht worden?
Xenia: Als Ausländer? Nee. Man erkennt mich ja nicht gleich als Nicht-Deutsche. Aber in der Grundschule wußte das jeder, und es gab da auch wirklich ein paar Leute, die haben einen das spüren lassen. Soll ich Dir jetzt meine ganze Kindheit erzählen?
Wie bist Du denn zu den Skins gekommen?
Xenia: Also, mit 16 oder so hatte ich einen Freund, der war so'n Pseudo-Mod, Scooterboy, was auch immer, hauptsächlich an Rollern interessiert, der kannte ein paar von den Frankfurter Glatzen, von der Schule und so. Skins haben mich schon vor dieser Zeit irgendwie interessiert. Aber meine erste und eigentlich prägende Begegnung mit Skins überhaupt war schon etwas früher, da war ich noch mehr so 'ne Larve – Pseudo-Schmud-

delkinder-Punk –, und zwar am Abend unserer 10. Klasse-Abschlußfeier im JUZ Höchst. Als Mitglied des Organisationskomitees war ich schon am Nachmittag dort, wo uns der Sozi vom JUZ die unangenehme Nachricht mitteilte, daß Fascho-Streß aus der nahegelegenen Nazi-Kneipe, dem „Rübezahl" zu erwarten war. Jedenfalls gab es am selben Nachmittag eine Protestdemo Höchster Bürger gegen diese Kneipe, und in dem Demozug, alle riefen „Nazis raus!" undsoweiter, war auch ein Häuflein von etwa fünf Skins unterwegs, die eine rote Fahne schwenkten. Ich weiß heute gar nicht mehr, wer das im einzelnen war, jedenfalls hielt ich das erstmal für Verarschung, weil ich damals auch noch in dem festen Glauben war, daß alle Skins Faschos sind. Naja, und durch den Kontakt mit den Frankfurter Leuten, so ein paar Monate später, hab' ich dann gemerkt, daß das eben nicht so ist. Dann habe ich mir auch irgendwann die Haare geschnitten, habe erstmal recht doof ausgesehen und war so knapp 17.

Wieso haben Dich Skins vorher schon fasziniert?

Xenia: Das war wohl so, wie's bei den meisten Leuten ist: Die auffällige, aber eben doch ansprechende Optik, die im Widerspruch steht zu dem Bild, das man von 'nem Skin hat, außen hui, innen pfui eben. Und dann war ich schließlich 16, da fasziniert einen ja alles, was Erwachsene scheiße finden. Und dann... konnte ich mich auch nie in irgendwelche Popperclíquen in der Schule einfinden, das ging einfach nicht.

Wieso meintest Du denn, daß das bei den Skins anders ist?

Xenia: Das hab' ich eigentlich gar nicht gemeint. Das ist 'ne etwas komplizierte Sache, das hat auch was mit ‚dürfen' und ‚können' zu tun. Zu der Zeit erzählten mir meine Eltern noch, was ich anzuziehen, oder eigentlich eher, was ich nicht anzuziehen hatte, und ich durfte mir die Haare nicht so kurz schneiden, wie ich das schon immer wollte eigentlich. Ich hab' schon immer 'ne Abneigung dagegen gehabt, lange Haare zu haben und mich in so 'ne Mädchenrolle einzufinden. War auch früher nie ein Problem gewesen, weil meine Eltern mir als einziges Kind da ziemlich viel Freiraum gelassen haben, sollte ja auch eigentlich mal ein Junge werden. Aber dann, mit 15 oder so, sollte ich dann auf einmal das absolute Mädchen sein, und mein Vater hatte auch den Ehrgeiz, das so durchzusetzen, wie er sich das vorgestellt hat. Ich konnte also in der Zeit, wo man eben Billy oder Punk oder sonstwas wird, nicht das Ding machen, was ich wollte.

Und zu den Skins bist Du dann mit Deinem damaligen Freund gekommen? War der Einstieg für Dich einfach?
Xenia: Nee, kann man nicht sagen. Zum einen war mein Freund eben kein Skin und noch dazu ein ziemlicher Löffel, und dann ist man am Anfang eben immer erstmal der Depp, der von nichts 'ne Ahnung hat. Also, leichtgemacht hat man's mir nicht, aber mit der Zeit hab ich mich da so reingefunden.

Die Skins, die Du am Anfang kennengelernt hast, waren keine Rechten?
Xenia: Nein. Der allererste, den ich kennengelernt habe, war ein Redskin. Da war ich erstmal völlig angenehm überrascht, daß es sowas überhaupt gibt, nicht nur ein Nicht-rechts-Sein, sondern sogar ein, naja, „Extrem"-links-Sein, was mir dazu noch sehr sympathisch war, zumal ich damals durch Schülerzeitung und so eh schon mit diesem Spektrum sympathisiert habe.

Du warst damals schon politisch bewußt oder aktiv?
Xenia: Aktiv nicht. Politisches Bewußtsein, das ist so 'ne Sache, die möcht' ich mir heute noch nicht mal wirklich zusprechen. Das entwickelt sich so, 'ne Meinungsbildung hat nie ein Ende. Es war einfach 'ne gewisse Sympathie zu der Sache.

Gefühlsmäßig?
Xenia: Gefühlsmäßig links... naja, kann man so nicht sagen, die meisten Leute in dem Alter sind rein „gefühlsmäßig" links oder rechts oder glauben, dies oder jenes zu sein. Ich hab' mich damals nicht als „links" in dem Sinne empfunden, es war eigentlich mehr so 'ne Antipathie gegen rechts, wir hatten auf unserer Schule viele Typen, die waren so unglaublich saublöd konservativ drauf, und das in dem Alter. Einige waren sogar in der *Jungen Union* und die haben im Geschichtsunterricht z.B. auch laufend so fiese rechte Sprüche abgelassen. Für die war ich auch schon immer die „Rote Zecke", weil es zwischen denen und Leuten wie mir, die auch mal das Maul gegen Lehrer aufge-

macht haben, nicht viel gab. Natürlich waren weder wir noch die links oder rechts.

Beschreib' mal, was dieses Skinhead-Sein damals für Dich so ausgedrückt hat.

Xenia: Das ist 'ne ganz schwierige Frage, die solltest Du vielleicht eher meiner Psychologin stellen. Sagen wir mal so, der Lebensstil hat mir bei allen anderen Sachen, die ich so kennengelernt habe, einfach nicht besonders behagt. Ich glaube, es war erst mal 'ne optische Sache. Das sind ja so die Sachen, die einen als pubertierenden Jugendlichen interessieren: Wie sieht man aus? Was macht einen aus? Ich kann nicht sagen, daß es Mitläuferei war; es hat ja auch irgendwann Schereien gegeben zwischen mir und meinem Freund, weil er eben anders drauf war.

Warum Konflikte?

Xenia: Wenn man auf irgendso'n Mod-Teil geht, wo praktisch keine Skins da sind, dann fällt man halt auf, also jedenfalls kam er so an von wegen „laß dir die Haare wachsen" und so'n Dreck, den ich nie von ihm verlangt habe. Stand aber für mich nie zur Diskussion, 'ne Barbiepuppe zu werden. Irgendwann hat er dann klipp und klar gesagt: „Ich will nicht mehr, daß du mit den Skins rumhängst und mit denen in die Kneipe gehst, das sind doch alles Asseln... und so.

Wieso war es damals so ein Problem für Deinen Freund?

Xenia: Weil er nicht der Allerhellste ist, schätze ich mal. Der ist auch nicht gut angekommen bei den Skins, aber nicht, weil er kein Skin war, sondern weil er'n Löffel war.

Gut, jetzt warst Du in der Clique. Was habt ihr da so gemacht?

Xenia: Das war keine Clique in dem Sinne. Einige haben sich da auch besser gekannt, ich hab' mich so 2–3mal die Woche mit zwei oder drei oder auch mal zehn Leuten, je nach dem, getroffen, früher meistens in der Batschkapp. Dann gab's auch je nach Saison mal Scooterruns oder Konzerte. Außerdem war ich mal mit einem im Museum. Was haben wir so gemacht? Trinken, reden, der Rest ergibt sich ja von selbst. Dann gibt's mal Streit mit besoffenem Kopp, und die Polizei schaut auch mal vorbei...

In eurer Clique, wie viele Frauen und Mädchen waren da, bei den Skins?
Xenia: Da hatte ich damals noch überhaupt keinen Überblick. Heute sind's in Frankfurt vielleicht fünf oder so, damals wohl noch weniger, wenn man mal das Umland außen vor läßt. Auf jeden Fall viel weniger als Typen.
War das gut so?
Xenia: Ich hab's damals als Herausforderung betrachtet. Das seh' ich heut auch noch so. Die Skinszene ist 'ne Männerwelt wie die ganze übrige Welt eben auch. Man muß sich den ganzen Sachen, sexistischen Sprüchen und so, einfach stellen. Meine Lösung kann es nicht sein, mich wegen sowas in 'ne Frauenwelt zurückzuziehen, das wäre überhaupt nicht mein Ding. Würde mich auch langweilen.
Warum gibt es so wenig Frauen in der Skinszene?
Xenia: Zu allererst liegt es mal an den Frauen selbst. Ich sag' nicht, das ist die persönliche Schuld der Frauen, aber es liegt an der Art, wie Frauen erzogen sind und hingedrillt sind auf ihre Rolle. Ich behaupte mal, daß die meisten Mädels, egal, in welcher Szene die unterwegs sind, meistens die Anhängsel, die Groupies, die Fickhennen, die ‚Freundin von' eben sind. Das ist überall so, und das gibt's auch bei den Skins. Ich hab' mich nie verpflichtet gefühlt, das auch so zu machen. Ich fühle mich nicht unterdrückt oder fertiggemacht, weil ich das einfach nicht mit mir machen lasse. Ich will da einfach kein Gejammere abliefern, das ist keine Lösung. Die meisten Frauen haben nicht das Selbstbewußtsein, ihr eigenes Ding zu machen, also, ich rede jetzt weniger von Skin-Frauen. Was ich da gerade in der Scooter-Szene schon für Weiber gesehen habe ... Puppen zum Aufblasen wären leichter auf dem Roller zu transportieren gewesen.
Hast Du den Eindruck, in der Skinszene sind Frauen grundsätzlich gleichberechtigt?
Xenia: Genauso viel oder wenig gleichberechtigt wie sonst auch. Das hängt ganz von der einzelnen Frau und dem einzelnen Typen ab. Klar gibt's da Proleten, die Frauen dieses oder jenes absprechen, aber wie gesagt, die gibt's überall.

Gibt's überhaupt sowas wie Zusammenhalt der Frauen in der Skinszene? Oder Eigenaktivitäten ohne Typen?
Xenia: Also ich kann da nur für Frankfurt und Umgebung sprechen. Zusammenhalt in dem Sinne... nein, würde ich nicht sagen. Entweder ist man sich sympathisch oder nicht und verhält sich dann dementsprechend loyal oder auch nicht. Im Moment gibt's da so drei Frauen, mit denen ich echt gut auskomme. Mit denen war ich auch 'n paarmal in der Lesbendisco, war aber nicht so doll. Das lag aber überhaupt nicht an uns, sondern an den Lesben, die standen alle stinklangweilig in der Gegend rum, alle pärchenweise, und haben uns recht mißtrauisch beäugt. Wir sind also auf keinen Fall so gut angekommen wie unsere männlichen Kollegen bei den Schwulen... aber wir hatten dann trotzdem noch 'ne Menge Spaß, haben sturzbesoffen ein Auto mit Typen gekapert und so.
Es heißt ja auch oft, es gibt eine geschlechtsspezifische Herangehensweise an Gewalt. Kannst Du das bestätigen?
Xenia: Auf jeden Fall. Außer einer Aktion in Potsdam, wo eine Fascho-Frau nach Hause geschickt wurde, habe ich von Frauen in der Richtung noch nichts erlebt. Ach ja, außer Christa, die hat mal der Alibi-Frau von Michael Kühnen eine reingesemmelt, da war ich aber nicht dabei. Ansonsten hängt das wohl auch mit Männer- und Frauenrollen zusammen und nicht mit Skin-Sein.
Aber es gibt Frauen bei Euch, die auch sehr gewalttätig sind?
Xenia: Wehrhaft. Die, die ich kenne jedenfalls. Klar muß man immer darauf vorbereitet sein, sich zu verteidigen. Entweder legst du dir als Frau 'nen großen dicken Freund zu, den du immer dabei hast, oder 'n großen dicken Hund, oder 'ne Knarre – Aufrüsten ist ja derzeit sehr angesagt – oder du schaust halt selbst, was du machen kannst. Ich bin jetzt in einen Frauen-Taekwondo-Verein eingetreten. Da werden auch manchmal alltagstaugliche Sachen angetestet. Immer in die Eier, immer in die Eier...
Verteidigen gegen wen?
Xenia: Gegen Faschos, gegen Vergewaltiger, eben gegen Gesocks, das einem nach dem Leben trachtet. Wenn ich angegrif-

fen werde, dann möchte ich meine Haut so teuer wie möglich verkaufen. Man hat als Frau sowieso oft dieses Gefühl der Ohnmacht, und das möchte ich halt so niedrig halten wie möglich.

Wurdest Du schon angegriffen?

Xenia: Nee, ich hatte wirklich Glück bis jetzt. Ich kenne viele andere Leute, denen 'ne Menge Scheiße in der Hinsicht passiert ist. Es gab Situationen, da hab' ich mir die nähere Erörterung von verbaler Anmache verkniffen, um nicht doch noch eine einzufangen.

Gibt es auch gewalttätige Auseinandersetzungen unter den Frauen in der Skin-Szene?

Xenia: Kann schon sein, daß das bei den Rechten so ist. Ich hab' noch nichts dergleichen erlebt. Einmal wollte mich 'ne Frau aufklatschen, weil ich angeblich mit ihrem Typ geflirtet hätte, aber das war keine Skin-Frau, eher Marke Friseuse. Die kleinen Kämpfe werden nicht mit den Fäusten ausgetragen, sondern mit Worten, mit Verleumdungen, mit Tratsch – hauptsächlich wirklich verbal. Ich wäre auch nicht lange Skin gewesen, wenn das anders wäre.

Was bedeutet SHARP für Dich?

Xenia: Eben der kleinste Nenner, auf den man alle Skins bringen kann oder bringen können sollte, eben kein Rassist zu sein. Natürlich sind die Grenzen da schwimmend. Wenn einer zum Beispiel zu dieser ganzen Asyl-Geschichte eine andere Meinung hat als ich, dann kann ich damit leben und stempele ihn deswegen noch nicht zum Rassisten. Ich nenne ihn vielleicht verblendet, leicht beeinflußbar oder sonstwas, vielleicht auch einfach doof. Aber wenn einer nach meiner persönlichen Definition ein Rassist ist, dann haben wir uns als Skins auch nichts mehr zu sagen, klar.

Es gibt viele, die antirassistisch sind und sich trotzdem von SHARP inzwischen distanzieren.

Xenia: Klar, ein SHARP-Aufnäher ist noch keine Garantie für gar nichts. Wenn's in deiner Gegend fünf Leute gibt, die du nicht abkannst, und die haben vielleicht auch noch so'n Sendungsbewußtsein von wegen SHARP, dann nervt dich das an. Wundert mich eigentlich, daß solche Zusammenhänge oft nicht gesehen werden, denn eigentlich gibt es ja kein griffiges Argument gegen die SHARP-Aussage.

Ein Spruch ist: SHARP – es war noch nie so billig, Skinhead zu sein.

Xenia: Ja, wundert mich eigentlich auch, daß man mit der alten „SHARP is doof und was für SchwuleRasiertePunks"-Leier noch so viel Beifall ernten kann. Wie gesagt: Ich denke, es hat was mit persönlichen Querelen zu tun. Vielleicht auch damit, daß bestimmte Sachen einfach nach 'ner Weile abgegessen sind in den Augen mancher Leute. Manche sind vielleicht auch einfach sauer, weil sie SHARP nicht erfunden haben, das SHARP oder Nicht-SHARP-Ding ist ja sowas, das hauptsächlich unter Fanzines ausgetragen wird, da streitet sich doch keiner ernsthaft drüber in der Kneipe. Viele Leute haben nur Angst, daß SHARP zu sehr Mode wird und plötzlich die Oberschüler in die Szene strömen.

Meinst Du, Skins in Deutschland sind hauptsächlich ‚working class'?

Xenia: Also erstmal ist jeder, der darauf angewiesen ist, seine Arbeitskraft zu verkaufen, ein Arbeiter. Manche Leute denken ja, Arbeiter sind nur die, die sich beim Arbeiten noch die Hände schmutzig machen. Dieses Teil mit der working class... wenn's irgendwie darüber Diskussionen gibt, ob einer kein Skin sein kann, weil seine Eltern Produktionsmittel besitzen oder weil er Student ist oder einfach, weil er sich nicht die Finger schmutzig macht, dann wird's lächerlich. Skins sind in Deutschland so working class wie du oder ich. Nein, ernsthaft, ich hab' keine Ahnung, und es ist mir auch irgendwie egal, so lang die Leute gut drauf sind.

Es heißt immer: Wir sind so offen, jeder kann kommen – auf Flugblättern gerade. Wenn dann Leute in die Kneipe kommen...

Xenia: ... werden sie fertiggemacht.

Nee, werden sie gar nicht beachtet. Letztes Mal war 'n Trupp Skins aus dem Osten da, die wurden skeptisch beäugt, sowieso, das ist 'ne Paranoia: die Skins kennen wir nicht, also sind's Faschos. Und das zweite: die saßen 'ne Stunde am Tisch, 'n

Trupp von fünf Leuten, die Kneipe war voll und niemand hat mal gefragt: ‚Wer seid ihr denn? Wo kommt ihr denn her?', und dann sind sie wieder abgehauen. Ich habe später mal zufällig einen wiedergetroffen. Das war 'ne Clique aus irgend 'nem Ostberliner Vorort, die meinten: ‚Was sollen wir da?' Selbst haben sie sich auch unsicher gefühlt. Keine Kommunikation...

Xenia: Da gibt's aber 'ne ganz einfache Erklärung für, das weißt du auch. Einfach, daß man nicht wie die katholische Kirche oder wie die Hippies, wie die Sozialarbeiter sein will, so: ‚Ey, ihr seid ja cool. Kommt doch mal rüber und trinkt einen mit uns'. Es ist nicht so, daß man Mitgliederwerbung macht, das will ja keiner. Die meisten möchten zwar, daß neue Leute dazukommen, daß die Szene größer wird, aber man möchte eben niemanden darum bitten. Das ist, glaube ich, auch 'ne grundsätzliche Sache – niemanden um was bitten müssen. Das zieht sich so durch alle Bereiche auch hin. Ich glaube, wer Skin werden will oder mit Skins in Kontakt kommen will, der muß das von selbst machen.

Wie ist denn der Zusammenhalt städteübergreifend? Hast Du festgestellt, daß sich da was verändert hat in den Jahren?

Xenia: In den Jahren – ich bin ja erst seit drei Jahren dabei. Man kennt die Leute, man kann bei denen pennen, wenn da mal was ist, 'n Konzert oder so. Wir haben eben Freunde hier und dort. Der Zusammenhalt ist nicht so stark, daß man gemeinsam irgendwelche Aktionen machen könnte, übergreifend. Allgemein ist es so, was Aktionen angeht in Richtung Beseitigung von Mißverständnissen, mehr Präsenz bei Ausländer-Sympathie-Aktionen, da besteht einfach allgemein wenig Interesse dran. Viele Typen kommen so von diesem gemeinschaftlichen Kneipending her, das ist für die das Wichtigste. Ich denke auch, ich bin nicht Skinhead, um politisch aktiv zu sein, sondern in erster Linie für mich. Wahrscheinlich ist das den meisten Leuten auch gar nicht so wichtig, daß sie irgendwie den Leuten auf der Straße sympathisch sind. Gerade junge Leute finden das ja auch sehr ansprechend, mal angemacht zu werden oder daß die Leute die Straßenseite wechseln. Ist ja auch reizvoll teilweise am Anfang. Wenn mich irgendwelche Bürger auf der Straße blöd angucken, blöd anmachen – das stört mich nicht besonders. Aber, und das ist eigentlich 'n wichtiger Punkt, den hab' ich vorhin vergessen, das Mißverständnis von Marokkanern, Türken und so weiter. Ich find's einfach nur schade, daß sie's nicht besser wissen, und daß auch viele Skins es manchmal nicht besser wissen – da wünsch' ich mir eigentlich mehr Kontakt, mehr Verständnis, mehr Kommunikation. Damit man nicht mehr gegenseitig Angst voreinander haben muß – das ist nämlich wirklich 'ne ätzende Sache. Da wird ja mit brutalsten Mitteln vorgegangen, das weißt du ja.

Ist das wirklich so in der Praxis, im Alltag in Frankfurt?

Xenia: Ja, auf jeden Fall. Täglich nicht gerade, aber dumm angewichst werden, ‚Scheiß Nazi' – einfach, daß dir das nachgerufen wird, auch wenn die sich nicht trauen, was zu machen. Das stört dich, du bist kein Nazi. Ein paar Kinder von 'ner jugoslawischen Streetgang haben mich immer auf dem Weg zum Training blöd angemacht. Da hatte ich noch weiße Schnürsenkel in den Docs, weil es einfach gut aussieht, mittlerweile trage ich das aber auch nicht mehr. Die fingen an, mich da anzuwichsen, und ich: ‚Komm, hör mal auf. Ich bin kein Nazi, ich bin nicht mal deutsch'. Die haben mir das einfach nicht abgenommen. Dann gab's noch 'n Erlebnis. Da sind wir mal mit vielleicht acht Leuten in so 'n Teil eingefallen, weil es hieß, da wär'n Soul-All-Nighter. War dann doch nicht. Dann saßen wir in dem Laden drin und ich stand am Flipper und merkte auf einmal, die stehen alle dahinten in der Ecke und sind gar nicht gut gelaunt. ‚Was ist denn los?' ‚Hast du das nicht gemerkt? Draußen stehen 50 Türken mit Messern'. Ich: ‚Komm, ihr spinnt', und dann hab' ich mal 'n Blick rausgeworfen, und das war wirklich so. Da stand also wirklich bis zu den Zähnen bewaffnet 'ne Gang, 50 waren's auf jeden Fall. Dann kam auch schon der Anführer von denen rein, ist auch gleich zielsicher auf den Dicksten, den Größten zugelaufen – und der hat dann aber gleich auf seinen SHARP-Aufnäher gezeigt und dem das erklärt. Der ließ dann auch mit sich reden wirklich, das fand ich angenehm. Dann hat er seine paar Jungens reingeholt, hat denen das erklärt, und dann kamen die so an, haben uns auf die Schulter geklopft – irgendwie wird's einem 'n bißchen warm ums Herz beinahe. Diese Leute, die dich sonst so mißverstehen, daß die das auf einmal wirklich peilen. Dann haben wir uns nachher noch mit denen so 'n bißchen unterhalten – dabei hat sich dann herausgestellt, daß die verdammt nationalistisch waren, wirklich unangenehm. Wir haben das Kurdenproblem angesprochen, Erik natürlich gleich wieder, und dann fingen die an: ‚Soll ich dir was erzählen – Kurdenproblem ist einfach so: Willst du einen Baum fällen, fängst du an von unten, nicht von oben'. Und damit war das für die erledigt.

Hattet Ihr mehr Streß mit türkischen oder anderen Gangs als mit Faschos?

Xenia: Auf jeden Fall. Obwohl, das mit dem Streß ist oft nur 'n Mißverständnis. Keiner von uns pöbelt irgendeinen Türken sinnlos an. Neulich ist uns das passiert, da liefen wir mit drei, vier Leuten nur über 'ne Ampel, da standen vorne zwei Autos. Es war dunkel, wir haben nicht gesehen, wer drin saß, und die haben dann so auf's Gas gedrückt. Da ging's gleich ‚Arschlöcher, Wichser', fies gepöbelt, und auf einmal meint jemand: ‚Hör mal auf. Das sind zwei Autos voll mit Mucken'. Türkische Gangs. Wir nennen sie halt die Mucken, weil sie halt rummukken. Da wurde es uns auf einmal schlagartig so ummppfff – zwei Autos voll mit den Jungs. Und dann sind die aber auch weitergefahren. Dieser gegenseitige Respekt und diese Angst voreinander verhindern oft, daß wirklich was passiert, aber ich find's unangenehm. Man könnte wirklich einfach in Frieden miteinander leben. Das ist mir echt 'n Interesse. Was hab' ich denn davon aus so 'nem Mißverständnis heraus, wenn mir irgendwelche Türken einfach die Fresse zerschneiden und dann nachher: ‚Oh Entschuldigung, haben wir nicht gewußt'.

Gibt's andere Gruppen, mit denen Ihr regelmäßig Ärger habt? Punks zum Beispiel? Die werden ja von Euch in der Regel auch übel angemacht, als „Zecken", „asoziales Pack", „Abschaum"...

Xenia: Ich glaube, diese Sprüche, die ich auch ab und zu mal ablasse in Richtung ‚Punker-Zecken', die haben alle 'n Hintergrund. Es ist einfach nicht cool, nicht erwünscht, nicht üblich,

Gespräche darüber zu führen. Deshalb wird das auf solche Kurzformeln runtergekocht. Da steckt aber teilweise wirklich was dahinter. Ich hab' mit Punkern auch so meine Probleme... Was es so von den echten Bilderbuchpunkern – drogensüchtig, stinkend, auf der Straße rumhängend – noch gibt, dem kann ich keine Sympathien entgegenbringen. Ich hasse die nicht, ich verachte sie auch nicht, die sollen von mir aus so leben. Aber was das Lächerliche und Verachtenswerte an der sogenannten Punkszene jetzt ist, ist wirklich dieses Oberschüler-Phänomen. Neulich in Fraunkfurt saß da irgend so 'n 15jähriger rum mit Iro, der hatte eine soo dicke Kette um den Hals hängen mit einem Schloß dran. Da kackst du dich doch nur weg – was hast du denn mit so Leuten gemeinsam? Oder diese beiden 14-, 15jährigen auf der Zeil, lange Haare bis zum Arsch, grün gefärbt, ins T-Shirt 'n paar Löcher reingepopelt, die mir ‚arisch blond, was?' nachrufen – es ist einfach nur noch lächerlich. Da gibt's auch 'n paar alte Leute, die teilweise sehr interessant sind, mit denen man auch mal reden kann. Ansonsten hat die Punkszene einfach nichts zu bieten. Dieses kindische Zeug ist wirklich irgendwie verachtenswert.

Noch eine Feindgruppe, die wir bisher nicht angesprochen haben: Hippies.

Xenia: Mein Gott – die Hippies. Jeder hat tagtäglich mit Hippies zu tun – in der Schule, auf der Arbeit, mit 'nem Streetworker... Die Hippies sind überall, zum Beispiel an diesem Schreibtisch. Diese Verachtung für Hippies, für dieses ‚laß uns mal drüber reden und 'nen Kamillentee trinken...', das hat auch was mit dem Männlichkeitswahn zu tun, auf jeden Fall, aber auch mit dieser Sache, daß wirklich die meisten Skins... was ich persönlich eigentlich auch dran schätze, das hat mir niemand erklärt, das steht auch nirgendwo geschrieben, aber irgendwie, durch die Art, sich zu benehmen, sich zu geben, ist es 'ne sehr ehrliche und schnoddrige Sache. Die Sachen, über die man redet, die kotzt man halt so 'n bißchen raus, gerade, wie's einem kommt. Es ist 'n sehr ehrliches Ding allgemein, muß ich sagen. Eben, daß man, wenn man miteinander redet, nicht so gekünstelt rumspricht. Bei uns draußen im Main-Taunus-Kreis treffen sich ziemlich oft die verschiedensten Szenen – irgend jemand macht 'ne Party, lädt die Skins ein, kommen alle zusammen, und dann ist da 'n Haufen Schickimickis aus Oberursel noch dabei. Es ist einfach nicht zu glauben, über was für triviale Sachen die schwätzen können. Da sitzen zwei Tussen rum und unterhalten sich eine Stunde lang über den neuesten Modehund. Ist unglaublich. Und dann so Gespräche: ‚Ich geh jetzt für ein Jahr in die USA...'. Übrigens kommt wegen solcher Poppertypen, die ihr Zeug auf so gekünstelte Art erzählen, dieses ‚ihr Schwuchteln...' und so. Das ist überhaupt nicht gegen Homosexuelle gerichtet, sondern ‚Schwuchtel' ist einfach 'n Schimpfwort wie ‚Fotze', was ich ja auch benutze. Mit den Leuten entsteht halt überhaupt kein Kontakt. Die reden meist aus Angst nicht mit den Skins, und wir aus Verachtung, Desinteresse und so weiter nicht mit denen.

Was stört dich an der Skin-Szene am meisten?

Xenia: Hm, also was mich stört, ist zum Beispiel diese ewige Leier, es habe sich ja alles so politisiert, und man könne ja gar nicht mehr Skin sein, ohne dies oder jenes zu sein. Das ist Quatsch. Ich finde, daß noch zu viele Leute sich zu sehr aus allem raushalten wollen. Gerade als Skin wirst Du doch dauernd konfrontiert mit Gewalt auf der Straße, mit Staatsgewalt sprich Bullerei und diesen ganzen interessanten Sachen, zum Beispiel das Sündenbockphänomen jetzt ja ganz besonders stark. Man müßte viel mehr Action machen gegen bestehende Vorurteile oder auch gegen Faschos, jeder wie er kann, der eine gegen die auf der Straße oder in der Nachbarschaft, der andere gegen die ganz oben. Da passiert eher zuwenig als zuviel. Und das schließt ja auch nicht aus, daß man mal ganz unpolitisch einen saufen gehn kann.

„Ich bin unpolitisch rechts."
Olaf, Claudia und Friedy

Friedy: Ich bin Friedy aus Köln, werde 20. Ich fange jetzt 'ne zweite Lehre als Speditionskaufmann an, also richtig Working

Class. Vorher hab ich Einzelhandel gelernt, dann kam Fachabi dazwischen.

Claudia: Ich heiße Claudia, bin 23, von Beruf Feinsattlerin – Lederwaren, Aktenkoffer, Reisegepäck, sowas. Ich möchte später mal meinen Meister machen und mich nach Möglichkeit selbständig machen.

Olaf: Ich bin Olaf, 20 Jahre, hab' bei Bayer gelernt – Mechaniker, Fachrichtung Drehtechnik, erfolgreich abgeschlossen. Bin jetzt immer noch bei Bayer.

Seit wann seid Ihr in der Skinszene?

Friedy: Mit 15, 16 irgendwann mal *Specials* gehört. Das ging dann so ewig weiter ‚und irgendwann gab es Konzerte, 'n Revival, und da wurde dann alles so 'n bißchen größer und irgendwie ist daraus 'n Kult geworden.

Claudia: Ich hab mit 16 die ersten Skinheads kennengelernt. Ich wußte vorher nicht, daß es sowas überhaupt gibt, hatte ich noch nie was von gehört. Das waren allerdings Leute aus der rechten Szene. Durch die bin ich dann aber auch mit anderen Leuten in Kontakt gekommen, die einfach nur Skinheads waren ohne irgendwelche Politik. Ich hab' mir das Ganze etwas über 'n Jahr angeguckt, hab' mir irgendwann halt die Haare geschnitten und dann immer mehr gemerkt, daß das eben genau das ist, womit ich mich am besten identifizieren kann. Seitdem lebe ich mein Leben als Skinhead.

Olaf: Bei mir kam das mit 15, 16 über Psychobilly – die Leute mit den Hörnern. Da fing's an. Das wurde mir dann zu dumm, weil sich die ganze Psycho-Szene ziemlich zersplittert hat. Dann kamen so die ersten Kassetten... irgendwie gefiel mir Skinhead immer besser. Da fing ich an bei stark rechts, mittlerweile hat sich das alles 'n bißchen gelegt. Skinhead ist der Lebensweg, den ich eigentlich bis an mein Grab gehen möchte.

Claudia: Skinhead-Sein bedeutet jetzt eigentlich alles. Der ganze Skinhead-Stil, angefangen von den Klamotten über Musik bis zu der Art, alles aufzufassen, die ganze Art zu leben, das ist einfach das, was einen am meisten anspricht. Das hört sich zwar ziemlich ausgelutscht an, aber Skinheads sind untereinander wirklich wie eine große Familie. Verrat untereinander oder

Lästerei, das gibt's eigentlich weniger. Ja gut, es gibt immer mal ein paar Leute, die sich gegenseitig nicht leiden können, aber das gibt's überall. Aber im großen und ganzen kannst du nicht sagen, daß die grundsätzlich über jeden herziehen.

Friedy: Ich hab' erstmal meinen Stolz, daß ich mein eigenes Leben hab', daß ich tun und lassen kann, was ich will. Für die Dinge, die ich mache, muß ich selber geradestehen. Ich arbeite für die Scheiße, die ich mache.

Claudia: Klar, das muß jeder Mensch.

Friedy: Auf jeden Fall sollte man auf sich selber 'n bißchen stolz sein und irgendwie auch alles auf die Reihe kriegen.

Claudia: Ja, natürlich, aber wenn du dich 'ner Bewegung anschließt, heißt das ja nicht, daß du dein eigenes Ich dafür aufgibst. Du integrierst dich in die Sache ja, weil du selber auch so bist, weil du dazu stehst.

Warum seid Ihr gerade bei den Skinheads gelandet? Ihr hättet ja auch theoretisch Punks werden können, Popper...

Olaf: Bei mir zählt zuerst das Layout, ganz entscheidend ist das Aussehen. Die Musik sprach mich am meisten an, die Leute sprachen mich am meisten an. Die haben halt auch alle 'n gewisses Niveau, sind nicht so 'n arbeitsloses Pack. Gibt ja genug Arbeitslose. Gefiel mir halt am besten.

Claudia: Bei mir war das eher so, daß ich früher immer was gesucht habe, mit dem ich mich am besten identifizieren kann. Mit 13, 14 war ich auch mal punkmäßig drauf. Hab' dann aber auf die Dauer gemerkt, daß das alles nicht so das ist, was ich haben wollte. Irgendwann mal hab' ich eben die Skinheads kennengelernt, und da hab' ich gemerkt, das ist genau das, was ich immer gesucht hab'. Das ist genau das, was zu mir paßt, wo ich mich wohlfühle.

Friedy: Ich hab' vorher auch, bis ich mit der Schule fertig war, ziemlich viel Punk gehört. Dieses ‚Bullenstaat' und ‚alles Spießer', das sind im Prinzip hohle Phrasen für mich. Das kannst du machen, wenn du zu Hause wohnst, wenn du keine Verantwortung hast. Guck dir die Leute mal an, das ist echt 'n bißchen peinlich: ‚Ey, haste mal 'ne Mark?' – ‚Geh mal arbeiten.' – ‚Nee, ich find ja nichts...'. Wenn der sich so blöde anstellt... Auf jeden Fall, als ich mit der Schule fertig war und selber im Leben stand... das kam halt irgendwie. Ich denke mal, daß das Elternhaus da auch 'ne große Rolle spielt, bei mir zumindestens.

Claudia: Die Frage ‚Warum bist du Skinhead, warum gefällt dir das so?', das kann man schlecht erklären. Jemandem, der außen steht, kann man das nicht erklären. Man kann es ja sich selber nicht erklären. Das ist einfach so.

Friedy: Ich hab' schon dreimal versucht, mir die Haare wachsen zu lassen – es geht nicht.

Aus welchen Elternhäusern kommt Ihr denn?

Claudia: Ich komme aus einem Elternhaus, in dem die Eltern geschieden sind, seit ich elf bin. Ich hatte halt immer 'n gutes Verhältnis zu meiner Mutter, bei der ich dann aufgewachsen bin. Eigentlich 'n ganz normales Elternhaus, Schule, Arbeit... Mein Vater ist gelernter Betriebsschlosser, ist in seinem Betrieb etwas aufgestiegen, ist jetzt Programmierer. Meine Mutter ist gelernte Friseuse und arbeitet als Bürogehilfin im Großraumbüro.

Friedy: Mein Vater ist Bäcker. Mit 18 Jahren hat er 'nen Fickfehler gemacht, daraus bin ich dann geworden.

Claudia: 'n Fickfehler – du hast Ausdrücke.

Friedy: Ich bin halt pervers.

Claudia: Du bist primitiv.

Friedy: Na und? Vor 12 Jahren haben sich meine Eltern geschieden. Ich hab' bei meinem Vater gewohnt, bin halt früh selbständig erzogen worden.

Olaf: Ich komm' aus 'nem ganz gutbürgerlichen Familienhaus, heile Welt.

Claudia: Liebling der Eltern. Von vorne bis hinten verwöhnt.

Olaf: So doll gar nicht. Das bißchen...

Weil Ihr immer betont: ‚Working Class' und so... Ein Großteil der Skinszene in Deutschland hat mit Working Class nichts am Hut.

Olaf: In England hast du 'ne Unterschicht, die hier in Deutschland wohl nicht so existiert.

Claudia: Aber ‚Working Class' heißt übersetzt nicht Meister oder Vorgesetzter, sondern einfacher Arbeiter, und das ist bei vielen Skinheads wirklich nicht mehr der Fall. Es gibt wirklich genug, die studieren oder deren Eltern selbständig sind oder so.

Olaf: Ich könnte auch 'n Working Class-Job anfangen, aber ich hab' irgendwo meine Zukunft. Ich will mit 25 nicht mit 1,6 netto nach Hause kommen.

Claudia: Es ist natürlich ein Unterschied, ob man Abitur macht und dann studiert, und die ganze Zeit auf Kosten von Mami und Papi lebt, und dann irgendwann 'n netten Job als Diplomingenieur anfängt mit 3 oder 4000 netto, oder ob du wirklich 'ne Lehre machst und dich langsam hocharbeitest. Dann bist du wirklich Working Class. Aber wenn du direkt als Diplomingenieur anfängst...

Friedy: Ich hab Fachabi gemacht, ohne Bafög zu kriegen. Ich hab dafür nachmittags gearbeitet.

Claudia: Das finde ich auch gut. Wenn du das mal vergleichst mit anderen Leuten... Es heißt ja auch nicht, wenn du erstmal arbeiten gehst, daß du dann dein Leben lang 'n kleiner popeliger Arbeiter bleiben mußt. Das, was man sich selber erarbeitet hat, da kann man ja ruhig stolz drauf sein.

Bei Euch in der Szene gibt's wahrscheinlich auch Arbeitslose inzwischen, oder?

Claudia: Ich kenne eigentlich wenige, aber 'n paar gibt's wohl schon, klar. Obwohl man hier in Köln gar nicht ‚Szene' sagen kann; es gibt vielleicht drei, vier Glatzen, höchstens fünf, da kann man nicht ‚Szene' zu sagen.

Friedy: Das ist hier mehr Szene Nordrhein-Westfalen.

Olaf: Du hast hier genug 15-, 16jährige rumlaufen...

Claudia: Kurze Haare und Docs machen noch lange keinen Skinhead.

Olaf: Irgendwann trennt sich die Spreu vom Weizen.

Mit was für Leuten verbringt Ihr denn Eure Freizeit?

Claudia: Ich hab' in meinem Freundeskreis viele Leute, die rechts sind, auch extrem rechts. Einer meiner besten Freunde bezeichnet sich selber als Nazi. Aber der gehört nicht zu den Leuten, die 'n Asylantenheim stürmen oder irgendwelchen Türken auf die Fresse hauen. Das ist ein Superfreund von mir – für den würd' ich jederzeit meinen Arsch hinhalten. Wenn den einer anpackt, dann ist es für mich vorbei. Mir ist es egal, wie der politisch denkt. Der ist ok als Mensch, und das ist für mich die Hauptsache.

Friedy: Ich bin lieber mit Leuten aus der rechten Szene zusammen als mit irgendwelchen Linken. Die versuchen, einem irgend 'n Gespräch aufzudrängen und fangen an, über Politik zu labern. Darauf hab ich keinen Nerv.

Claudia: Vor allem, wenn du einem Linken sagst, daß du nicht politisch bist, dann sagen sie – ist mir oft genug passiert –, daß du damit automatisch die Rechten unterstützt. Was totaler Quatsch ist.

Friedy: Ja genau. Du kannst ja nicht auf 'n Konzert von denen. Da labern die dich voll mit irgendwelchem Müll, da bist du doch genervt. Wenn ich zu 'nem Konzert fahr', dann denk ich nicht über Politik nach – dann denk' ich nur an den Spaß, den ich da hab'. Dann trink' ich mit jedem mein Bier, da frag' ich ja auch nicht: ‚Bist du jetzt links, bist du rechts? Mit dir trink' ich nichts, mit dir doch...' Da fahr ich nur wegen des Spaßes hin. Ich denk', 'ne politische Meinung hat jeder Mensch, aber Skinhead sein ist irgendwie was anderes.

Claudia: Es ist immer der Unterschied, ob man sagt: ‚Ich bin Skinhead, weil ich rechts bin', oder ob man sagt: ‚Ich bin Skinhead und ich bin rechts'... oder links oder sonstwas. Das ist der kleine, aber feine Unterschied.

Daß Du früher bei den Rechten warst, war das Zufall oder schon aufgrund politischer Meinungen?

Friedy: Am Anfang kannte ich so gut wie keinen, der unpolitisch war, ich kannte nur rechte Leute. Mittlerweile häng' ich aber mit allen zusammen – große Familie, wo sich dann keiner streiten sollte.

Ist das denn einfach? Gibt's da nicht Konfrontationen?

Claudia: Hier in der Gegend ist es meistens eher so, daß diejenigen, die Ärger machen, die Linken sind. Linke Skins mit Punks zusammen oder Autonomen und so. Es ist mehr als einmal vorgekommen, daß irgendwelche Konzerte, wo auch einige Rechte waren, die sich absolut ruhig verhalten haben, gestürmt worden sind – die Rechten haben paar auf's Maul gekriegt. Das find' ich absolut unsinnig. Das schürt nur den Haß und die Gewalt.

Friedy: Ich kenn' genauso gut Leute aus der linken Ecke, die sind fit drauf, die tolerieren mich, und ich kann bei denen sagen: ‚auch ok'. Aber da gibt's genauso Hohlschwallos, die meinen: ‚Entweder denkst du so wie ich oder du kriegst einen auf's Maul', und das ist mir irgendwo zu blöde. Die hast du aber von rechts auch.

Claudia: Tatsache ist doch, daß die meisten Leute, die diese ganz extremen rechten oder linken Sprüche bringen, einfach das nachlabern, was sie von irgendwelchen Älteren gehört haben, mit denen sie zusammenhängen, und über Politik sich noch nie wirklich Gedanken gemacht haben. Irgendwann fangen sie dann an, zu überlegen, und wie schon Goethe sagte: ‚Der denkende Mensch ändert seine Meinung'... irgendwann kommen sie dann mal auf den Trichter, daß sie sich auch ihre eigene Meinung bilden können und trotzdem von ihren Leuten akzeptiert werden.

Olaf: Ich denke, das beste ist, wenn die Menschen nur einmal im Jahr politisch werden, und zwar bei der Wahl, daß ansonsten alles am Arsch vorbeigeht. Das ist das beste.

Naja...

Olaf: Na gut, ich hab' auch meine politische Meinung, nur bring' ich sie nicht mehr so zum Ausdruck wie früher. Erstmal hat die Meinung sich stark abgeschwächt – rassistisch bin ich schon mal nicht mehr und faschistisch auch nicht mehr.

Claudia: Nicht?

‚*Patriot*'?

Olaf: Ja, so kann man's sagen. Auf Deutschland stolz bin ich schon lange nicht mehr. Das war ich auch früher nicht, wo ich total rechts war. Auf so 'nen Haufen Müll kannst du gar nicht mehr stolz sein, da kannst du am besten 'ne Riesenmauer drumrumbauen und Deckel drauf.

Claudia: Es ist auch immer das Problem – wenn man zu jemandem sagt, man ist leicht rechts oder einfach nur rechts, dann ist man direkt als Nazi abgestempelt. Da gibt's so viele Unterschiede, wirklich, von ganz leicht rechts bis zum absoluten Nazi. Wenn man sagt, man ist Patriot, dann bedeutet das, daß man auf sein Land stolz ist, und will genauso akzeptiert werden wie 'n Türke, der auf die Türkei stolz ist. Aber 'n Nationalist erkennt nur sein eigenes Land, und alle anderen sind Scheiße.

Olaf: Bei mir ist es mehr oder weniger gefühlsmäßig. Ich fühl' mich halt dem Land verbunden, weil ich hier alles hab'. Abgesehen vom Wetter möcht' ich in keinem anderen Land wohnen wollen.

Claudia: Wenn ich mich politisch irgendwo hinstellen sollte, würd' ich am ehesten sagen: rechts von der Mitte. Ich sage zwar, ich bin unpolitisch, weil ich nicht versuche, irgendwelche politischen Ziele durchzusetzen, aber ich bin von Deutschland schwer angetan, mir gefällt's hier. Genauso hab' ich aber auch Verständnis dafür, wenn andere Leute auf ihr Land stolz sind. Wenn 'n Franzose sagt, er ist stolz auf Frankreich, dann ist es ok. Sag das hier mal – da wirst du direkt als Nazi abgestempelt.

Friedy: Politik sollte... das ist Verarschung. Ich hab' da echt keinen Bock drauf.

Claudia: Politiker sind nicht alle korrupt.

Friedy: Ich mach' das, was ich will, und damit hat sich für mich der Fall. Ich finde nur, gerade in der Skinszene – rechts oder links, das ist nur 'n anderes Wort für ‚hast du was gegen Ausländer oder hast du nichts gegen die?' Ich muß sagen, ich kenn' Türken, die sind fit drauf, ich kenn' Türken, die sind asig drauf. Das hat mit der Nationalität nichts zu tun, ich kenn' genauso Deutsche, da gilt dasselbe wie bei allen anderen Nationalitäten auch. Für die meisten Leute aus der linken Ecke ist das das einzige, was die sehen – wenn die morgens zum Bäcker gehen, von der Haustür bis zum Bäcker sehen die schon zwanzig Nazis; die sind irgendwie paranoid. Du hast deine sozialen Probleme in Deutschland und alles, das ist nicht abzustreiten.

Claudia: Das stimmt schon. Was ich, ehrlich gesagt, zum Beispiel ziemlich Scheiße finde, ist hier die Wehrpflicht. Ich find' das 'n ziemliches Unding, daß Männer zum Bund müssen und Frauen nicht dürfen. Ich möchte das, was ich mir selbst erarbeitet habe, auch selbst verteidigen, notfalls auch mit der Waffe.

Friedy: Ich möchte das genau umgekehrt ausdrücken: Ich find's 'ne Sauerei, daß ich hinmuß. Ich finde, wer Bock hat, zum Bund zu gehen, 'n Jahr lang mit der Knarre rumzulaufen, der soll's machen.
Claudia: Mit wehenden Fahnen wär' ich als erste da, ich stände ganz vorneweg.
Stehst Du auf Bund?
Claudia: Ja, total. Überhaupt auf Soldaten. Ich weiß nicht, das kommt durch meinen Vater. Mein Vater ist der absolute Waffen- und Soldatenfreak, und das hat sich vererbt. Auf Soldaten bin ich schon als kleines Kind abgefahren.
Meine Lösung wär' ja: Frauen nicht zum Bund, Typen auch nicht. Dann würde ich mich hier sicherer fühlen.
Friedy: Ich find' Bund einfach freiwillig.
Olaf: 'ne Welt ohne Waffen wär' ja ganz schön. Aber ich denk' mir, es ist kein Unterschied, ob du die mit französischen, amerikanischen oder deutschen Waffen abknallst. Wenn wir die nicht liefern, liefern die Amis die, und liefern die Amis nicht, liefern wir oder die Franzosen. Produziert wird doch vieles. Und deshalb sage ich mir: Was soll das Ganze hintenrum? Da werden noch die Politiker bestochen. Sollen sie besser öffentlich verkauft werden, dann weiß doch jeder, wer das größte Arschloch ist.
Claudia: Daran siehst du, Politik und Religion sind die größten Verarschungen, die es überhaupt gibt.
Olaf: Also, von der Kirche halt' ich nichts, aber ich hab 'nen festen Glauben in dem Sinne schon. Von der Kirche halte ich nichts, aber an Gott glaube ich. Jeder hat was, woran er glaubt, auch wenn er's vielleicht in der Öffentlichkeit nicht zugestehen wird. Ich glaub' einfach dran, daß es irgendwas gibt...
Claudia: Irgendwo gibt es vielleicht schon irgendwas Außerirdisches, aber das ist noch lange nicht anbetungswürdig.
Olaf: Das hört sich so an, als würde ich mich abends hinsetzen und Loblieder singen.
Claudia: Also ich bin Atheist. Ich glaube einfach nur an mich selber und an den Skinhead Way of Life und an sonst gar nichts.
Okay, Themenwechsel: SHARP.

Friedy: Am Anfang fand ich SHARP völlig korrekt. Das war 'ne Möglichkeit, sich zu distanzieren. Nur wurde das dann auch so publik, und dann haben irgendwelche 15-, 16jährigen gemeint: ‚Ich bin jetzt der Gute'. Die haben vielleicht zu viele Karatefilme oder Western mit Gut und Böse gesehen, nähen sich 'n SHARP-Aufnäher auf die Jacke und sagen: ‚Ich bin Skinhead. Ich mach' aber nichts'. Das sind für mich irgendwo Lutscher. Ich sag' nicht, daß jeder Mensch hart sein muß, aber wenn er ... SHARP – der Boom ist vorbei. Du hast das hier in Bonn gesehen. Da gab 's massig Leute vor zwei Jahren und jetzt nichts mehr. Das war so 'n Fünf-Minuten-Ding.

Claudia: SHARP ist erst mal Scheiße, weil es wieder mal nur gegen die Rechten geht, daß jeder Rechte direkt wieder als Arschloch abgestempelt wird. Es könnte ja genauso gut gegen die Linken sein, wär' mal ganz vernünftig. Dann ist SHARP hier in Deutschland von den Roten total aufgesogen worden. Wenn du dir SHARP in Frankreich anguckst zum Beispiel, da ist das was ganz anderes als hier bei uns. Aber guck dir mal hier die ganzen SHARP-Skins an, kannst du drauf wetten, 2/3 bis 3/4 davon sind eigentlich Redskins. Was soll der Scheiß überhaupt? Ich brauch' nicht irgend 'n Titel oder 'n Namen, um mich irgendwo hinzustellen, ich bin einfach nur Skinhead. Da brauch' ich keine zusätzliche Bezeichnung. Und Skinhead heißt nun mal eigentlich nur, 'ne Art, zu leben, die nicht viel mit Politik zu tun hat. Politik ist da nicht wichtig, das ist jedermanns Privatsache. SHARP ist einfach nur Scheiße.

Von der Idee her ist es ja eigentlich umgekehrt – weil eben ein großer Teil von Nazi-Skins den Ruf der Bewegung an sich, unpolitisch oder wie auch immer, in Verruf gebracht hat, durch Überfälle, durch rassistische Aktionen, weil Skinhead immer als Faschos dargestellt werden, war die Idee, was dagegen zu machen und zu sagen: ‚Skinhead ist nicht gleich Rassist'. Back to the Roots.

Claudia: Dann hätten sie 's aber etwas anders benennen sollen, nicht nur ‚Skinheads gegen rassistische Vorurteile', sondern ‚Skinheads gegen jede Art von Politik in der Bewegung'. Das ist auch 'ne viel klarere Aussage.

Was meint Ihr denn, wie man gegen das Nazi-Image vorgehen sollte?
Claudia: Die Ideallösung wär' natürlich mal 'n Film oder 'n Bericht mit richtigen Skinheads zur besten Fernsehzeit.
Olaf: Du kannst das höchstens durch die Medien machen. Aber die suchen natürlich immer nur Mord und Todschlag, sonst kriegst du keinen vor den Fernseher. Ein paar Nazi-Skins, die irgendwelche umbringen, das bringt natürlich mehr Leute vor den Fernseher, als wenn da jetzt fünf unpolitische Skins sitzen und 'n Ründchen 'n Gespräch halten.
Claudia: Wir versuchen das auch immer durch so kleine Sachen. Beispielsweise ... man ist im Bus, und da ist 'ne türkische Frau mit 'nem Kinderwagen, und keiner hilft ihr, den Kinderwagen rauszutragen – ja, Gott, dann helfen wir halt, was soll das denn? Das ist zwar nur Kleinarbeit, aber das prägt die Leute – 'ne Türkin ist doch total verwundert, wenn ihr 'n Skinhead hilft, 'n Kinderwagen zu tragen, ohne sie dumm anzumachen.
Ihr tragt auch keine eindeutigen Aufnäher, SHARP oder sonstwas?
Claudia: Ich ja. Mit meinem Ex-Freund zusammen haben wir so 'ne kleine Gemeinschaft gegründet mit ‚Do The Dog'-Aufnäher. ‚Do The Dog' ist ein Lied von den *Specials*. In dem Lied geht es darum, daß man sich in den verschiedenen Bewegungen nicht hassen oder kaputtschlagen soll, sondern daß man sich einfach toleriert oder ignoriert und jeder halt sein Leben lebt, wie er will.
Euren Aufnäher erkennt doch keiner außerhalb der Szene ...
Olaf: Was nützt dir das, wenn du dich mit einem unterhältst, der voll mit Vorurteilen ist – die kriegst du auch nicht raus.
Claudia: Wenn ich durch die Straßen gehe und mich pöbelt einer direkt an von wegen ‚Scheiß Nazi' oder so, dann ist derjenige es gar nicht wert, daß ich mich weiter mit ihm befasse, weil er mich direkt abgestempelt hat. Wenn aber jemand auf mich zukommt und erst mal fragt, dann denke ich, daß ihn das wirklich interessiert, und dann bin ich auch bereit, mit den Leuten zu reden.
Friedy: Aber ich hab' keinen Bock, Aufklärungsunterricht in

Sachen Rechts und Links zu machen. Wenn einer schon so hohl ist und von Äußerlichkeiten auf Einstellungen schließt, ohne daß 'n Politikwimpel bei dir an der Jacke pappt, dann find' ich das schon recht peinlich. Dann sag' ich immer: ‚Ich bin zwar kein Nazi, aber kann dir gerne was auf's Maul hauen'. Meistens halten sie dann die Fresse.
Claudia: Nee, warum? Wenn die Leute das interessiert, wenn sie dich wenigstens schon fragen, dann heißt das, daß sie zumindest erst mal Interesse zeigen, um dich wirklich mal 'n bißchen näher kennenzulernen, und dich nicht direkt abstempeln. Und dann sagst du vielleicht ganz einfach, dich interessiert Politik nicht ...

Sind denn für Euch Organisierte, FAPler oder so, die auch in der Skinszene sind und versuchen, Einfluß zu gewinnen, ein Problem?
Claudia: Ich hab mit denen noch nie was zu tun gehabt.
Olaf: Kommt darauf an, wie die Leute rüberkommen. Wenn wir uns irgendwo treffen und feiern zusammen, machen 'ne Party zusammen, dann ist es ok. Wenn die auf der Party Flugblätter verteilen, dann sag' ich: ‚Du bist 'n Arschloch'.
Claudia: Die ganze Politik hat zur Spaltung der Szene geführt.
Friedy: Ich denk' mir mal, die ganzen Politikheinis, das ist zu sehr an die komische deutsche Oi!-Szene gebunden.
Claudia: Politik an die Oi!-Szene gebunden?
Friedy: Störsaft, Wotan ...
Claudia: Das ist kein Oi!, das ist Politrock. Oi! ist nicht politisch! Wenn ich beispielsweise weiß, daß *Störsaft* so komische Lieder singen von wegen – irgendwas mit blaue Augen und blonde Haare und Schnurrbärtchen und ‚Sieg Heil' und so, dann sind die für mich abgestempelt.
Olaf: Das ist aber kein Politrock.
Claudia: Natürlich.
Olaf: Das sind halt ihre Meinungen, die sie zum Ausdruck bringen mit der Musik.
Claudia: Ja – ihre politische Meinung.
Olaf: Das ist rechte Skinheadmusik.

Claudia: Für mich ist das Politrock.

Olaf: Aber Du kannst nicht zu allem, was Dir nicht gefällt, sagen, das ist dann kein Oi! mehr.

Claudia: Oi! ist nicht-politische Musik! Musik mit nicht-politischen Texten! Sonst könnte man ja genauso gut Punk dazu sagen. Die Texte sind eben der Unterschied zwischen Oi! und Punk.

‚SpringtOifel' hat ein Stück gegen Arbeitslosigkeit. Sind die jetzt 'ne Politrockcombo?

Claudia: SpringtOifel sind unpolitisch. Steht sogar auf ihrer letzten Platte drauf.

Olaf: (Stöhn) Über Musik kannst du echt stundenlang debatieren.

Wie ist Euer Verhältnis zu ausländischen Jugendlichen – habt Ihr überhaupt mit denen Umgang?

Friedy: Mein bester Kumpel ist Jugoslawe und dazu noch überzeugter Punkrocker, aber wir verstehen uns prima. Ich toleriere die Leute, die sollen alle machen, was sie wollen – das ist nicht mein Bier.

Olaf: Als ich noch ziemlich rechts war, haben wir uns mit den Ausländern bestens verstanden, aber mit den linksradikalen Punkern eigentlich nie. Wir haben mit Ausländern noch nie eine einzige Schlägerei gehabt, keine einzige. Die haben uns nie angemacht, wir haben die nie angemacht ... Aber am Wochenende zum Konzert sind da 400 Zecken in der Stadt. Dann sitzen wir mit 15 Mann in der Kneipe – ja klar, die haben nichts Besseres zu tun, als uns auf's Maul zu hauen. Das ruft natürlich Gegengewalt hervor. Da 'n Auto, da 'ne Scheibe, da liegt einer im Krankenhaus – und so geht's immer weiter. Ich hab' da richtig immense Probleme mit. Du kannst da nicht gewaltlos leben.

Friedy: Das ist auch irgendwie 'n Phänomen, daß du dich mit Ausländern eigentlich recht gut verstehen kannst, und dann kommen irgendwelche Steineschmeißer, die ‚Anarchie' schreien – einerseits ‚Scheiß-Staat', andererseits zum Sozi-Amt gehen – und mit den Leuten hast du dich eher in der Wolle als mit irgendwelchen Türken.

Claudia: Ich würde sagen, das hat nicht viel mit Ausländern oder Linken oder sonstwas zu tun, sondern mit dem Menschen an sich. Ich hab' Arbeitskollegen, eine ist Türkin, eine ist Ungarin, Rumänin, mit denen komme ich sehr gut zurecht. Und andererseits gehe ich durch die Stadt und werde von irgendwelchen Türken angepöbelt, genauso aber auch von Deutschen. Ich hab' wirklich in den ganzen Jahren, wo ich Skinhead bin, bei uns noch nie Probleme mit Ausländern gehabt. 80 Prozent der Ausländer bei uns sind Türken. Ich hab' mit denen nie Ärger gehabt, niemals. Und letzte Woche sind wir, so vier Glatzen, durch die Stadt gegangen, kamen aus dem Kino, sind ganz friedlich zum Auto gegangen – da kamen sie zu acht hinter uns her: ‚Scheiß Skinheads, Glatzköpfe ...' Passiert halt auch. Nur hätten das genauso gut irgendwelche deutschen Asis [Asoziale] sein können. Bei den Ausländern kommt's wahrscheinlich schon mal eher vor, weil sie meinen, wir wären Nazis, und wollen uns deshalb 'n paar auf's Maul hauen – aber das kann man jetzt auch nicht auf alle Ausländer bezogen sagen. Das sind immer Einzelpersonen.
Olaf: Und vor allem kommt es auf die Altersgruppe von denen an. Die militanten Ausländer sind für mich 15 bis 25.
Das ist doch bei den Skins genauso, daß der Nachwuchs oft einfach dumpf prügelt, um sich zu beweisen.
Claudia: Wenn sie in die falschen Kreise geraten, natürlich. Ich gebe zu, daß ich in der Beziehung auch ziemlich arrogant bin. Wenn ich sehe, da kommt 'ne neue Glatze, der seit zwei, drei Monaten kurze Haare hat – von dem distanziere ich mich erstmal. Da guck' ich mir lieber an, ob die in ein, zwei Jahren immer noch drauf sind und dann hab' ich Kontakt mit denen. Die Leute, die ganz extrem rechts sind, die versuchen, nach Möglichkeit viele Leute zu sich zu lotsen, damit sie stärker werden und mächtiger und ihnen keiner mehr was tun kann und sie bessere Aktionen reißen können und so. Die nehmen im Prinzip sogar die Zwölfjährigen auf. Ich distanzier' mich lieber erst mal 'n bißchen und guck' mir die Sache an.
Friedy: Ich komm' ja aus der Rude Boy-Ecke, ich hab niemals mit rechts was am Hut gehabt. 600 Meter weiter ist 'n prima

Türkenviertel, da kann man völlig geil einkaufen. Mit den Leuten kriegt man auch keine Probleme, wär 'n Unding. Und die ganzen Asylanten – wenn's denen wirklich dreckig geht, sind die mir lieber als irgendwelche komischen Russkis, die hier rüberkommen, können gerade mal ‚daitsch' sagen und das war's.

Olaf: Ich möchte das mal so sagen: Ich hab' Verständnis für jeden, der hier hin will. Wenn ich in irgend 'nem anderen Land leben würde, würde ich auch hier hin wollen. Nur rechne ich dann damit, daß die das gleiche Verständnis haben, wenn ich sage: ‚Jetzt hab' ich keinen Nerv mehr', weil wir die Steuern zahlen, noch und nöcher – das seh' ich nicht ein.

Claudia: Keine Wohnungen, nicht genug Arbeitsplätze und immer mehr Leute. Der Fehler ist, daß sie die Leute alle hier hinkommen lassen, anstatt zu versuchen, in deren Heimatländern was zu ändern – daß die Leute dableiben können und auch arbeiten können. Die wollen ja auch nicht unbedingt alle hier hin. Wenn's denen da besser ginge, würden sie bleiben. Die kommen ja nur, weil es nicht anders geht.

Die Leute, die Euch am meisten Probleme bereiten, sind ...
Olaf: Zecken.
Claudia: Er bringt's auf einen Nenner.
Wer sind Zecken außer Punks?
Olaf: Sämtliche Linksradikale, Autonome und militante Ausländer.
Claudia: Für mich sind Zecken eben Punks. Im Grunde gehen die mir am Arsch vorbei. Die Leute sind für mich so unwichtig, die beachte ich überhaupt nicht. Die sind mir einfach egal. Ich kann's nur nicht verstehen, wie man so dreckig rumlaufen kann. Das geht mir nicht in den Kopf. Ich hab' keinen Haß auf die Leute – die interessieren mich überhaupt nicht, die sind für mich gar nicht da.
Olaf: Ich fühl' mich von den Menschen angegriffen. Die sind ja für Anarchie. Und wenn die das irgendwann durchsetzen – die können mir nicht dauernd egal sein ...
Claudia: Wie sollen die denn das durchsetzen, die paar Leute? Jetzt spinn doch hier nicht rum.

Olaf: Aber mit 'n paar Leuten hat auch mal der Nationalsozialismus angefangen.

Claudia: Aber gerade hier in Deutschland wirst du niemals Anarchie durchsetzen können, niemals.

Olaf: Die Leute probieren's aber. Die probieren 's zumindest samstagabends, 'ne Anarchie auf der Straße durchzusetzen. Und das ist mir schon zuviel. Und da bin ich gegen. Und weil du mit den Leuten nicht reden kannst, mußt du denen ab und zu mal in den Arsch treten.

Friedy: Den Grundgedanken der Anarchie finde ich selber eigentlich voll geil. Nur die Leute, die dahinterstehen, das sind nicht die, die arbeiten. Das ist genauso wie die ganze andere linke Kacke: Du kannst es nicht durchsetzen, weil die Leute, die ihr Maul am weitesten aufreißen, am wenigsten arbeiten. Die können einfach keine Verantwortung übernehmen. Deshalb ist das für mich schon mal Katzenscheiße.

Claudia: Ich würde sagen, die meisten Punks heute sind überhaupt nicht mehr für Anarchie. Fahr doch mal nach Köln, guck dir die Punks an – wer von denen hat noch 'n Anarchie-A.

Olaf: Mittlerweile sind sie so kaputt durch ihre Drogen, daß sie gar nicht mehr wissen, was das ist.

Claudia: Du kannst auch nicht sagen, daß grundsätzlich jeder Punk drogenabhängig ist.

Olaf: 90 Prozent, möcht' ich sagen. Zumindest konsumieren.

Friedy: Du kannst die Punkszene genauso differenzieren wie die Skinszene, wo es halt auch die *Böhsen Onkelz*-Fans gibt und irgendwelche anderen Leute.

Claudia: Anarchie ist einfach nicht durchsetzbar – insofern erübrigt sich das ganze Thema.

Euer idealer Staat, ist der hier?

Claudia: Nee, Idealstaat bestimmt nicht.

Olaf: Hier müßte sich schon einiges ändern, aber von allen Staaten gefällt mir der hier am besten, von den reinen Sozialleistungen schon allein. Gut, im Umweltschutz sind wir ein führendes Land, aber es ist trotzdem noch zuwenig. Ich würde sagen, wir sollten zunächst mal die Umweltproblematik unter

Kontrolle kriegen. Das ist das Wichtigste. Wenn die Umwelt im Arsch ist, da kannst du noch so politisch sein, dann ist es egal, ob du 'n Rechter, Linker, Hippie oder sonstwas bist, dann ist alles egal.

Claudia: Daß die *Grünen* mit im Bundestag sind, das ist gar nicht mal so schlecht. Die sollten zwar nicht an die Macht kommen, aber daß sie da mitzubestimmen haben, das ist schon mal ganz gut, weil sie sich wirklich mehr dafür einsetzen als *SPD* oder *CDU*.

Olaf: Wenn du 'nem grünen Politiker 'n Monatsgehalt von 20 000 DM gibst, der rennt mit schreienden Fahnen zur *CDU*.

Friedy: Kommt drauf an.

Olaf: Die meisten auf jeden Fall.

Hat sonst noch einer was zu sagen?

Friedy: Ich muß sagen, wenn ich die Wahl habe zwischen Schlagen und Ficken, nehm' ich Ficken.

Claudia: Du hast einen Ausdruck am Leib, entsetzlich. Sex ist schon auf jeden Fall wichtig, klar. So kurze Haare zu krabbeln ist schon was anderes als 'ne Matte zu krabbeln. Sex ist wirklich wichtig, aber das ist kein Thema, über das ich mich anderen Leuten gegenüber ewig auslassen würde. Mit meiner besten Freundin red' ich schon mal drüber, aber ich posaune das nicht rum. Das geht niemanden was an.

Und wann wollt Ihr heiraten?

Claudia: Wir wollen uns erst mal nächstes Jahr verloben. Die Hochzeit steht noch in weiter Ferne.

Olaf: Viele sagen: 'Scheiß Kirche, Scheiß Glaube', aber kirchlich heiraten möchten sie dann doch. Wenn sie doch so gegen alles sind, dann sollen sie doch konsequent bleiben.

Claudia: Ich werde nie kirchlich heiraten.

Friedy: Die Frau, die bei mir in die Bude einzieht, muß erst noch geboren werden. Auf Heiraten hab' ich sowieso keinen Bock...

Claudia: Du kriegst eh keine ab.

Wenn's keine Frauen gibt, vielleicht kriegst Du ja 'n Typ ab.

Friedy: Ich find' eigentlich Frauen besser, wegen Sex alleine.

Habt Ihr nicht schwule Skins bei Euch in der Gruppe?

Claudia: Ich kenn' einen, der ist bisexuell. Das ist 'n guter Kumpel von mir.
Olaf: Den stellst du hier besser nicht vor.
Claudia: Tu ich auch nicht. Ich denke mir, das ist 'ne Veranlagung, die kann sich kein Mensch aussuchen. Du hättest genauso schwul sein können. Da hättest du gar keinen Einfluß drauf.
Friedy: Zwei Etagen unter mir wohnt 'n schwules Paar und gegenüber wohnen auch noch 'n paar. Die sind so ganz nett. Man sollte die Leute zumindestens tolerieren.
Olaf: Ich kann einfach nicht verstehen, wie einer auf Arschficken stehen kann.
Claudia: Du mußt nicht unbedingt davon ausgehen, daß die sich unbedingt in den Arsch ficken. Da gibt's auch noch andere Methoden.
Olaf: Ja gut, meine Güte. Ich bin da nicht so bewandert, will ich auch gar nicht sein.
Außerdem mußt Du dazu ja nicht schwul sein. Vielleicht sollte sie Dir noch einiges erklären, was so alles passieren kann im Laufe der Ehe ...
Olaf: Gut, ich hau' jetzt keinem Schwulen eins auf's Maul, aber ich möchte den nicht länger als 10 Sekunden mir gegenüber sitzen haben. Ich würd' mir total unwohl dabei vorkommen und krieg' echt 'n Brechreiz dabei, woll. So wie andere sich vor Spinnen ekeln, so ekle ich mich halt vor Schwulen oder Lesben.
Claudia: Im Grunde sind mir die Leute egal, aber wenn jetzt irgend 'ne Lesbe ankäme und versucht, mich krampfhaft anzumachen oder mich betatscht, dann kann es auch schon mal sein, daß ich der eine knocke. Erst mal sag ich ihr, sie möchte das bitte sein lassen, und wenn sie dann weitermacht, kriegt sie eine geknockt.
Und wenn ein Typ anfängt?
Claudia: Dann kriegt der auch eine geknockt. Solange die Leute mich in Ruhe lassen, sind die mir herzlich egal.
Habt Ihr auch Freunde, die nicht Skins sind?
Claudia: Meine beste Freundin sieht ganz stinknormal aus. Die sagt von sich selbst, sie ist ein ‚Stino'.

Friedy: Mein bester Kumpel ist überzeugter Punkrocker, unpolitisch, und der kommt heute abend mit auf Glatzenparty.
Claudia: Der kommt mit? Ach du Scheiße. Der ist so eklig, der Typ. Der ist so knüselig, der stinkt, ist dreckig...
Friedy: Wenn der bei mir ein, zwei Nächte gepennt hat, fährt er immer nach Hause, sich duschen.
Claudia: Ich find' den einfach knüselig. Wenn ich sehe, Seife in den Haaren...
Friedy: Erstmal gibt 's Haarspray schon seit einigen Jahrzehnten...
Claudia: 'n richtiger Punk nimmt Seife. Ich mag den einfach nicht, der ist mir unsympathisch.
Friedy: Ist ja auch akzeptiert.
Claudia: Der hat da nichts zu suchen.
Friedy: Wenn ich nicht mit Kumpels, die weiter weg wohnen, unterwegs bin, 50, 100 Kilometer Umkreis, dann häng' ich hier auch mit allerlei Couleur rum. Am Wochende geht 's eh nur ums Bier und ums Spaßhaben.
Claudia: Wenn ich jetzt jemanden sehe, der ganz ‚normal' aussieht, dann ist es schon ok. Aber wenn ich Leute sehe, die lange fettige Haare haben, die stinken bis zum Gehtnichtmehr, da hab' ich 'ne Abneigung gegen. Ich würd' denen nicht einen auf's Maul hauen oder so, aber mit denen möcht' ich einfach nichts zu tun haben, von denen distanzier' ich mich. Da hab' ich gar keine Lust, die kennenzulernen.
Was machst Du dann mit irgendwelchen Proll-Skins, die morgens um 12 das achtzehnte Bier wegkippen?
Claudia: Die ignorier' ich, die existieren für mich gar nicht. Und wenn sie mich dumm anmachen, sehe ich zu, daß ich da wegkomme. Das sind für mich keine Skinheads dann.
Olaf: Ich hau' mir auch morgens um 12 mein 18., 20. Bier weg.
Claudia: Natürlich, das hab' ich auch schon gemacht. Aber er meint jetzt wahrscheinlich diese Möchtegern-Glatzen, die sich einfach kurze Haare rasieren, sich asig benehmen und dreckig sind. Hab' ich recht?

Olaf: Wenn ich auf 'n Konzert fahr', dann bin ich danach auch dreckig.

Claudia: Ja natürlich. Du weißt ganz genau, wie ich das meine.

Olaf: Das muß ja gesagt werden. Nachher denkt man das Falsche. Du gehst zum Konzert, bist schick und frisch und alles, dann kommst du wieder und siehst aus wie nach dem Dritten Weltkrieg.

Claudia: Ja, das bleibt nicht aus. Aber wenn du morgens schon aus dem Haus gehst, ohne dich gewaschen oder geduscht zu haben und ziehst die Klamotten an, die du schon 'ne ganze Woche anhast, das sind so Leute... Nee, muß nicht sein. Da halt' ich mich von fern.

Friedy: Ich werd' auch nie versteh'n, warum ich mir vor 'm Konzert immer die Schuhe putze, wenn ich sie nachher sowieso fast wegschmeißen kann.

7. Eine „Randgruppe mit Stolz" – Skinheads heute

Im deutschsprachigen Raum gibt es heute etwa 8000 Skinheads: 5000–6000 in der Alt-BRD, bis zu 2000 in den neuen Bundesländern, ca. 600 in Österreich und wenige hundert in der Schweiz. Tendenz steigend. Auch aus anderen, vor allem osteuropäischen Ländern erreichen uns immer häufiger Berichte über einen neuen Boom der Skinheadszene wie zu besten Streetpunkzeiten. Exakte Zahlen aus diesen Ländern liegen allerdings nicht vor.

Wir wollen unsere Quellen offenlegen. Denn unsere Einschätzungen widersprechen in vielen Punkten den üblicherweise verbreiteten „Zahlen" und „Analysen". So liegt vor allem der bundesdeutsche Verfassungsschutz immer wieder mit kuriosen Fehleinschätzungen daneben. Mal werden locker zwei Drittel der gesamten Szene (oder gar sämtliche DDR-Skins) den militanten Neonazis zugerechnet, mal sind glatzköpfige Attentäter mit langjähriger Sturmtruppensozialisation nur „unpolitische Randalierer" ohne „organisatorische Anbindung". Einmal gibt es 5400 Skinheads in Deutschland, vier Wochen später sind es bereits „mehr als 6000". Je nach Tageslaune, Gesprächspartner und politischer Opportunität verbreitet der Millionen an Steuergeldern verschlingende Dienst seine dubiosen Kaffeesatzphantasien als „Erkenntnisse". Zu offensichtlich instrumentalisierte der Verfassungsschutz – mit dem Zusammenbruch des Ostblocks seiner letzten (ohnehin zweifelhaften) Existenzberechtigung beraubt – die Skinheads, stilisierte sie zu einer neuen Terrorbewegung hoch, um den eingeleiteten Stellenabbau rückgängig zu machen. Leider mit Erfolg.

Das gilt auch für die meisten anderen staatlichen Organe, für große Teile der Justiz und der Polizei ebenso wie für die diversen Ministerien auf Bund- und Länderebene, die sich mit dem Thema Skinheads in die Medien drängelten, für die Jugendämter auf lokaler Ebene genauso wie für die Bundesprüfstelle für jugendgefährdende Schriften in Bonn, die zwar fleißig Skinheadmusik wegen der Gefährlichkeit ihrer Texte indiziert, zu deren Interpretation allerdings so qualifiziert ist wie wir zur Beurteilung der Chaostheorie. Natürlich ist es nicht notwendig, Skinheadexperte zu sein, um rassistische oder gewaltverherrlichende Texte identifizieren zu können. Doch wenn man gar keine Ahnung von den stilistischen Eigenarten, etwa den ironischen Umgangsformen, einer Szene hat, kann die Sache leicht nach hinten losgehen. Und wer meint – wie im letzten Herbst einige verbotswütige Bundestagsabgeordnete –, mit dem Wort „Motherfucker" in einem Song wäre eine neue Stufe der Eskalation auf dem Wege zur sprachlichen Verrohung unserer Jugend erreicht, der sollte sich doch vielleicht vor der nächsten Aktion ein wenig das reale Leben auf den Straßen der Jetzt-Zeit ansehen.

Wir sind weder im Staatsdienst noch professionelle Jugendforscher. Unsere wichtigste Quelle ist der langjährige offene Umgang mit Skinheads und die Bereitschaft zuzuhören. Eben das, was Profs und Profis in Projektanträgen und Diplomarbeiten „teilnehmende Beobachtung" zu nennen pflegen: Konzerte, Kneipen, Klubs und andere Treffpunkte der Szene besuchen, zuhören, kickern, erzählen, Bier trinken. Seit der Veröffentlichung unseres ersten gemeinsamen Buches „Krieg in den Städten" intensivierten sich die Kontakte automatisch. Immer häufiger tauchten auch Skinheads bei unseren inzwischen über 300 Diskussionsveranstaltungen in Deutschland und Österreich, zumeist in Schulen und Jugendzentren, auf. Selbst „Boneheads", die angeblich so unzugänglichen Glatzen aus der radikal rechten Ecke, suchten den Kontakt, luden uns ein („Damit ihr euch mal aus erster Hand informieren könnt und nicht so'n Scheiß schreibt"), beantworteten unsere Bitten um Auskunft und Material, obwohl wir aus unserer Abneigung gegenüber jeder Art von Rassismus und unserer eigenen biographischen Herkunft aus der linken Szene kein Geheimnis machten. Unsere „Lenin"-, „Rock Against Racism"- oder „Pro Asyl"-Buttons haben noch kein einziges Gespräch mit „Rechten" verhindert, und „Nazis raus!"-Aufnäher tragen wir ohnehin nicht. Körperlich bedroht wurden wir während unserer dreijährigen Arbeit nur zweimal – darunter einmal von autonomer Seite.

Weitere Basis unserer Arbeit sind (neben der üblichen Auswertung von Presseberichten, „wissenschaftlichen" Studien, Expertengesprächen etc.):
- Etwa 60 Stunden Interviews mit Skinheads, auf Toncassetten gespeichert und komplett transkribiert.
- 62 Fanzines mit insgesamt ca. 200 verschiedenen Ausgaben aus den Jahren 1983–1993 sowie per standardisierter Umfrage erhobene Hintergrundinformationen von 32 Redaktionen.
- Unser Musikarchiv mit etwa 150 Skin-relevanten Alben/ CDs/Cassetten.
- Und schließlich unsere bisher aufwendigste Umfrageaktion: Im Frühjahr 1992 entwarfen wir – mit tatkräftiger Hilfe einiger Skins – einen doppelseitigen Fragebogen mit der Bitte um Auskunft über musikalische Präferenzen, politische Einstellungen, Zugehörigkeitsdauer zur Szene, Selbstverständnis, allgemeines Freizeitverhalten und die üblichen biographischen Angaben. Wir ließen 4000 dieser Fragebögen drucken, verteilten sie auf Festivals und in Kneipen, verschickten jeweils zehn Bögen an Szene-Multiplikatoren in 50 Orten der Republik mit der Bitte um Weiterverteilung, ließen sie den Aussendungen von Mailordervertrieben und Plattenfirmen sowie in Zines beilegen, wobei wir besonders darauf achteten, daß die gesamte Palette politischer Ausrichtungen abgedeckt wurde.

Wir erhielten 265 Fragebögen zurück, von denen 234 in der Auswertung berücksichtigt wurden. (Ausgemustert wurden der mangelnden Vergleichbarkeit wegen zunächst Fragebögen von nicht-deutschsprachigen Skinheads aus Großbritannien, Schweden, Italien, Luxemburg und den USA – sorry – sowie solche, die offensichtlich von Nicht-Skins und Scherzbolden ausgefüllt worden waren.)

Obwohl wir selbst in unserer anfänglichen Euphorie mit einem höheren Rücklauf gerechnet hatten, scheint die Beteiligung von etwa drei Prozent der Gesamtszene, zudem in einer Situation hochgradiger Stigmatisierung und Kriminalisierung (u.a. durch unsere Berufskollegen), im Vergleich zu den Datensätzen „wissenschaftlicher" Erhebungen doch sehr hoch zu sein. Obwohl wir den Befragten eine anonyme Ausfüllung anboten, machten überraschenderweise 134 Einsender – jeder zweite – davon keinen Gebrauch.

Nach unseren sonstigen Erfahrungswerten sind die Ergebnisse für die deutschsprachige Skinheadszene weitgehend repräsentativ, obwohl wir diesen Anspruch im üblichen wissenschaftlichen Sinn nicht erheben wollen und können. Es sind alle Bundesländer vertreten (70,6% Alt-BRD, 24,4% Ex-DDR), sowohl das Geschlechterverhältnis (85,5% männlich) als auch die Alters- und Berufsgruppenverteilung, die Zugehörigkeitsdauer zur Szene und die politische Ausrichtung entsprechen unseren allgemeinen Beobachtungen.

Ich bin Skinhead seit	
weniger als 2 Jahren:	10,3%.
2–3 Jahren:	29,9%.
4–6 Jahren:	36,4%.
7–9 Jahren:	13,3%.
10 Jahren und länger:	6,9%.

Alter:	
unter 18 Jahren:	5,6%.
18–20 Jahre:	21,3%.
21–23 Jahre:	36,0%.
24–26 Jahre:	25,2%.
27–30 Jahre:	8,2%.
über 30 Jahre:	1,3%.

Beruf/Tätigkeit:	
27,5%	Arbeiter
20,1%	Auszubildende
15,4%	Schüler
7,3%	Studenten
6,9%	Angestellte/im Öffentlichen Dienst
4,7%	Arbeitslos

Skinhead – a way of life

Für fast alle Befragten bedeutet „Skinhead-sein" „a way of life", eine Lebenshaltung, keine Mode. Die hohe Bereitschaft, sich tätowieren zu lassen, immerhin eine recht schmerzhafte und nur bedingt rückgängig zu machende Prozedur, bestätigt diese Selbsteinschätzung ebenso wie die für eine Jugendsubkultur recht lange Verweildauer in der Szene. „Way of life" bedeutet zunächst einmal eine Abgrenzung gegen „normale" Jugendliche und Erwachsene, insbesondere gegenüber „angepaßten" Konsumbürgern, „Spießern" und Mittelschichtangehörigen (Hippies), sowie nach innen „Zusammenhalt", „Kameradschaft" und „Zuverlässigkeit". Auch wenn es mit der eigenen Biographie nicht immer zusammenfällt, verstehen sich die meisten Skins als „Working Class", sehen sich zumindest historisch dort verwurzelt. Bei den studierenden Skins überwiegen technische Studiengänge. Mehrere Interviewpartner gaben an, daß sie nach Beendigung ihres Studium in einen handwerklichen Beruf gehen würden. (Körperliche) Arbeit und finanzielle Unabhängigkeit sind zentrale Werte der Skinheadszene quer durch alle Fraktionen.

„Way of life" bedeutet aber auch und vor allem „Spaß haben". Musik, Parties, Alkohol. Bei Letzterem natürlich Bier. „Was haben verdammt noch mal Rotwein und Selters auf ‚ner Ska-Night zu suchen?" empört sich ein Konzertkritiker in *Skintonic* 4. Bierhitparaden und -tests tauchen immer wieder in den Zines auf, zu jeder halbwegs populären Biermarke gibt es eine eigene Hymne. Im Gegensatz zu den USA sind drogenfreie Straight Edge-Skins in Deutschland eine exotische Ausnahmeerscheinung. Auch Kiffen – eigentlich als Hippie-Droge absolut verpönt – wird zunehmend populärer, auch in der rechten Fraktion, trotz gegenteiliger Sprüche und Beteuerungen. Nicht wenige Altglatzen sind inzwischen bei härteren Drogen (Koks, Trips, Heroin) gelandet oder Alkoholiker, ohne daß dies bereits die Dimensionen der Punkszene erreicht hätte. (Der Umgang mit diesen Leuten innerhalb der Skinbewegung wäre allerdings

Spaß haben

eine eigene Untersuchung wert. Denn nicht selten endet die vielbeschworene Kameradschaft, wenn einzelne Skins wirklich schwerere Probleme haben (Sucht, Knast, Aids), und der Bekanntenkreis reduziert sich auf wenige wirkliche Freunde. So klagten NS-Skins häufig, daß „inhaftierte Kameraden" trotz ununterbrochener Veröffentlichung von „Gefangenenlisten" in allen rechten Zines, sehr schnell der Vergessenheit anheimfallen.)

Eine Party ohne Alkohol haben wir jedenfalls noch nicht erlebt. Und Parties sind immerhin das Kernstück der Skinkultur. Zu einem Soul- oder Ska-Allnighter (Disco, eventuell mit Live-Band, die ganze Nacht hindurch), einem Konzert oder Motorrollertreffen („Scooterrun") reisen Skinheads aus Hun-

Berliner und Bremer SHARPS beim Saufen

derte von Kilometern entfernten Wohnorten an, um ein Wochenende mit Gleichgesinnten und -gestylten zu verbringen, zu trinken, zu tanzen, den neuesten Szene-Klatsch auszutauschen und Zines mitzunehmen.

Außenstehende finden sich bei solchen Skintreffen in der Regel nur als „Freundin/Freund von ..." ein. Vereinzelt trifft man am Rande von Skincliquen auf Punks, Mods, Psychobillys, bei den Rechten natürlich auch „Scheitel-Nazis" und in letzter Zeit häufig Heavy Metals. Weibliche „Stinos" (*Stinknormalos*) werden eher geduldet als Typen – offensichtlich eine Folge des ungleichgewichtigen Geschlechtsverhältnisses.

Sex

Frauen stellen inzwischen einen Anteil von 15–20 Prozent der Skinszene. Unseren Beobachtungen nach werden es jedoch zu-

sehends mehr – sowohl bei den rechtsorientierten Glatzen als auch bei SHARP und anderen Cliquen. Ob die Umgangsformen sich zwischen den Fraktionen wesentlich unterscheiden, läßt sich aus unserem Material nicht einwandfrei belegen; da wäre eine umfangreichere Untersuchung notwendig. Die „rechte" Szene ist insgesamt eindeutig mackerhafter, das Männlichkeitsideal der „Kämpfer für Doitschland" ungebrochener als bei den nicht-rassistischen Kollegen, zumal die politische Ungleichheitsideologie (Frau = Mutter und Hausfrau) eine Emanzipation der Männer eher erschwert. Doch wichtiger als die politische Ausrichtung scheint für die Teilnahme von Frauen das konkrete Alltagsverhalten einer Clique zu sein: Ständiges „Koma-Saufen" und Randale rund um die Uhr üben offenbar auf Skinhead-Girls bzw. „Renees" eine geringere Faszination aus. Sicherlich machen auch da einige Frauen mit, doch die meisten von uns Befragten beklagten sich über das „ewig gleiche sinnlose Herumhängen" oder die täglichen „Abstürze" ihrer Jungs, erwarteten von ihrer Clique mehr kreative Unternehmungen: „mal rausfahren aus der Stadt"; „Freunde in anderen Städten besuchen" statt „immer nur in der selben Stammkneipe zu sitzen" u.ä. So sind Frauen auch überproportional an den kreativen Aktivitäten der Szene beteiligt, bei der Organisation von Parties und Allnighters, bei der Herausgabe der szeneeigenen Medien (allein acht Zines haben weibliche „Chefredakteure"/Redaktionen), und auch auf den Bühnen sind Musikerinnen dabei, ihren Exotenstatus zu verlieren – zumindest in der Skaszene erfreuen sich Saxophonistinnen einer großen Beliebtheit. Je mehr Gewalttätigkeiten in den Hintergrund rücken, desto größer ist die Chance, auch von einer Partnerbeziehung unabhängige Frauen längerfristig in einer Clique zu treffen. Bezeichnenderweise ist die Hooliganszene bis heute eine rein männliche Unternehmung, während sich die Skinszene tendenziell von Macho-Image und -Praxis befreit. Letztendlich liegt es natürlich an den Frauen: spürbare Veränderungen ergeben sich erst dann, wenn Frauen den ersten Schritt gewagt und sich einer Skinclique angeschlossen haben – und anschließend ihre Interessen auch offensiv vertreten.

Seit 1992 wird die Männerherrlichkeit der Szene noch durch ein weiteres Phänomen gebrochen: GSM – Gay Skinhead Movement. Natürlich in Anlehnung an das Vorbild Großbritannien haben sich schwule Skinheads in Deutschland entschlossen, in die Offensive zu gehen, und sich zu einer deutschen Sektion des GSM vereint. Anlaß dürfte eine Sendung des britischen Fernsehkanals *Channel 4* gewesen sein, in dem schwule Inselskins präsentiert wurden. Zwar gab es das GSM in Großbritannien schon seit Anfang der 80 Jahre, doch es führte eher ein heimliches Mauerblümchendasein, bis sich eben in jener Sendung der nach *Skrewdriver*-Sänger Ian Stuart prominenteste Skinhead der Insel outete. Und es war ausgerechnet Stuarts Kumpel Nicky Crane, jener Aktivist der *National Front*, der als Covermodel auf dem zweiten Oi!-Sampler „Strength Thru Oi!" Aufsehen erregt hatte. Das brachte die NS-Skins in eine ähnlich heikle Situation wie die deutsche Nazi-Szene vor einigen Jahren nach dem öffentlichen Bekenntnis von Michael Kühnen und quasi der gesamten Führungsspitze der Bewegung zu ihrem Schwulsein. Zwar distanzierte sich Nicky Crane im gleichen Atemzug auch von der *NF*, doch das hinderte ihn nicht daran, glaubt man Augenzeugenberichten, wenige Wochen später an der Spitze eines rechten Mobs das Comeback von *Cock Sparrer* zu verhindern (was ihn nicht unbedingt beliebter machte).

Daß es nicht einfach ist, sich in der Skinszene als Schwuler zu bekennen, zeigt schon die Tatsache, daß seitdem kein weiterer „Promi" diesen Schritt wagte, obwohl die schwule Identität diverser Kultmusiker der Szene bekannt ist. „Wenn's niemand mitkriegt, geht zwischen Skins auch sexmäßig schon mal was ab", berichtet das Berliner Zine *Oi!reka* im Winter 1992/93. „Allerdings wird's schon schwieriger, wenn man als schwuler Skin auch zu dem stehen will, worauf man steht. Die Schwulenszene hat die gleichen Vorurteile gegen Skins wie Otto-Normal-Spießer, und in Glatzenkreisen muß man ja auf's Image achten. Schwule Skinheads! Der Widerspruch überhaupt, eine Kombination wie ‚jüdischer KZ-Wächter' oder ‚schwarzer Ku-Klux-Klan'! Was in das Bild vom ‚echten' Skinhead (Saufen, Prügeln, Ficken) nicht reinpaßt, das gibt es natürlich auch nicht, oder? Einen Schwulen erkennt man doch auf 100 km, der ist tuntig oder rennt in Lederklamotten rum und hat nix Besserers zu tun, als einen andauernd an den Arsch zu langen. Auf jeden Fall ist er kein Skinhead!"

Die Charts

Das identitätsstiftende Bindeglied der Skinszene ist weder (Anti-)Rassismus noch die Lust auf Randale, sondern die Musik, vor allem Oi!/Punk, Ska/Skinhead-Reggae, Soul, Hardcore und deutscher Polit-Metal. Also stellten wir die Musik auch bei unserer Umfrage in den Vordergrund. Für die meisten Skins sind die Ergebnisse zu den besten/wichtigsten Bands und Songs vermutlich ein Ärgernis: Finden sich hier doch Kultbands der „Boneheads" wie *Skrewdriver*, *Endstufe* oder *Störkraft* neben

Die wichtigsten/besten Skinhead-Songs aller Zeiten:

Platz 1: „Chaos" (4-Skins)
Platz 2: „Skinhead Moonstomp" (Symarip)
Platz 3: „ACAB" (4-Skins)
Platz 4: „Skinhead" (Laurel Aitken)
Platz 5: „Bring Back The Skins" (Judge Dread)
Platz 6: „Stolz" (Böhse Onkelz)
Platz 7: „The Kids Are United" (Sham 69)
Platz 8: „Oi! Oi! Oi!" (Cockney Rejects)
Platz 9: „Rudy A Message To You" (The Specials)
Platz 10: „England Belongs To Me" (Cock Sparrer)
Platz 11: „Skinheadgirl" (Symarip)
Platz 12: „Hakenkreuz" (Radikahl)
Platz 13: „Pöbel und Gesocks" (Beck's Pistols)
Platz 14: „As The Snow Fell Down" (Skrewdriver)
Platz 15: „One Step Beyond" (Madness)
Platz 16: „White Power" (Skrewdriver)
Platz 17: „54–46 That's My Number" (The Maytals)
Platz 18: „Running Riot" (Cock Sparrer)
Platz 19: „Laß Dich Nicht Unterkriegen" (Endstufe)
Platz 20: „Plastic Gangsters" (4-Skins)

Die wichtigsten/besten Bands und Einzelinterpreten aller Zeiten:

Platz 1: 4-Skins
Platz 2: Skrewdriver
Platz 3: Böhse Onkelz
Platz 4: Cock Sparrer
Platz 5: The Specials
Platz 6: Endstufe
Platz 7: Madness
Platz 8: Störkraft
Platz 9: Laurel Aitken
Platz 10: Cockney Rejects
Platz 11: The Business
Platz 12: Prince Buster
Platz 13: The Skatalites
Platz 14: Sham 69
Platz 15: Bad Manners
Platz 16: Judge Dread
Platz 17: Last Resort
Platz 18: Condemned 84
Platz 19: Radikahl
Platz 20: Angelic Upstarts

Die wichtigsten/besten Bands aus Deutschland:

Platz 1: SpringtOifel	Platz 11: Yebo
Platz 2: Beck's Pistols	Platz 12: Boots & Braces
Platz 3: Böhse Onkelz	Platz 13: Blechreiz
Platz 4: Endstufe	Platz 14: Daily Terror
Platz 5: Störkraft	Platz 15: Commando Pernod
Platz 6: No Sports	Platz 16: The Shamrocks
Platz 7: Radikahl	Platz 17: Kahlkopf
Platz 8: The Busters	Platz 18: The Butlers
Platz 9: Messer Banzani	Platz 19: Ngobo Ngobo
Platz 10: The Frits	Platz 20: El Bosso & Die Ping Pongs

Antifaschisten wie *Angelic Upstarts, The Specials* oder *Bad Manners*. Entgegen dem öffentlichen Eindruck ist die Trennung in „rechte" und „linke" oder „antirassistische" Musikvorlieben nur zum Teil möglich. Interessanterweise wurden Bands wie (die frühen) *Böhse Onkelz* und die Oi!-Heroen der frühen Jahre von Skinheads aller politischen Fraktionen gewählt, wobei es allerdings deutliche Altersdifferenzen gab: Je jünger die „Rechten" waren, desto geringer war das Interesse an alten britischen Oi!-Bands (Ska und Soul wurden von dieser Gruppe praktisch überhaupt nicht genannt), desto beliebter wurden deutschsprachige Politrockbands wie *Commando Pernod, Radikahl* oder *Kahlkopf.*

Skinheadmusik, vor allem die härteren Varianten, erhält man nicht von großen Plattenkonzernen und nicht im gewöhnlichen Handel, man hört sie nicht im Radio und schon gar nicht im Fernsehen. Und das unabhängig von den Texten. Skinheadmusik ist Independentmusik, selbst die Kultstars sind dem allgemeinen Publikum kaum bekannt. Gelingt es einzelnen Skinheadbands doch einmal, an die große Öffentlichkeit zu gelangen, dann fast ausschließlich als Folge von staatlichen Zwangsmaßnahmen oder Übergriffen militanter „Antifas". So wurde die Außenstehenden völlig unbekannte Düsseldorfer Rechtsrockband *Störkraft* erst durch die Medien- und Indizierungskampagne im Herbst 1992 so populär, daß sich Truppen von 14- bis 16jährigen in Bewegung setzten und wochenlang Kauf-

häuser und Fachhandel auf der Suche nach einer Platte der Band durchstreiften. Ähnlich erging es auch anderen Bands, so daß die nicht einer Hausdurchsuchung oder zumindest Indizierung für würdig Befundenen Wettbewerbsnachteile befürchten mußten, bis schließlich der Staatsschutz beim Großreinemachen im Januar 1993 die Solidarität der Szene wieder in Kraft setzte. Die aktuelle LP der jugoslawischen Rechtsrocker *Ritam Nereda* lag wie Blei in den Regalen ihrer Plattenfirma Dim Records, bis das Zeitgeistmagazin *Prinz* sie in einer „Musikparade der Schläger-Skins" seltsamerweise auf Platz 5 setzte („Blutiger Fascho-Rock. Absolut pervers."). Seitdem geht das Vinyl weg wie warme Semmeln.

Prüfer *(Blechreiz)* und El Bosso

Die Durchschnittsauflage von Skinplatten/CDs liegt zwischen 2000 und 4000 Exemplaren, wobei CDs erst allmählich an Bedeutung gewinnen (da ist die Skinszene konservativ wie die Punks). Das häufigste Verbreitungsmedium ist die Cassette. Kaum eine Band, die nicht ihre Auftritte mitschneiden und als Live-Tape vertreiben läßt. Auch die ersten Studioaufnahmen werden oft zunächst als Tape verkauft; das kostet nicht viel in der Herstellung und macht die Band in der Szene bekannt. Auf Cassette lassen sich Stücke unterbringen, die aufgrund der Radikalität ihrer Texte keine Chance hätten, auf eine Platte zu gelangen, und die möglichen finanziellen Verluste (Raubkopien, keine GEMA-Tantiemen) interessieren die wenigsten Bands. Die meisten spielen just for fun, die übliche Auftrittsgage besteht aus den Benzinkosten und Bier bis zum Abwinken.

Außerdem gibt es im Independentsektor kaum ein Plattenlabel, das Oi!-Bands veröffentlicht. Lediglich Rock-O-Rama, 1977 als Punkvertrieb gegründet, Anfang der 80 Jahre auf den Wende-Zug aufgesprungen und seitdem Heimat und Förderer

>>1991 – 10 Jahre SpringtOifel<<

Aufkleber von Kult-Bands und Platten-Label

aller führenden *Blood & Honour*-Bands, bot in den letzten Jahren praktisch jeder Kellerband eine Pressung an, wenn sie nur rechtsradikal genug war. Damit dürfte es in den nächsten zwei, drei Jahren vorbei sein. Die durch den rigiden Showdown des Staatsschutzes erreichte Verunsicherung der Szene führt inzwischen dazu, daß die Werke wieder verstärkt under cover vertrieben werden, was ihre Beliebtheit eher steigert. Ohnehin waren fast alle Bands mit Rock-O-Rama unzufrieden; der Besitzer Herbert Egoldt pflegte seine Musiker gar nicht oder nur unzulänglich zu entlohnen, genaue Abrechnungen über erreichte Verkaufszahlen bekamen selbst Spitzenbands wie *Boots & Braces* oder *Endstufe* nicht in die Hände. Außerdem überraschte er seine Bands immer wieder mit eigenmächtigen Abänderungen von Plattencovern, Texten usw.[1]

Ähnlich mies sieht es auch bei Live-Auftritten aus. In der Regel finden sich selbst für „unpolitische" Bands wie *Boots & Braces* oder *SpringtOifel* nur Veranstalter, die ohnehin einen rechten Ruf haben. Zu diesen Konzerten traut sich dann fast nur rechtes Publikum, vor der Tür stehen Antifa und Polizei, und damit ist der Ruf noch mehr gefestigt – ein Endloskreislauf, der selbst den kommerziell attraktiven *Böhse Onkelz* bis heute Probleme bereitet.

Zines

Mindestens 60 Zines existieren derzeit im deutschsprachigen Raum, davon stammen fünf Sechstel aus Westdeutschland, mit einer Gesamtauflage von 70–80 000 Exemplaren jährlich. Sie unterscheiden sich zunächst von der Gestaltung her nicht von den Zines anderer Jugendszenerien (Punks, Fußballfans, Schülerzeitungen etc.): Format DIN A 5 oder (seltener) A 4, Herstellung im Copyshop oder im Offsetdruck, Schreibmaschinensatz, inzwischen auch schon häufiger Computer, die Überschriften werden per Hand gezeichnet oder mit Abreibebuchstaben gesetzt. Zur Illustration dienen selbst- oder von befreundeten Menschen gezeichnete Karikaturen, oft auch aus anderen Zines geklaut, Schnappschüsse von Feten und Konzerten, offizielle Promotionfotos und Plattencover. Die Auflage der Zines liegt zwischen 50 und 2000 Exemplaren, in der Regel aber unter 300, die zum (Selbstkosten-)Preis von 2 bis 3 Mark abgegeben werden. Die Verbreitung findet quasi ausschließlich Szene-intern statt: über diverse Mailordervertriebe, per Abonnement, im Handverkauf bei Festivals, in Fußballstadien oder Kneipen. Die Macher kennen also einen Großteil ihrer Leser, was zu einem intensiven Briefkontakt auch zwischen den Ausgaben führt. Fast jeder Skin hat mindestens ein Zine abonniert, die Mehrheit bezieht drei oder vier verschiedene regelmäßig.

Zines sind das zentrale Kommunikationsnetz der Szene. Und fast alle sind weitgehend musikorientiert. Es gibt Plattenkritiken, viele Interviews (zumeist schriftlich erfragte Antworten), Konzertberichte, wobei oft – ähnlich den Hooliganblättchen – das Drumherum (X getroffen, mit Y gesoffen, Streß mit Autonomen u. ä.) wichtiger ist als das Ereignis auf der Bühne. Politische Beiträge sind die Ausnahme, finden sich fast nur in den ideologisch eindeutig festgelegten neonazistischen Magazinen. Dort bestehen Tendenzen, alles vorzustellen, was ins politische Weltbild paßt, seien es Neonaziorganisationen oder Heavy Metal-Bands mit nationalistischen Texten, unabhängig davon, daß beide eigentlich nichts mit der Skinheadkultur zu tun haben. Die präsentierten Bands entspringen in der Regel dem eigenen Lager, antirassistische oder linke Bands und Konzertereignisse werden ignoriert.

Während die rechtsradikale Skinszene über etwa ein Dutzend eigener Zines verfügt, gibt es derzeit trotz diverser Anstrengungen in mehreren Städten kein einziges Redskin-Magazin. Unserer Einschätzung nach dürfte das damit zusammenhängen, daß die rechtsradikale Szene wesentlich ideologisierter ist als die linke und sich zumindest in den Jahren 1987–92, parallel zur allgemeingesellschaftlichen Diskussion, in der politischen Offensive befand. So finden sich selbst in *Skintonic,* das als SHARP-Zine eine eindeutige Ausrichtung hat und dessen Redaktionsmitglieder sich überwiegend als „Linke" verstehen, so gut wie nie politische Beiträge, die nicht in direktem Zusammenhang mit Skins & Rassismus stehen. Doch selbst da, etwa in die aktuelle Debatte über Asyl, Ursachen des Rassismus etc., mischt sich *Skintonic* kaum ein, verzichtet es auf Aufklärung und Diskussionsansätze. Bezeichnenderweise bat die Redaktion nach dem Brandanschlag von Mölln einen außenstehenden Nicht-Skin um einen Kommentar, weil sich in der Redaktion niemand fand, der Lust dazu hatte.

Politische Selbsteinschätzung

Die politische Ausrichtung der Szene spiegelt sich in der Auswertung unserer Fragebögen sehr differenziert wider. So bezeichnen sich 41 Prozent als rechts bzw. rechtsradikal, 15 Prozent als liberal/tolerant, 25,7 Prozent als links bzw. linksradikal und 12,8 Prozent als un- bzw. antipolitisch. 64,1 Prozent erklärten immerhin, sie seien „politisch interessiert", 32,9 Prozent antworteten auf die Frage eindeutig mit „Nein". Aber auch die politisch Interessierten fügten oft eine handschriftliche Ergänzung hinzu, nach der „Skinhead unpolitisch" sei. Nur 9,8 Prozent der befragten Skinheads sind Mitglieder in politischen Organisationen.

Die größte „Wähler"gruppe ist die der Wahlboykotteure mit 28,2 Prozent. Bei denjenigen, die ihr Kreuz machen, überwiegen knapp die Linkswähler mit 23,1 Prozent vor den Rechtswählern (21,8 Prozent), wobei allerdings bei den Linken bereits *Bündnis 90/Die Grünen* und die Sozialdemokratie eingeschlossen sind, also ein sehr breites, bis ins bürgerliche Lager hineinreichendes Spektrum, während 20,5 Prozent der Rechtswähler pointiert rechtsradikal wählen (würden), darunter fallen 7 Prozent militant-neonazistische Gruppen wie die *FAP*, *NF* oder *NSDAP/AO*.

Bei den Skinheads, die noch zur Schule gehen oder eine Lehre absolvieren, ist die politische Polarisierung noch nicht so ausgeprägt wie bei den studentischen Skinheads und den Skinheads aus der Arbeiterschaft.

Einstellungen zu

SHARP:
38,9% zählen sich selbst dazu oder hegen deutliche Sympathien.
12,0% tolerieren SHARP-Skins, zählen sich aber nicht dazu.
44,9% sind Gegner von SHARP.

Redskins:
20,5% zählen sich selbst dazu oder hegen deutliche Sympathien.
20,1% tolerieren Redskins, zählen sich aber nicht dazu.
53,9% bezeichnen Redskins als ihre Feinde/Gegner.

Naziskins:
17,1% zählen sich selbst dazu oder hegen deutliche Sympathien.
 8,5% tolerieren Naziskins, zählen sich aber nicht dazu.
69,3% bezeichnen Naziskins als ihre Feinde/Gegner.

Punks:
14,5% hegen deutliche Sympathien für Punks.
18,8% tolerieren Punks.
45,3% bezeichnen Punks als ihre Feinde/Gegner.

Homosexuellen:
 5,6% zählen sich selbst dazu oder hegen deutliche Sympathien.
49,6% tolerieren Homosexuelle.
40,6% bezeichnen Homosexuelle als ihre Feinde/Gegner.

Politische Selbsteinschätzung:
19,6% bezeichnen sich als rechtsradikal/nationalistisch/nationalsozialistisch
21,4% bezeichnen sich als rechts
15,0% bezeichnen sich als nicht rechts nicht links/liberal/tolerant
17,1% bezeichnen sich als links/grün
 8,6% bezeichnen sich als linksradikal
12,8% bezeichnen sich als unpolitisch/anti-politisch

Wahlverhalten
28,2% Wahlboykott
 8,4% SPD
 8,1% DVU/NPD
 7,5% Die Grünen/Bündnis 90
 5,6% PDS
 5,6% Die Republikaner
 3,0% Nationalistische Front/NF
 2,8% FAP
 1,6% Kommunistische Parteien
 1,3% CDU
 1,2% Sonstige rechtradikale Parteien
 0.9% FDP
25,8% Keine Angaben/Diverse Gruppierungen

Die wichtigsten politischen/gesellschaftlichen Forderungen (offene Fragestellung)	Anzahl d. Nennungen
Keine multikulturelle Gesellschaft/Doitschland den Doitschen/Keine Schein-/Wirtschaftsasylanten	83 (31,5%)
Multikulturelle Gesellschaft/Offene Grenzen/Gegen Rassismus & Neonazis	45 (17,1%)
Soziale Forderungen/Arbeitslosigkeit beseitigen	31 (11,8%)
Gleiche Rechte für alle/soziale Gerechtigkeit	20 (7,6%)
Alternativen zum kapitalistischen System schaffen	16 (6,0%)
Lösung der Umweltprobleme	13 (4,9%)
Ausreichende und preiswerte Wohnungen schaffen	13 (4,9%)
Keine Stigmatisierung von Skinheads	11 (4,2%)
Unterstützung der neuen Bundesländer	11 (4,2%)
Mehr Toleranz/Friedlicher Umgang miteinander	10 (3,9%)
Gegen Drogen	10 (3,9%)

Selbsteinschätzung als	Schüler	Azubis	Arbeiter	Studenten
rechts/rechtsradikal	27%	32%	58%	6%
links/linksradikal	39%	19%	16%	59%

Am deutlichsten lassen sich politische Einstellungen sicherlich an der Beurteilung der entsprechenden Repräsentanten in der eigenen Szene ablesen. So zählen sich 38,9 Prozent selbst zu den SHARP-Skins oder hegen deutliche Sympathien für diese, nur 20,5 Prozent zu den Redskins und noch weniger, 17,1 Prozent, zu den Naziskins. 44,9 Prozent sind Gegner der SHARPs, 53,9 Prozent hassen Redskins und sogar 69,3 Prozent wünschen sich die Skinheadszene Nazi-frei. Gerade angesichts der Selbsteinschätzung von 41 Prozent der Befragten als rechts bzw. rechtsradikal verwundert auf den ersten Blick die scharfe Abgrenzung gegen Naziskins und die mit 40,6 Prozent doch recht hohe Toleranz- und Sympathiequote für Redskins. Wir denken, das hat damit zu tun, daß es die Naziskins waren (und sind), die das Image der Szene ruiniert haben und das Leben als Skinhead erschwerten (Übergriffe von Gangs der Einwandererjugendlichen, Antifas etc., die öffentliche Stigmatisierung), während Redskins durchaus eine Minderheitentraditionslinie in der Skinszene haben (wichtige Kultbands wie die *Angelic Upstarts* und die nicht zufällig so heißenden *Red London, Red Alert*, die namensgebenden *Redskins* u.a. haben aus ihrer Sympathie für den Sozialismus nie einen Hehl gemacht).

Insgesamt ist der Politisierungsgrad innerhalb der Skinheadszene nicht sehr hoch. Die das falsche Image prägende dumpf rassistische Prügelfraktion steht zwar durchaus in einer gewissen „Tradition", manövriert sich aber in der aktuellen Skinheadszene zunehmend ins Abseits. Denn auch hier ist die (rechte) Skinheadbewegung nur ein militanter Seismograph der allgemeinen gesellschaftlichen Diskussion, die Streetgangversion der Debatten in Parlamenten und Medien. Seitdem sich die Mehrheit der Deutschen bzw. ihrer Repräsentanten von dieser Art von Gewalt distanziert (und auch entsprechend eingreift), vollzieht sich auch unter Skinheads ein Meinungsumschwung, der allerdings erst dann zu einem Ende der Pogrome führen wird, wenn die Opfergruppen nicht tagtäglich weiter in Presseerklärungen und Schlagzeilen angeboten werden.

8. Skinheads im Spiegel von Wissenschaft und Medien

Skinheads sind Urgesteine der Jugendkultur. Hippies, Popper, Hausbesetzer? Verschollen im Bermudadreieck des Vergessens! Selbst die Punks fristen nach ihrem triumphalen Einstand Ende der 70er Jahre heute ein kümmerliches Schattendasein. Der Skinheadkult dagegen setzt in den 90er Jahren zu einem erneuten Triumphzug rund um die nördliche Erdkugel an. Zigtausende Anhänger von Helsinki bis Palermo, von Tokio bis Toronto. Eine Erfolgsgeschichte, zu der die bundesdeutsche Jugendforschung bislang schwieg.

Außer ein paar Allerweltsweisheiten fällt der bundesdeutschen Sozialwissenschaft wenig dazu ein, was die Attraktivität des Skinhead-Seins ausmachen könnte. Fundierte Studien fehlen. „Kaum einer im Wissenschaftsbetrieb, der die Szene in ihrer Vielfältigkeit und vor allem in ihrer Genese mit allen Querverbindungen kennt", beklagt Helmut Heitmann, langjähriger Mitarbeiter im Fan-Projekt der Berliner Sportjugend. Weder das Deutsche Jugendinstitut in München noch eines der anderen sozialwissenschaftlichen Institute betrachteten es als ihre Aufgabe, die stereotype Interpretation der Skinheads in den Massenmedien durch eine Analyse der Szene vom Kopf auf die Füße zu stellen. Nichts als Defizite.

Die Ekel- und Angstschwelle der Forscherinnen und Forscher war während der vergangenen fünfzehn Jahre offensichtlich so groß, daß man (mit wenigen Ausnahmen) – entgegen der sonst üblichen Praxis – die Bewertung des „normabweichenden jugendlichen Verhaltens" bereitwillig Repressionsorganen wie Polizei und Verfassungsschutz überließ. Die 1992 erschienene Skinhead-Studie des Innenministeriums Niedersachsens enthält, bei aller Bescheidenheit ihres analytischen Gehalts, mehr Informationen als die Masse aufgeblähter soziologischer Randnotizen, die sich in ihrer Substanz fast ausnahmslos auf den fünfseitigen Aufsatz „Die Skinheads und die magische Rückgewinnung der Gemeinschaft" beziehen, den John Clarke bereits 1979 in „Jugendkultur als Widerstand. Milieus, Rituale, Provokationen" veröffentlichte. Allenfalls im Zusammenhang mit Hooliganismus und Rechtsradikalismus waren die Glatzen ein Kapitel oder eine Fußnote wert. Es blieb in der Vergangenheit einigen Jugendarbeitern vor Ort und vor allem Journalisten überlassen, die Szene vorzustellen und Datenmaterial zu liefern.

Die Zeichensprache der Skins, ihre Kleidung, Musikstile, die verschiedenen Fraktionen, ihr Verhältnis zu Freundschaft, Liebe und Sexualität, ihre Gesellschaftskritik: kein Thema von größerem Wissenschaftsinteresse. Die Szene blieb das Steckenpferd einiger weniger, die sich damit auch noch der Kritik ausgesetzt sahen, rechtes Gedankengut zu verharmlosen oder gar zu propagieren. Kein Wunder, daß sich die Wahrnehmung der Skinheads als ein anonymer, sprachloser und gewalttätiger Mob ständig erneut reproduzierte. Und das, obgleich sie eine vielfältige Infrastruktur von Plattenlabels, Fanzines, Konzerten und Feten entwickelten, ein internationales Kommunikationsnetz aufbauten, von dem andere Jugendszenen nur träumen können.

Zu einem gesellschaftlich „relevanten" Thema wurden Skinheads immer dann, wenn spektakuläre und besonders widerliche Gewaltattacken zu vermelden waren. Besser, wenn rassistische Gewalt in Deutschland eskalierte. An den Pranger wurden nicht die nazistischen Täter gestellt, sondern die gesamte Skinhead-Szene. Zum Beispiel nach der Ermordung des 29jährigen Hamburgers Mehmet Kayakci durch „zwei Skinheads und einen weiteren Deutschen" (*Konkret* 2/86) und des 26jährigen Ramazan Avci am 21. Dezember 1985 durch eine Gruppe Hamburger Skinheads. Wenige Wochen später stellte der *Stern* (Heft 4/1986) die jugendliche Subkultur unter der Schlagzeile „Terror der Skins" vor. Der *Spiegel* zog nach und titelte (Heft 7/1986): „Wir sind asozial und gewalttätig". Von nun an war auch dem letzten Bundesbürger klar: Deutschlands Nazis und Rassisten sind Skinheads, und: Skinheads sind neonazistische Bestien. Ein „Wissen", das in den wenigsten Fällen richtig war und ist. Natürlich trägt die von Machismo dominierte Szene

Mitverantwortung an ihrem Ruf. Keine Frage, daß von ihr mehr körperliche Gewalttätigkeiten bis hin zum Totschlag ausgehen als vom „Christlichen Verein junger Männer".

Allerdings erklärt dies nicht das lange wissenschaftliche Desinteresse. Gewalt ging auch von anderen Szenen aus, die vom Wissenschaftsbetrieb regelrecht umworben wurden. Die Punks, die zu ihrer Blütezeit mit den Skinheads Aggression, Anti-Hippie-Fieber und die Provokation mit nationalsozialistischer Symbolik teilten, war eine von ihnen. Aber nach dem ersten Schreck fanden sie schnell Gnade vor den Augen der Analytiker und wurden gar als fortschrittlich, antikapitalistisch und innovativ geehrt. Skins dagegen blieben die Dummprolls. Rainer Erb, Mitarbeiter des Berliner Instituts für Antisemitismusforschung, führt dieses Phänomen auf den Generationswechsel zurück, der sich an der historischen Schnittstelle der Punk- und Skinheadbewegung in Deutschland zu Beginn der 80er Jahre vollzog: „Die in den Kriegs- und Nachkriegsjahren geborenen Jugendforscher, die sich bis dato als sozial-politische Anwälte der Jugend sahen, haben zu dieser Zeit den Anschluß verloren." Ein Dilemma bundesdeutscher Jugendforschung besteht in seinem hoffnungslos überalterten Personalstand. Wo gibt es noch Professoren unter 50? Verantwortlich dafür ist natürlich nicht die Sozialwissenschaft, sondern die Wissenschaftspolitik. Ganze Generationen des wissenschaftlichen Mittelbaus fehlen, die neue Fragen aufwerfen und eine größere biographische Nähe zu den Skinheads und ihnen verwandten Szenen haben.

Punk – spätpubertäre Frischzellenkur für Alt-Hippies

Punks waren die letzte Rebellenszene, aus der sich die alternde Generation in einer Art spätpubertärer Frischzellenkur bediente. Bei den Punks schien das Leben noch zu brodeln. „Anarchy In The UK" von den *Sex Pistols* frischte auch für 35jährige, die Ende der 60er Jahre ihre besten Tage sahen, verblassende Revolutionsträume auf. „Ende der 70er Jahre sprach sich in dieser Szene herum, daß die beste Musik, Mode, Politik und Drogen etc. jetzt bei Punk (zu diesem Zeitpunkt bereits „New Wave") zu haben sind. Und selbstverständlich nutzten diese Leute ihre Erfahrung, um gleich eine Struktur aufzubauen." (Klaus Walter in *Konkret* 2/1993) Die Landnahme des Punkmilieus durch eine intellektuell und materiell dominante Sponti- und Hippieszene, die Walter am Beispiel Frankfurts nachzeichnet, war ein „gewaltloser subkultureller Putsch". Die Begeisterung für die Punks wurde bei einer akademischen Linken noch durch poesieverdächtige Graffitis gesteigert: „Ihr könnt uns nicht vernichten, denn wir sind ein Teil von Euch", „Kinder haften für ihre Eltern" oder „Wir bleiben unserem Grundsatz treu: schwul, pervers und arbeitsscheu" – Sprüche aus der Hausbesetzerbewegung in Berlin und Zürich, die gehobene germanistische Ansprüche befriedigten. Begeistert interpretierten Kulturkritiker und Sozialforscher: Die Beschädigung, die das kapitalistische System (damals nahm diese Begriffe noch jedermann selbstbewußt in den Mund) der Umwelt und Gesellschaft zufügt, fügen sich die Punks selbst zu. Als Indiz, daß Punks, im Gegensatz zu den Skins, das Elend der Arbeitsgesellschaft an sich selbst exekutieren, galten Sicherheitsnadeln in Ohren und Nasen, abgewetzte Lederjacken und Nietenarmbänder. Accessoires, die schon bald für teures Geld in den Boutiquen bundesdeutscher Provinzstädte erstanden werden konnten.

Im Gegensatz zu den Skinheads schienen Punks auch eines der ungeschriebenen Gesetze bundesdeutscher Sozialforschung zu bestätigen, wonach Jugendbewegungen ein politisches und emanzipatives Protestziel haben, sich an festgefügten, konservativen Wertmustern reiben oder doch zumindest apokalyptisch sein müßten. Punks beflügelten mit ihrem „No future"-Feeling die Untergangsphantasien einer sich selbst als links bezeichnenden Intelligenz. „The Waldsterben", Klimakatastrophe und Pershing-Stationierung spülten die bundesdeutsche Menschenlandschaft porentief weich. Der Proletenhabitus der Skins konnte in einer Epoche um sich greifender Nettigkeit und der Neubestimmung des Geschlechterverhältnisses nur die Ausgeburt des Animalischen sein.

Die jugendlichen Skins blieben in dieser Welt des ökologisch runderneuerten Zeitgeistes ein häßliches Randphänomen.

Als Boneheads Anfang der 80er Jahre in Hamburg, Frankfurt und Berlin türkische Einwanderer zu ihrem Feindbild erklärten, war offensichtlich keine Auseinandersetzung mehr möglich. Da sie „ja alle irgendwie gleich aussahen", waren Skinheads nun Teil des erstarkenden Rechtsradikalismus. Ohne Zögern wurden sie mit alten und neuen Nazis in einen Topf geworfen.

Jede Beschäftigung mit jugendlichen Glatzen stand letztendlich unter der Prämisse: „Wehret den Anfängen! Nie wieder Faschismus!" Eine rationale Annäherung an ihre Gedankenwelt oder gar ihren Lebensalltag war so natürlich unmöglich. Obgleich in den Achtzigern kaum jemand mit ihnen gesprochen hatte, waren sich alle einig: Skinheads sind Rassisten, potentielle Mörder und Faschisten! Die Ursachen dieser jahrelangen und gespenstischen Sprachlosigkeit analysiert Bodo Morshäuser in „Hauptsache Deutsch". Er führt sie auf die „Befangenheit der Sprechenden" zurück, die allesamt, egal, was ihre politische Standortbestimmung ist, ihre Probleme im Deutsch-Sein haben. Es finde kein Austausch mehr statt, sondern nur das reflexartige Reagieren auf den politischen Gegner. Allzu häufig versuchten Dreißig-, Vierzigjährige im „Kampf gegen Skinheads" den Faschismus nachträglich zu besiegen, den sie aus Altersgründen zwischen 1923 und 1945 nicht bekämpfen konnten.[1]

Die angeführten Punkte mögen die Schwierigkeit der Jugendforschung mit dem Skinheadkult erklären. Aber in vielen Fällen läßt sich die Distanz der Wissenschaft viel banaler erklären – Angst. Wer einmal beobachten durfte, welche Bewunderung Straßensozialarbeitern, die im Milieu arbeiten, von Wissenschaftlern entgegengebracht wird, erahnt das Ausmaß. Natürlich würde das kaum jemand eingestehen. Schließlich wollen auch Wissenschaftler ganze Männer sein oder starke Frauen. Deshalb wird die Angst hinter einem Wissenschaftsanspruch versteckt – wissenschaftliche Objektivität braucht Distanz zwischen Forscher und Untersuchungs„gegenstand". Schade drum. Mit Sicherheit würden bundesdeutsche Jugendforscher das eine oder andere Mal besser verstanden und auf breiteres Interesse stoßen, wenn sie, wie die angelsächsische Forschung, etwas von der investigativen Recherche übernähmen und sich dichter an die Milieus heranwagten, über die sie dann urteilen. Aber leider pflegte das Gros der Zunft die Distanz.

Reflexartiges Reagieren mag in der politischen Diskussion noch hingenommen werden, in der wissenschaftlichen wirkt es sich verheerend aus. Zu den edleren Aufgaben der Sozialwissenschaften sollte es gehören, das Vorurteilsrecycling des Alltagsbewußtseins zu durchbrechen. Aber nichts davon bezüglich Skinheads. Fünf Forscher machten sich zwischen 1982 und 1987 auf den Weg durch die jugendlichen Subkulturen der Republik, um der 1981 „völlig von der jugendlichen Revolte überraschten Öffentlichkeit" zu berichten, was denn nun los sei mit dem Nachwuchs. 1989 schließlich legte das Autorenquintett der Öffentlichkeit seinen Bericht vor: „Zwischen Resignation und Gewalt. Jugendprotest in den achtziger Jahren". Bei Erscheinen war das Buch schon Makulatur. Die beschriebenen Szenen der Hausbesetzer, Punks, Alternativbewegung und christlichen Friedenskämpfer hatten schon abgedankt. Bis heute faßt diese Studie den sozialwissenschaftlichen Kenntnisstand über die westdeutsche Skinheadkultur zusammen.

Die Forscher-Crew besuchte Treffpunkte und Zentren der Alternativen, friedensbewegte Christen und Punks, sie nächtigten ein paar Tage in einem besetzten Haus, besuchten Punkkneipen und -konzerte. Nachdem sich der Forschertrupp durch irritierende Aggressions-, Gewalt- und Kommunikationsformen der Hausbesetzer und Punkszenen hindurcharbeitete, zieht er ein liebevolles Fazit: „Die aktuelle Bewegung der Hausbesetzer und Punks ist in der Bundesrepublik Teil eines breiten Spektrums sozialer Bewegungen, denen sich besonders im Zusammenhang mit der zunehmenden Arbeitslosigkeit verstärkt auch sozial benachteiligte Gruppen anschließen." Gar rührend wird es gegen Ende ihrer Analyse: „Ihr Ziel ist die erwollte Konfrontation mit der negativen Seite der menschlichen Existenz: mit Armut, Hunger, Krankheit, Einsamkeit und Tod. Indem die Punks auf diese Weise das ‚Ätzende' unserer gesellschaftlichen Realität ‚an sich ranlassen', erweitern sie das Fassungsvolumen ihrer Vorstellungskraft und ihres Fühlens, sie überdehnen willentlich die gewohnten Phantasie- und Gefühlsleistungen, sie machen sich auf etwas gefaßt. Es bleibt die Frage, ob wir ihr ‚Paßt bloß auf!', das sie uns zurufen, nur defensiv als Drohung empfinden, oder ob es gelingt, die darin enthaltene Warnung vor den versteinerten und gewalttätigen Verhältnissen ernst zu nehmen."

Man spürt, Forscher und Erforschte haben sich verstanden. Bei allen möglichen Unterschieden im Outfit und der Selbstverordnung im gesellschaftlichen Kontext sprechen sie doch eine gemeinsame Sprache. Und den beunruhigten Eltern in der Provinz, aus der die Punks ausgebüchst sind, wird signalisiert, daß ihre Jungs und Mädels entgegen aller Unkenrufe nicht vor die Hunde gehen, sondern Teil einer Avantgarde sind.

Ähnliches wird aus der in den 80er Jahren irrlichternden Welt alternativer Projekte gefunkt, in die so manche von den Eltern sehnlichst erhoffte akademische Karriere der nicht erwachsen werden wollenden Kinder mündete: „Von der Arbeit der alternativen Projekte gehen vielfache innovative Impulse auf die etablierte Gesellschaft aus. Sie versuchen, innerhalb der sich auflösenden Sozialstrukturen traditionelle Sozialformen zu erhalten und neue soziale Nahwelten und Versorgungsmöglichkeiten zu entwickeln – und sei es auch ‚nur' in der begrenzten Form eines alternativen Lebensmittelladens, der die Sozialfunktion des Tante-Emma-Ladens erhält und mit seinem Angebot das Bewußtsein gesünderer Ernährung und umweltschonender Anbaumethoden verbreitet."

Angst

Ganz anders der Umgang mit den Skinheads. Bei ihnen stoßen die Forscher mit ihrem Anspruch, Lobbyisten der Jugend zu sein, an Grenzen. Ihr dürftiges Datenmaterial verteidigt die Forscher-Crew mit den Worten: „Sowohl die Gewinnung von Interviewpartnern als auch die Durchführung der teilnehmenden Beobachtungen im sozialen Feld, die gerade bei der Gruppe der Skinheads ein wichtiges Erhebungsinstrument darstellt, wird dadurch erschwert, daß die Skins sich in einer extremen sozialen Isolierung befinden und sich – speziell im Gruppenverband – gegen die Umwelt abschotten und Außenstehende mißtrauisch und feindselig begegnen. Die Skinheads legen es mit ihrer äußeren Aufmachung darauf an, die Blicke auf sich zu ziehen und zu provozieren: ‚Was glotzt du mich so an, willst du was in die Fresse haben?‘ Jeder zu lange Blick eines Außenstehenden auf einen Skin wird von ihm unweigerlich als Herausforderung verstanden und aggressiv beantwortet. So erklärte uns ein Skin im Gespräch, er fühle sich provoziert, wenn ihn jemand anstarre. Er schrecke im übrigen auch nicht davor zurück, Frauen zu beschimpfen oder gar zu schlagen, wenn er sich von ihnen provoziert fühle oder wenn sie sich in seine Angelegenheiten einmischten."

Würden Journalisten mit einer vergleichbaren Arbeitshaltung ans Tageswerk gehen, schon bald würde dröger Verlautbarungsjournalismus die Medienlandschaft bestimmen. In mehreren Jahren der „Feldforschung" führten die Wissenschaftler mit sechs Skinheads, darunter eine Frau, Einzelinterviews. Darüber hinaus besuchten sie zwei-, dreimal ein Fußballstadion, wo sie Skinheads „unauffällig beobachten konnten". Trotz vorsichtiger Relativierungen kommt auch die Forschergruppe zu dem Fazit: Skinheads sind rechtsradikal. Egal, was sie auch sagen. Die Versuche des Skinheads Max, sich während des Interviews von den Heil-Hitler-Sprüchen und dem Image des gewalttätigen, rechtsradikalen Skinheads zu distanzieren, interpretiert Hans-Jürgen Wirth folgendermaßen: „Auch Max unterliegt offenbar dem sozialen Druck, der von der gesamten Interviewsituation ausgeht. Die Tendenz, im Sinne der ‚sozialen Erwünschtheit‘ zu antworten, war im übrigen auch bei anderen Skinheads, vor allem in Einzelinterviews, feststellbar."

Bei aller Kritik ist der Forschungsgruppe um Horst-Eberhard Richter zugute zu halten, daß er sich Mitte der 80er Jahre a) überhaupt mit Skinheads beschäftigt und b) auf den dringenden Forschungsbedarf hingewiesen hatte. Damit erhob sie sich weit über den Wissenschaftsdurchschnitt. Der Psychologe Hans-Jürgen Wirth, der sich für das Skinhead-Kapitel verantwortlich zeigt, findet in dem Abschnitt „Skinheads als Sündenböcke" zur Form zurück, die man von ihm erwarten darf. Etwa, wenn er die archaisch-triebhaften Elemente, die in jedem Menschen stecken, für die heftigen Reaktionen der Gesellschaft auf die Gewalttätigkeiten der Skinheads verantwortlich macht. „Die Gesellschaft hält für die Skinheads eine Reihe plakativer Etiketten bereit, deren Ziel es ist, diesen Menschen die Qualität ‚Menschlichkeit' überhaupt abzusprechen. Man nennt sie Ungeheuer, Bestien, gefühlsarme Psychopathen und bezeichnet sie als unmenschlich, brutal und tierisch." Gegenüber Skinheads, so Wirth, könnten Normalbürger nun ihren eigenen, ansonsten verpönten aggressiven Triebregungen freien Lauf lassen, die vermeintlich nicht die eigene Lust befriedigen, sondern der Wiederherstellung von Recht und Ordnung dienen.

Wilhelm Heitmeyer, der im Januar 1990 beim Ministerium für Jugend und Familie ein Skinhead-Forschungsprojekt beantragte (befragt werden sollten jeweils 800 Skinheads aus Ost und West), das im August 1992 mit der Begründung abgelehnt wurde, es würde schon genug in dieser Richtung geforscht, ist davon überzeugt, daß von offizieller politischer Seite wenig Interesse besteht, mehr über Skinheads zu erfahren. „Je weniger man von ihnen weiß, desto besser sind sie funktionalisierbar. Die offizielle Politik kann damit ihre Ausländerpolitik legitimieren, nach dem Motto: Wenn wir die Asylbewerber rauswerfen, dann haben die Skins keinen Grund mehr, zuzuschlagen, und wir haben Ruhe im Land." Aber das regierungsamtliche Interesse an der Etikettierung der Skinheads als Höllenhunde reicht weiter. Würde die Szene in ihrer Vielschichtigkeit wahrgenommen, ihr Entstehungshintergrund hinreichend analysiert, käme man zwangsläufig zu der Mitverantwortung, die die Koalitionspolitik an der Rechtsorientierung und der Feindbildkonstruktion eines Teiles der Szene hat. Heitmeyer: „Die Bonner Koalition müßte weite Teile ihrer Politik in Frage stellen, also distanziert und etikettiert man weiter." Auch für die große Bereitschaft der Toscana-Schwätzer der Talk Show-Gesellschaft zur Simplifizierung des Skinheadkultes hat Heitmeyer eine Erklärung: „Was würde passieren, wenn Skinheads ihren Protest gegen diejenigen, die von Modernisierungs- und Individualisierungsprozessen am meisten profitieren, nicht in Gewalt gegen Schwächere umleiten würden, sondern in politischen Protest? Dann stünden Umverteilungsprozesse auf der Tagesordnung, an denen die sogenannten kritischen Geister aus naheliegenden Gründen kein allzu großes Interesse haben."

Medien-Skinheads

Wir tragen alle Hakenkreuze, wir haben nur Gewalt im Sinn, ist es das, was ihr hören wollt, daß wir hirnlose Schläger sind ... In den Medien steht es immer wieder, daß wir die Schlägertrupps und Neonazis sind, doch wir haben uns nichts vorzuwerfen, denn es ist ihr Gerede, das stinkt. Lüge, alles Lüge, Lüge, Lüge ...
(aus: Häßlich, Brutal Und Gewalttätig, *Böhse Onkelz*, 1985)

Einmal Nazi, immer Nazi! Zu einem Zeitpunkt, als sich nicht mehr nur die liberale *tageszeitung* bemühte, bei der Polizei-Berichterstattung auf die Nennung der Nationalität der Täter zu verzichten, blieb der Skinheadkult von dieser zivilen Maßnahme ausgeschlossen.

Auch wenn die neue Skinheadgeneration in einer sich selbst erfüllenden Prophezeiung nach 1985 stärker dem Medienbild entsprach, war der Kult keineswegs homogen. Als sich nach 1988 Skinheads in den Altbundesländern wieder verstärkt auf ihre nicht-rassistischen Wurzeln besannen, blieben die Medien (Ausnahmen bestätigen auch hier die Regel) aus Eigeninteresse bei dem einmal gefällten Urteil: „Einmal Nazi, immer Nazi."

Skinheads, zumal wenn sie mit Rechtsradikalismus in einem Atemzug genannt werden, sind für die Redaktionen unersetzlich. Der Fernsehjournalismus ist in geradezu grotesker Weise von „Glatzen" abhängig. Immer dann, wenn Rechtswähler, alltäglicher Fremdenhaß und faschistische Schlägertrupps die Nation erschrecken, schwärmen die Journalisten mit dem Auftrag aus, visuelle Eindrücke zu liefern. Aufgeregt jagen sie durch das Land, heften sich an die Fährte der Täter. Die vorgefundene Wirklichkeit ist dann in vielen Fällen niederschmetternd genug. Familienväter, die Vietnamesen zusammenschlagen, rassistische Kommunal- und Bundespolitiker, blutrünstige Stammtischrunden. Aber keine dieser Gruppen liefert das Bild, den Kick, den die Message „Der alte Schoß ist fruchtbar noch ..." braucht. Wie sollte der solargebräunte, korrekt gekleidete Versicherungsagent, der auf das Gaspedal drückt, wenn vor seinem Audi 80 ein Schwarzer die Straße überquert, ins Bild gesetzt werden? Wie der pensionierte Oberfinanzdirektor, der am Berliner Ku-Damm der türkischen Mutter beim Einsteigen in den Bus von hinten in die Seite knufft? Oder der Sachbearbeiter auf dem Sozialamt in Frankfurt, der dem afghanischen Flüchtling mit der stummen Gewalt von Ausführungsbestimmungen das Leben zur Hölle macht? Oder gar die Polizisten aus Berlin-Moabit, die im Dezember 1992 einen iranischen Studenten, der zunächst von einem Busfahrer zusammengeschlagen wurde, auf der Wache weiter „zurichten" und anschließend auf die nächtliche Straße werfen? Recherchen dieser Fälle von Alltagsrassismus sind nicht nur zeitraubend und mühsam. In vielen Fällen wollen es die Mediennutzer (und -macher) einfach nicht glauben, daß 1993 auf deutschen Wachstuben Menschen wegen ihrer Hautfarbe oder Religionszugehörigkeit mißhandelt werden. Darüber hinaus muß jeder, der über diese Art deutschen Mannesmut innerhalb der Polizei berichtet, mit Schadensersatz- und Verleumdungsklagen und langwierigen juristischen Verfahren rechnen.

Aus der Klemme helfen Skinheads und die immer gleichen trommelnden, im Gleichschritt marschierenden Neonazis. Sie erfüllen höchste visuelle Ansprüche: Rasierte Schädel, martialische Kleidung, Parolen, Fahnen, aggressiv hämmernde Musik. Richtig in Szene gesetzt, geschickt geschnitten, und man braucht angesichts der gemeinsamen Erinnerung an die nationalsozialistische Vergangenheit keine Sorge zu haben, daß die Botschaft „Gefahr von rechts!" verstanden wird.

Und es gibt leider genügend Jugendliche im Land, die bereitwillig die Rolle des politischen Outlaws einnehmen, gern „Held für einen Tag" sein wollen und „sich im zweifelhaften Glanze einer politischen Öffentlichkeit sonnen, die ständig und unersättlich nach neuer politischer Unterhaltung verlangt" (Jaschke, 1992). Da der Alltag der Skinheads jenseits der bürgerlichen Öffentlichkeit gelebt wird, gibt es für den Medienkonsumenten kaum eine Möglichkeit, die gelieferten Informationen aus eigener Anschauung oder gar Erfahrung zu überprüfen. Und da der einzelne Skinhead nicht die Möglichkeit einer staatlichen Behörde hat, von daher auch kaum Unterlassungsklagen zu erwarten sind, kann behauptet werden, was dem Journalisten gerade so in den Sinn kommt, was die Story braucht. Wahrheit ist, was vom Medienmarkt als solche verkauft wird.

Welt der Fiktionen

300000 friedlich durch Berlin latschende Demonstranten, die am 8. November 1992 weder die nächtliche Stadt mit Kerzen erhellen – was bekanntlich stimmungsgeladene Bilder abwirft – noch die Straßen mit Chaos und Anarchie erfüllen, was man zumindest von einer Stadt mit einschlägigem Ruf erwarten dürfte, sind ein Medien-Flop. Gierig stürzten sich deshalb die Medien auf ein Dutzend Eier, die Richtung Bundespräsident flogen. „Hohn für die Politik-Prominenz. Rechte Jugendliche machten sich über ein Plakat der Asyl-Befürworter lustig." Mit diesen Zeilen war ein Foto in der Illustrierten *Stern* untertitelt, das einen Skinhead zeigt, der ein Plakat in die Höhe hält: „Artikel 16 Bewahren". Richtig knuddelig wirkt der abgelichtete Riese, trotz Glatze und Bomberjacke, wie er mit zwei anderen jungen Demonstranten lacht. Gewalttätig wirkt nur der neben ihm stehende Polizist in Kampfanzug, Gasmaske und Helm. Der Skinhead ist Antirassist. Genau das wollte er demonstrieren. An seiner Jacke befindet sich ein Aufnäher: „Gegen Nazis". Anstatt auf das staatsbürgerliche Bewußtsein des Skinheads einzugehen, das ihn von der Mehrheit der an diesem Tag

anwesenden Politprominenz abhebt, anstatt ein Klischee zu zerstören, strickt der *Stern* weiter an einer liebgewonnenen Legende: Skinheads sind Neonazis.

Der Fauxpas des *Stern* ist kein ärgerlicher Einzelfall, sondern hat System. Nach den Ausschreitungen in Hoyerswerda im September 1991, als die Deutschen zum ersten Mal ahnten, daß Demokratie keine Selbstverständlichkeit ist und es unter einem dünnen Firnis brodelt, überschlugen sich die Horrormeldungen. „Skinheads schnitten Polen die Zunge ab", lautete die Schlagzeile, mit der der *Berliner Kurier* am 18. Januar 1992 seine Leser aufschreckte. Am 21. Januar zogen die *taz* und andere Zeitungen nach. Skinheads, so die Presseberichte, hätten in Berlin-Tiergarten am hellichten Tag einen 19jährigen polnischen Touristen in einer Parkanlage überfallen, mit einer Spritze betäubt und ihm ein Stück der Zunge herausgeschnitten. Die Nachricht enthielt die richtige Mischung an Zutaten. Nur – die Anschuldigungen fielen wenige Tage später in sich zusammen. Die weiteren Ermittlungen führten in das undurchdringbare Gestrüpp der Organisierten Kriminalität.

Eine Woche darauf ein neuer Schocker: „Skinheads entführten Baby". Eine verzweifelte Mutter aus Berlin-Marzahn berichtete Polizei und Presse, wie brutal ihr das Kind von Skinheads entrissen worden sei. Der Säugling wird gefunden – ertränkt in einem Bach. Bald darauf ist der Täter gestellt und geständig – es war die Mutter.

Im November 1992 – die Nation steht nach Rostock und Mölln fassungslos vor der „Skinhead"gewalt – vermeldet die Staatsanwaltschaft Bautzen ein infames Verbrechen: „Zwei Skinheads überfielen Vierzehnjährige und schnitten ihr ein Hakenkreuz in die Wange". Am 18. Dezember das Dementi. Es hatte sich herausgestellt, daß die Jugendliche sich die Entstellung selbst zugefügt hat.

Im genannten Beispiel griffen die Akteure, die unter einem gewaltigen psychischen Druck standen, zur Vertuschung der Wahrheit intuitiv auf die soziale Gruppe zurück, die aufgrund des explodierenden Rassismus ohnehin in der Schußlinie der Medien stand. In den Köpfen der Mehrheit der Bundesbürger ist das Bild des zu jedem Verbrechen fähigen Skinheadmonsters bereits fix und fertig. Es steht auf Abruf bereit; jede kleine Meldung ist nur eine weitere Bestätigung des „Wissens". Diese Fakes, die ohne große Gegenrecherche vermeldet wurden, wären ohne jahrelange Vorarbeit nicht möglich. In einem Ping Pong-Spiel zwischen Mediennutzern und Medienmachern wird der monströse Skinhead zum allgegenwärtigen Phantom – eine Metapher für das Böse. Mit diesem Phänomen waren Mitarbeiter der „AG Skinhead" der Westberliner Polizei bereits in den 80er Jahren konfrontiert. Die Meldungen über Gewalt- und Straßenkriminalität der Skinheads häuften sich, ebenso die Anzeigen der Opfer. „Bei genauerem Nachfragen, wie denn die Skinheads aussahen, wurde keineswegs immer auf die Glatze hingewiesen, einige der vermeintlichen Skinheads hatten rot gefärbte oder schwarz gelockte Haare", erinnert sich der ehemalige Mitarbeiter der „AG Skinhead", Wolfgang Gerke. Die „AG Skinhead" wurde unter dem Druck der Realitäten schließlich in „AG Gruppengewalt" umgetauft.

Der Skinhead als Sündenbock zur Entsorgung individueller Schuld funktioniert auch bei kollektiver Inanspruchnahme. Eine ganze Nation kann sich mit Hilfe von Skinheads reinwa-

Kein Skinhead, liebe Kollegen!

schen. Am 29. August 1992, am vierten Tag der Randale in Rostock, erschreckt *BZ – die größte Zeitung Berlins* ihre Leserschaft mit der Schlagzeile: „Berliner Skin – Ich will töten". Auf Seite 2 dann ein Foto aus der Redaktion in der Berliner Kochstraße. Der Reporterin am Redaktionsschreibtisch gegenüber sitzt Rainer (35). Trotz seines hinter der rechten Hand versteckten Gesichts sieht man seine halblangen Haare. Dramatisch verkündet *BZ* in der Unterschrift des Interviews: „Das widerlichste Interview, das wir je führten. Haß und Tod. So redet ein Skin." Das „Interview" enthält dann all die Antworten, die sich eine Redakteurin schon immer vorgestellt hat, wenn sie ihre Informationen über Neonazis aus der Springerpresse bezieht. Amüsant dann auch die Begründung der Redaktion zum Abdruck der Gewaltphantasien: „Wir drucken Auszüge aus den Antworten der Skinheads – als Dokumentation der neuen ausbrechenden Gewalt. Aber auch als Warnung: Niemand soll sagen, er habe es nicht gewußt."

Als die rassistische Gewalt sich ausbreitete, die internationale Öffentlichkeit bohrende Fragen an die Deutschen stellte, führte die Springerpresse ihre Aufklärungskampagne zu den neudeutschen Gewaltverhältnissen unter der Fragestellung: „Skinheads – Neuer Name für Haß?" In Mölln und Hünxe waren die Täter tatsächlich (jedes Vorurteil braucht bekanntlich einen Schuß Wahrheit als Zutat, bevor es quellen kann) Angehörige der Szene. Die Springer-These, die auch eine Antifa-These und eine These von Helmut Kohl ist, schien zu bestätigen, daß die Opfer (und der Ruf der Nation) unter einem Skinheadproblem leiden und nicht unter Rassismus. Zwar waren Skinheads in Rostock und anderswo nur in Einzelfällen zu sehen, dafür aber viele Normalbürger und Normaljugendliche, aber das erschütterte kaum jemanden in seiner Skinheadphobie. Mit der Reduzierung des Rassismus und der Gewalt auf Skinheads entledigen sich breite Teile der Gesellschaft der unbequemen Frage nach den tieferen Ursachen, ihren Eigenanteilen und ihrer Verantwortung. So billig war eine aufrechte „antifaschistische" Grundhaltung noch nie zu haben.

Anhang

Anmerkungen

1. Die Anfänge: Skinheads in Großbritannien

1 Vieth/Zimmermann, S. 28 ff.
2 1968 wurde das Plattenlabel Trojan gegründet, auf dem quasi alle Titel dieser Epoche erschienen sind und das deshalb so eng wie kein anderes mit den Wurzeln der Skinheads verbunden ist. Wer sich näher für diese Epoche interessiert und des englischen mächtig ist, kann sich an die T.O.T.A.S. wenden, ein 1989 von einem Londoner Skinhead gegründeter „Fanclub". Dort gibt's für vier Pfund Mitgliedsbeitrag auch ein Einführungsbuch über Trojan, Veröffentlichungslisten und ein regelmäßig erscheinendes Fanzine. Kontakt: T.O.T.A.S., Twyman House, 31–39 Camden Road, London NW 1 9LF, GB.
3 Vieth/Zimmermann, S. 152.
4 Liz Fekete: „Die antifaschistische Bewegung", in: Bourne/Sivanandan/Fekete, S. 158.
5 Clarke/Jefferson: „Jugendliche Subkulturen in der Arbeiterklasse", in: Ästhetik & Kommunikation, Heft 24, Berlin 1976.
6 zitiert nach: Jürgen Stark/Michael Kurzawa: Der große Schwindel? Punk – New Wave – Neue Welle. Freie Gesellschaft, Frankfurt/M. 1981, S. 55.

2. Haß entsichert, Deutschland brennt – Hacki (23), Skinhead und Nationalsozialist

1 zitiert nach: Klaus Farin/Leo A. Müller: Die Wende-Jugend. Rowohlt, Reinbek 1984, S. 20.
2 zitiert nach: Andreas Borchers: Neue Nazis im Osten. Hintergründe und Fakten. Beltz Quadriga, Weinheim 1992, S. 81 f.
3 s. Anm. 2, S. 90 f.
4 Eine ausführliche Abschrift des diesem Porträt zugrunde liegenden, über einen Zeitraum von mehreren Monaten geführten Interviews mit Hacki findet sich in unserem Materialband: „Ohne Gewalt läuft nichts!" Jugend und Gewalt in Deutschland. Bund, Köln 1993.

3. Böhse Onkelz haben geile Lieder

1 zitiert aus: Matthesius, S. 184.
2 Matthesius, S. 184f.

4. Skinheads in Doitschland

1 Thomas Schneider: ‚Das Phänomen der Gewaltfaszination – Hooligans und Skinheads', in: Verein Jugend und Sport e.V.: „Der zwölfte Mann ..." – Soziale Arbeit mit Fußballfans in Hamburg, Hamburg 1993, S. 19ff.
2 zitiert nach: Schumann, S. 60ff.
3 Stock/Mühlberg, S. 24.

7. Eine „Randgruppe mit Stolz" – Skinheads heute

1 Grundlegendere Informationen zum Thema Nazi-Rock incl. eines Rock-O-Rama-Porträts enthält der vom Max Annas und Ralph Christoph herausgegebene Band: Neue Soundtracks für den Volksempfänger. Edition ID-Archiv, Berlin 1993.

Literatur

1. Die Anfänge: Skinheads in Großbritannien

Jenny Bourne/A. Sivanandan/Liz Fekete: From Resistance to Rebellion. Texte zur Rassismus-Diskussion. Schwarze Risse, Berlin 1992. [Essays zum antirassistischen Kampf der Schwarzen und der Frauen in Großbritannien.]
Mike Brake: Soziologie der jugendlichen Subkulturen. Frankfurt/M., New York 1981.
John Clarke u.a.: Jugendkultur und Widerstand. Milieus, Rituale, Provokationen. Syndikat, Frankfurt/M. 1979.
Paul Willis: „Profane Culture". Rocker, Hippies: Subversive Stile der Jugendkultur. Syndikat, Frankfurt/M. 1981.
Paul Willis: Jugend-Stile. Zur Ästhetik der gemeinsamen Kultur. Argument, Hamburg 1991. [Drei Werke aus dem Umkreis des Birminghamer Centre for Contemporary Studies (CCCS), das seit 1964 Subkulturforschung betreibt und maßgeblichen Einfluß auf die deutsche Forschung und -praxis (z.B. Fußball-Fan-Projekte) ausübte.]
George Marshall: Spirit of '69. A Skinhead Bible. S.T. Publishing, Dunoon/GB 1991. [Das Standardwerk zum Skinheadkult. Auch unsere grundlegende Quelle für das Kapital Großbritannien. Mit Hunderten von Fotos. Noch 1993 soll eine deutsche Übersetzung erscheinen, die dann über die

einschlägigen Mailordervertriebe zu beziehen ist (s. Adressen im Service-Teil).]
Nick Night: Skinhead. Omnibus Press, London 1982. [Das erste Basiswerk zur britischen Skinszene. Mit umfassendem Kapitel zur Skinheadmode und zahlreichen East End-Fotos.]
Udo Vieth/Michael Zimmermann: Reggae. Musiker – Rastas – und Jamaika. Fischer, Frankfurt/M. 1981. [Grundlegende Darstellung des Reggae und seiner Wurzeln (Ska) mit Porträts der wichtigsten Musiker in Jamaika und Großbritannien.]

3. Böhse Onkelz haben geile Lieder

Beate Matthesius: Anti-Sozial-Front. Vom Fußballfan zum Hooligan. Leske + Budrich, Opladen 1992. [Eine Studie zur Entwicklung der Offenbacher Kickers Fan- und Rabaukenszene von 1978–1991 incl. einer ausführlichen Abhandlung über die Böhsen Onkelz.]
Markus Eberwein/Josef Drexler: Skinheads in Deutschland. Interviews. Selbstverlag, Hannover 1987.

4. Skinheads in Doitschland

Gerhard Kromschröder: „Die Borussen vom Borsigplatz" und „Die Internationale der Glatzen", Stern-Reportagen, in: G. K.: Ich war einer von ihnen. Eichborn, Frankfurt/M. 1987.
Thomas Schneider: Fußballfanclubs und Rechtsradikalismus? Ein Vergleich ländlicher und städtischer Fanclubs: Motivation – Interessen – Zielsetzung – Aktion. Diplomarbeit, Marburg 1984.
Frank Schumann: Glatzen am Alex. Rechtsextremismus in der DDR. Edition Fischerinsel, Berlin 1990.
Manfred Stock/Philipp Mühlberg: Die Szene von Innen. Skinheads, Grufties, Heavy Metals, Punks. Christoph Links, Berlin 1990. [Jugendsubkulturen in der DDR.]

8. Skinheads im Spiegel von Wissenschaft und Medien

Bock/Reimitz/Richter/Thiel/Wirth: Zwischen Resignation und Gewalt. Jugendprotest in den achtziger Jahren. Leske + Budrich, Opladen 1989.
Hans-Gerd Jaschke: „Moralische Empörung, totschweigen oder politisch bekämpfen? Warum das Fernsehen beim Thema ‚Rechtsextremismus' unter chronischen Bildstörungen leidet", in: Mechthild M. Jansen/Doron Kiesel/Heike Deul: Rechtsradikalismus. Politische und sozialpsychologische Zugänge. Arnoldshainer Texte, Band 73, Haag + Herchen, Frankfurt/M. 1992.
Bodo Morshäuser: Hauptsache Deutsch.
Edition Suhrkamp, Frankfurt/Main 1992.

Service

Zines

Eine subjektive Mini-Auswahl von Zines, die wir bedenkenlos empfehlen können. Weitere Zines liefern die einschlägigen Mailordervertriebe.
Angelic Times, PLK 013967-C, 1000 Berlin 33.
   Einzelpreis: 2,50 DM plus Porto. Erscheint seit: Dezember 1991.
   Auflage: 250 Exemplare.
   Zu neunzig Prozent musikorientiertes Zine mit antirassistischem Background, daher Bonehead- und Nazi-feindlich, aber ohne „politische" Ausrichtung. „Wer Keltenkreuze oder Hammer & Sichel sucht, möge sich bitte entsprechende Parteiprogramme besorgen, denn ich empfinde es nicht als meine Lebensaufgabe, irgendwelche radikalen Ansichten unter der Menschheit zu verbreiten!" schreibt Herausgeber Karl Kopf im Vorwort der ersten Nr.
Oi!reka, PLK 077717-C, 1000 Berlin 44.
   Preis: 3 Ausgaben 10,– DM. Erscheint seit: Juni 1991.
   Auflage: Nach Angabe der Redaktion 1000 Exemplare.
   „Antirassistisches Oi!, Ska- und Punk-Zine"; das einzige mit einer Ost-/West-Redaktion.
Skinhead Times, c/o Udo Vogt, Hauptstraße 144, 5102 Würselen.
   Preis: Rückporto. Erscheint seit: 1988 bzw. '92. Auflage: 5000 Exemplare.
   Das von George Marshall herausgegebene Skinheadzine im DIN-A-3-Format erscheint seit 1992 endlich in deutscher Übersetzung.
S.O.S.-Bote, Scheffold, Postfach 22 11, 7990 Friedrichshafen 1.
   Preis: Rückporto. Erscheint seit: Sommer 1990. Auflage: 500 Exemplare.
   Randvoll mit Musik in gerade noch lesbarer Schriftgröße. Die Redaktion betreibt auch einen umfangreichen Platten-, Video- und Zineversand.
Skintonic, PLK 077581-C, 1000 Berlin 44.
   Einzelpreis: 5,– DM. Erscheint seit: Dezember 1987. Auflage: 2000 Exemplare.
   Semiprofessionelles SHARP-Zine. Näheres siehe im Kapitel SHARP.

Mailorder

Alles, was des Skinheads' Herz begehrt, kann man sich per Post ins Haus schicken lassen: Musik, Zines, Shirts, Aufkleber, Bücher, Videos ... Hier eine Liste von Mailordervertrieben, die gerne Kataloge verschicken:
Bimberg & Himmelweiß, Forster Straße 4/5, 1000 Berlin 36.
   Ska-Sound und -Merchandise (Shirts, Videos, Bücher, Buttons) aus dem Hause Vielklang, die mit ihrem Unterlabel Pork Pie eines der wichtigsten Ska-Label der Gegenwart betreiben.

D.D.R.-Mailorder, Steinrader Weg 8, 2400 Lübeck.
Der Versand mit dem umfangreichsten, aber auch breit gefächertsten Soundangebot: Ska, Reggae, Hip Hop, Oi!, Hardcore, Punk, Folkrock, Country, Wave, Avantgardistisches u. v. m. aus dem Independent-Sektor. Außerdem ca. 100 T-Shirts.

Downbeat Records, Pallasstraße 21, 1000 Berlin 30.
Plattenladen und -versand, spezialisiert auf Reggae- und Ska-Importe aus aller Welt.

Downtown, Auf dem Straßenberg 6, 2419 Einhaus.
T- und Sweat-Shirts, hauptsächlich Skin- und Ska-Motive.

Eastend-Versand, Holstenstraße 8–10, 2400 Lübeck 1.
Klamottenimport aus Großbritannien. T-Shirts von Londsdale, Fred Perry oder Ben Sherman, Doc Martens und Getta Grip-Boots und alles andere, was der moderne Skinhead von heute so trägt ...

Edition No Name, Altenbraker Straße 6, 1000 Berlin 44.
Massenhaft T-Shirts, Kapuzenpullis, Aufkleber, Buttons (Skin- und antifaschistische Motive), Bücher, etwa 30 verschiedene Platten/CDs. Band-Merchandising u.a. für die Berliner Ska-Heroen *Blechreiz*, *The Butlers* und *Mothers's Pride.*

Moskito Mailorder, Kettelerstraße 7, 4400 Münster.
Nebenbetrieb von Ossis Promotionagentur, deshalb alle sechs bis acht Wochen ein neuer Katalog mit diversen Konzertterminen. Im Programm etwa 120–150 Platten/CDs (Schwerpunkt Skinhead-Reggae, aber auch Ska und Oi!-Highlights), zwei Dutzend Ska-Shirts, Aufkleber, Poster, Buttons etc.

Rocko-Drama, Herbert E. Gold, Kaiserstraße 119, 5040 Brühl.
Der korrekte Vertrieb für alle, die gerne rechten Deutsch-Rock zu überhöhten Preisen einkaufen und Wert darauf legen, daß ihre Adresse im Verfassungsschutzarchiv landet. Zur Zeit scheint die Firma allerdings in einen unbefristeten Urlaub gegangen zu sein.

Walzwerk, Winterberg 4, 7176 Braunsbach.
Der Plattenversand des gleichnamigen Labels der *Boots & Braces*-Brüder Florian und Matt Walz, im September '90 als preiswerte Alternative zum Abzieher Rock-O-Rama gegründet. In der aktuellen Versandliste von März '93 wurden so ziemlich sämtliche rechtsradikalen, aber auch linke Bands gestrichen. „Nichts Extremes mehr", heißt die Devise. „Lieber gehen wir weiterhin in unseren normalen Jobs arbeiten, als daß wir unser Geld mit Leuten verdienen, die Brandsätze auf irgendwelche Leute werfen ..." Im Angebot eine umfangreiche Auswahl von Oi!, Punk-Klassikern, Hardcore und Ska sowie diverse T-Shirts und Zines.

An unsere glatzköpfigen Kunden!

Ja, wir wissen, daß ausgerechnet DEINE Lieblingsband viel zu kurz oder überhaupt nicht in diesem Buch gewürdigt wurde (unsere übrigens auch nicht). Daß die '69er Roots viel zu wenig Platz, die Oi!-Szene viel zu viel bekommen hat. Und umgekehrt. Daß das Zine X aus der Stadt Y hätte unbedingt erwähnt werden müssen. Und wo sind die Berichte über die Szene in den USA, Italien, Schweden, Ungarn...? Wir wissen, daß vieles zu kurz wegkam, haben uns aber doch entschlossen, kein 1000-Steiten-Machwerk vorzulegen, da Ihr mit dem Buchstabieren dieser 200 Seiten ja doch erst 'mal die nächsten Jahre beschäftigt seid.

Nein, im Ernst: Wir hätten gerne viel mehr untergebracht, auch wir ärgern uns, daß wir in letzter Minute noch einige tolle Interviews herausnehmen mußten (Grüße nach Hildesheim, Hannover, Stuttgart und Steyr), daß wir nicht viel mehr Songtexte, Fotos, Bandporträts usw. unterbringen konnten. Deshalb planen wir weitere Straftaten.

So Ende '94 wollen wir einen Materialband herausgeben, der sich ausführlich mit der Musik beschäftigt. Ein weiterer Band, der sich nur mit Zines befaßt, ist bereits schwer in Arbeit. (Wir bitten also weiterhin um regelmäßige Zusendung aktueller Ausgaben!) Und wir planen immer noch den Band, in dem nur Skins selbst zu Wort kommen sollen. Das heißt, wir werden dort vielleicht am Vorwort mitbasteln und ein paar Interviews ruinieren, aber ansonsten nur die Texte und Bilder sinnvoll zusammenstellen, die uns nette kurzhaarige junge Menschen zusenden. Keine Texte und Bilder von euch – kein Buch! Deshalb verbreitet den Aufruf (s. nächste Seite) weiter, druckt ihn in Zines nach, schickt Beiträge! Ein ordentlicher Umgang mit Eurem Material und Euren Adressen ist selbstverständlich (sorry, Anti- und Anti-Antifa!). Und natürlich haben wir auch nichts gegen kritische Kommentare zu diesem Band.

Klaus Farin & Eberhard Seidel-Pielen,
immer noch im März 1993

Endlich !
Die Wahrheit über Skins!

Bei Diskussionen über dieses Skinhead-Buch von Klaus Farin und Eberhard Seidel-Pielen entstand die Idee, ein Buch von Skins für Skins zu machen, das die gesamte Bandbreite der Szene widerspiegelt - **unzensiert, unkommentiert und ohne Schlagzeilengier !**
Mit vielen geilen Fotos und Texten ausschließlich von Skins selbst ! Also haben wir uns zusammengetan, um das zu organisieren.
Nun ist es an Euch, Beiträge einzusenden: Eure Definition von "way of life" und Skinhead", Eure Erfahrungen mit Polizei, Staat, Gewalt, Medien und anderen Jugendszenen (Punks, Einwandererkids, Autonome, Hools, Psycho's, Heavies etc..), Eure Lieblingsmusik. Um das Buch aufzulockern, benötigen wir auch Zeichnungen und Fotos (gestellte oder Schnappschüsse). Wir selbst haben mehr als 150 Bands angeschrieben und ebenfalls um Beiträge gebeten (falls Ihr selbst in einer spielt oder eine kennt, schickt uns bitte die Adresse). Außerdem wollen wir gute Beiträge aus Skin - Fanzines abdrucken (falls ihr Vorschläge habt, oder selbst bei einem mitarbeitet: her damit).
Unter allen Einsendungen verlosen wir 50 Exemplare bei Erscheinen des Buches.
Wir hoffen auf Eure volle Unterstützung für das erste Skinheadbuch von Skins aus Deutschland! Ohne Euch läuft nichts! Verbreitet den Aufruf weiter! Schickt uns Eure Beiträge (bitte wenn möglich mit Schreibmaschine). Setzt bitte unter Euren Beitrag Euren Namen (oder ein Pseudonym), Euer Alter und seit wann ihr Skinhead seid. Bei Fotos vergewissert Euch bitte unbedingt, daß die Abgebildeten **alle** mit einer Veröffentlichung einverstanden sind !

Schickt Eure Beiträge an:
Klaus Farin, Fidicinstr. 3, D-10965 Berlin

PS: Für Rückfragen und damit Ihr das Buch bekommt, legt bitte Eure Adresse/Tel.-Nr. auf einem Extrablatt bei.

Die Autoren

Klaus Farin, geb. 1958 in Gelsenkirchen, lebt und arbeitet als Literaturkritiker und Autor in Berlin und Prag. Letzte Veröffentlichungen: Karl May. Ein Popstar aus Sachsen. Verlag Thomas Tilsner, München 1992. Die 3. Halbzeit. Fußballfans und Hooligans Ost. BasisDruck, Berlin 1993 (gemeinsam mit dem Fotografen Harald Hauswald).

Eberhard Seidel-Pielen, geb. 1955 in Sommerhausen/Franken, Studium der Soziologie und Publizistik, lebt als freier Journalist in Berlin. Veröffentlichungen zum Einwanderungsland Deutschland, Rechtsextremismus und jugendliche Sub-Kulturen.

Gemeinsame Buchveröffentlichungen u. a.:

Krieg in den Städten. Jugendgangs in Deutschland. Rotbuch, Berlin 1991.
Rechtsruck. Rassismus im neuen Deutschland. Rotbuch, Berlin 1992.
„Ohne Gewalt läuft nichts!" Jugend und Gewalt in Deutschland. Bund, Köln 1993.

Wir bedanken uns für Anregungen, Gespräche, Kontakte, Material und Mitarbeit ganz besonders bei Claudia Denker, dem Dokumentationsarchiv des österreichischen Widerstands, Monika und Stevie Etzler, Uhl Großmann (wo bleiben die *Clockworks*!?), Dietmar Gust, Kristian Hasse, Helmut Heitmann, Ray Kokoschko (trotz alledem!), Hendrik Krause, Fritz Langmann, Matzke, Christiane Maurenbrecher, Natascha, Wolfgang Purtscheller, Sascha Quäck, Claudia-Maria Rohrer, Rüdiger Rossig, Uli Sandhaus, Mirko Schmidt, Thomas Schneider, Siggi Seidel, den S.O.S.-Boten, Bernd Wagner, Florian und Matt Walz, den Wienern, die leider dem Diktat des Platzmangels zum Opfer fielen, allen Fotografen und Gesprächspartnern, die im Verlaufe des Buches auftauchten, allen, die unsere Fragebögen verbreitet und ausgefüllt haben, und sicherlich einigen anderen, die wir hier wie üblich vergessen haben. Dieter, Ex, Harald, Marco und Ugly wissen, wofür sie ihr Freiexemplar erhalten. Margit weiß, warum sie keins kriegt.

Bildnachweis

1. Mike Auerbach: S. 188
2. Gust/Zenit (Berlin): S. 5, 9 o., 9 u., 11, 13 o., 13 u., 15, 116, 216
3. Sacha Hartgers/Focus (Hamburg): S. 69
4. Harald Hauswald/Ostkreuz (Berlin): S. 132
5. Alexander Hüfner: S. 49
6. Martin Langer/Garp (Hamburg): S. 7 u., 16, 218
7. Marco Saß (Berlin): S. 131
8. Cornelia Suhan (Dortmund): S. 7 o., 190
9. TINTIN: S. 189, 196

Buchanzeigen

ZUGESCHAUT HABEN WIR VIEL ZU LANGE

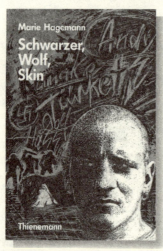

Marie Hagemann
Schwarzer, Wolf, Skin
128 Seiten
ISBN 3 522 16839 9

THIENEMANN

Fassungslos stehen wir den Gewalttaten der Skinheads gegenüber. Was geht in deren Köpfen vor? Wir erfahren es mit Wolfs Geschichte. Marie Hagemann schildert aus seiner Sicht, wie er zu den Skinheads kam, was er dort erlebt und fühlt. Mit Wolfs Geschichte deckt die Autorin nicht nur die beklemmenden Hintergründe und Zusammenhänge auf, sondern führt uns auch das nicht nachvollziehbare Denken und Handeln der Skinhead-Bewegung vor Augen.

Druck von rechts

Thomas Assheuer/Hans Sarkowicz
Rechtsradikale in Deutschland
Die alte und die neue Rechte
2., aktualisierte Auflage. 1992. 258 Seiten. Paperback
Beck'sche Reihe Band 428

Claus Leggewie
Druck von rechts
Wohin treibt die Bundesrepublik?
1993. Etwa 160 Seiten. Paperback
Beck'sche Reihe Band 1017

Astrid Lange
Was die Rechten lesen
Fünfzig rechtsextreme Zeitschriften: Ziele, Inhalt, Taktik
1993. 177 Seiten. Paperback
Beck'sche Reihe Band 1014

Beate Winkler (Hrsg.)
Zukunftsangst Einwanderung
3., aktualisierte Auflage. 1993. 117 Seiten. Paperback
Beck'sche Reihe Band 471

Wolfgang Benz (Hrsg.)
Integration ist machbar
Ausländer in Deutschland
1993. 190 Seiten. Paperback
Beck'sche Reihe Band 1016

Verlag C. H. Beck München

Deutsche Geschichte im 20. Jahrhundert

Fritz Fischer
Hitler war kein Betriebsunfall
Aufsätze
3., unveränderte Auflage. 1993. 272 Seiten Paperback
Beck'sche Reihe Band 459

Else R. Behrend-Rosenfeld
Ich stand nicht allein
Leben einer Jüdin in Deutschland 1933–1944
Mit einem Nachwort von Marita Krauss.
1988. 270 Seiten. Paperback
Beck'sche Reihe Band 351

Alfred Heller
Dr. Seligmanns Auswanderung
Der schwierige Weg nach Israel
Herausgegeben von Wolfgang Benz.
1990. 354 Seiten mit 2 Abbildungen. Paperback
Beck'sche Reihe Band 414

Günter Anders
Wir Eichmannsöhne
Offener Brief an Klaus Eichmann
2., durch einen weiteren Brief ergänzte Auflage. 1988.
100 Seiten. Paperback
Beck'sche Reihe Band 366

Die Weiße Rose und
das Erbe des deutschen Widerstandes
Münchner Gedächnisvorlesungen
1993. 214 Seiten. Paperback
Beck'sche Reihe Band 497

Verlag C. H. Beck München